国家社科基金重大项目成果（23&ZD193）
江苏高校"青蓝工程"资助项目

迈向体育强国：

美国体育的成长特征及启示研究

彭国强　高庆勇◎著

人民体育出版社

图书在版编目（CIP）数据

迈向体育强国：美国体育的成长特征及启示研究／彭国强，高庆勇著. -- 北京：人民体育出版社，2023
ISBN 978-7-5009-6402-5

Ⅰ.①迈… Ⅱ.①彭… ②高… Ⅲ.①体育运动史－研究－美国 Ⅳ.①G817.129

中国国家版本馆CIP数据核字（2023）第243813号

*

人 民 体 育 出 版 社 出 版 发 行
北京中献拓方科技发展有限公司印刷
新 华 书 店 经 销

*

710×1000　16开本　15.5印张　280千字
2023年12月第1版　2023年12月第1次印刷

*

ISBN 978-7-5009-6402-5
定价：76.00元

社址：北京市东城区体育馆路8号（天坛公园东门）
电话：67151482（发行部）　　邮编：100061
传真：67151483　　　　　　　邮购：67118491
网址：www.psphpress.com

（购买本社图书，如遇有缺损页可与邮购部联系）

序 言

建设体育强国是推进中国式现代化的重要组成部分，也是建设中国特色社会主义现代化强国不可或缺的重要内容。中华人民共和国成立以来，从建设体育大国到迈向体育强国经历了一个漫长的过程，体育事业在国家崛起的大潮中搏击奋进、砥砺前行，伴随国家发展走过了一段从小到大、从弱到强的成长历程，开辟了一条中国特色的现代化体育发展道路。党的二十大报告提出，"促进群众体育和竞技体育全面发展，加快建设体育强国"，对建设中国式现代化体育强国提出了新的要求。党的十八大以来，以习近平同志为核心的党中央全面推进群众体育、竞技体育、体育产业、体育文化等各方面发展，出台《体育强国建设纲要》，对体育强国的战略任务进行周密安排。《中华人民共和国国民经济和社会发展第十四个五年规划和2035年远景目标纲要》中明确提出，到2035年建成体育强国。推动体育繁荣发展已经成为中华民族伟大复兴和中国式现代化的标志性事业，从"加快建设体育强国"到"2035年建成体育强国"的目标，进一步凸显出建设体育强国的迫切性和重要性。进入新发展阶段，在从体育大国向体育强国迈进的新征程中，我们既面临经济发展、社会进步、文化事业繁荣发展的大好机遇，又面临社会转型加速、体制改革深化的现实挑战。我们要科学研判体育强国建设所面临的新形势，聚焦体育事业发展的重点领域和关键环节，不断深化体育事业改革创新，开创体育强国建设新局面。

进入新时代以来，在推动体育大国向体育强国迈进的历史进程中，我国体育事业在改革发展中取得了显著成效，主要体现在体育体制机制改革全面深化、全民健身蓬勃发展、竞技体育成绩显著、体育产业日益壮大、体育文化不断繁荣、体育科技持续发展、体育对外交往更加活跃、体育法治不断健全。此外，我们在

迈向体育强国：美国体育的成长特征及启示研究

体育公共服务、奥运备战、职业体育、训练竞赛体系、科技助力、新型国家队建设等一些重点领域也取得了明显成效。同时，面对新时代赋予的新环境和战略任务，我国体育事业高质量发展面临新的挑战，体育事业内部发展不平衡、不充分的矛盾依然突出。地域间、城乡间、行业间、人群间体育发展结构不平衡，体育强国建设的内生动力不足，体育系统内部各项事业成长的节奏不一致，全民健身、竞技体育、体育产业、学校体育之间的发展幅度不协调，不同竞技运动项目间的发展效益不均衡，群众体育、体育产业和学校体育的成长速度滞后于国家成长周期，落后于同期经济社会发展水平。因此，为科学规划体育强国的成长模式，加快推进我国体育事业实现高质量发展，破解体育强国建设面临的挑战和问题，更好处理体育强国建设与国家发展的关系，以确保我国经济社会与竞技体育、群众体育、体育产业、学校体育等各项体育事业协同发展，研究和借鉴世界发达国家体育强国建设的规律和经验显得尤为必要。

英国著名学者威尔士认为，"历史上的大国，并不单纯仅是人口众多、资源丰富、土地辽阔，更重要的是大国能够引领人类社会的发展方向，这个方向既包括科技、军事、经济等，也包括引领人类社会发展的思想力量和精神文化"[①]。从大国综合竞争力而言，美国是当今世界综合实力强大的国家之一。美国不仅具备军事、资源、经济等领域的硬实力，而且拥有科技、信息、文化和强势价值观等软实力，美国的综合国力在全球居于主导地位。在美国从建国到成长为大国，再从大国成长为世界强国的道路上，体育顺应国家经济社会的进步实现了不断成长。从1896年开始，美国就一直雄踞夏季奥运会奖牌榜前三位，美国的竞技体育实力强劲、大众体育活动开展广泛、学校体育运动活跃、职业体育赛事体系多元、体育制度法治相对完善、体育产业成为国家支柱产业、体育文化具有广泛影响力，美国在体育各个领域的发展水平均居于世界前列。同时，美国体育的成长并非是一蹴而就的，美国体育发展与国家政治、经济、文化、社会等因素息息相关，与国家的成长历程一样，美国体育的成长也经历了一个漫长的过程。美国体育的成长方式独特，一个只有200多年历史的移民国家，只用了100年左右的时间就在体育的各个领域备受瞩目，一个政府连专门体育管理机构都未设置的国家却成为世界头号体育强国，其成长之谜引人注目。习近平总书记曾对国家事业发展提出"世界眼光、国际标准、中国特色、高点定位"的指导思想。因此，在

---

①郭宇立.美国的大国成长道路：制度治理与战略选择 [M]. 北京：北京大学出版社，2011：1.

开启中国式现代化，推进从体育大国向体育强国迈进的进程中，我们既要立足我国国情和体育事业发展实际情况，也要开阔国际视野，运用世界眼光和国际标准审视体育强国建设前景。从国家历史演进的视角探讨美国体育的成长历程和成长特征，梳理美国体育的成长历程与国家生命周期的关系，探索不同时期美国体育的成长动因和影响要素，总结美国的竞技体育强国、大众体育强国、体育产业强国、体育教育强国的成长规律，对推动中国特色现代化体育强国建设具有重要启示意义。

目录

第一章 绪 论 ··· 001
　第一节 研究问题的提出 ·· 001
　第二节 美国的体育发展研究回顾 ·· 004
　　一、美国的竞技体育发展相关研究 ·· 004
　　二、美国的大众体育发展相关研究 ·· 012
　　三、美国的体育产业发展相关研究 ·· 017
　　四、美国的体育教育发展相关研究 ·· 021
　　五、文献总结 ·· 026
　第三节 核心概念界定、研究思路与方法 ······································ 027
　　一、核心概念界定 ··· 027
　　二、研究思路 ·· 032
　　三、研究方法 ·· 034
　第四节 研究内容结构、创新点与局限性 ······································ 037
　　一、研究内容结构 ··· 037
　　二、研究创新点与局限性 ··· 039

第二章 国家生命周期下的美国体育成长历程及阶段划分 ············· 041
　第一节 美国国家成长的理论依据及周期划分 ······························· 041
　　一、美国国家成长的理论依据 ·· 041

二、美国国家成长的周期划分及其背后的逻辑 ··· 043
第二节 美国体育成长的理论依据及阶段划分 ··· 047
一、美国的竞技体育强国成长历程及阶段划分 ···································· 050
二、美国的大众体育强国成长历程及阶段划分 ···································· 052
三、美国的体育产业强国成长历程及阶段划分 ···································· 056
四、美国的体育教育强国成长历程及阶段划分 ···································· 059

第三章 美国的竞技体育强国成长历程及特征 ··· 064
第一节 美国的竞技体育强国准备成长期（19世纪初至19世纪末） ········· 065
一、成长的社会环境 ·· 065
二、职业体育的成长 ·· 067
三、学校业余竞技体育的成长 ·· 070
第二节 美国的竞技体育强国快速成长期（20世纪初至冷战结束） ········· 072
一、成长的社会环境 ·· 072
二、学校竞技体育活动普遍开展 ··· 074
三、各类竞技体育组织不断涌现 ··· 075
四、职业体育赛事发展备受重视 ··· 076
五、承办与参加奥运会彰显竞技实力 ··· 077
六、竞技体育相关法律政策逐步完善 ··· 079
第三节 美国的竞技体育强国强盛期（冷战后至今） ······························ 080
一、成长的社会环境 ·· 080
二、奥运会成绩持续保持世界排名第一集团 ···································· 082
三、竞技体育竞赛推动了美国文化的全球化 ···································· 083
四、职业联赛引领着世界职业体育发展潮流 ···································· 084
五、竞技体育治理提升了美国奥委会国际形象 ································· 086
第四节 美国的竞技体育强国成长特征 ··· 087
一、美国的竞技体育强国成长要素特征 ·· 087
二、美国的竞技体育强国成长历程与国家生命周期的关系 ················· 095

目 录

第四章　美国的大众体育强国成长历程及特征 ········· 098

第一节　美国的大众体育强国准备成长期（南北战争前至1865年）········ 100
一、美国大众体育的自发成长 ········· 100
二、美国大众体育的自由成长 ········· 101
三、美国大众体育的自觉成长 ········· 102

第二节　美国的大众体育强国快速成长期（南北战争后至1945年）········ 103
一、社会休闲运动的兴起助推大众体育成长 ········· 104
二、大众体育项目实现不断规范与创新推广 ········· 105
三、社会对大众体育价值的认识发生了转变 ········· 106
四、政府和社会上层阶级对大众体育的支持 ········· 107
五、有组织的大众体育活动开展得如火如荼 ········· 108
六、学校体育发展为大众体育的成长推波助澜 ········· 109

第三节　美国的大众体育强国强盛期（"二战"后至20世纪90年代末）······ 109
一、社会休闲运动蓬勃发展 ········· 110
二、高校休闲体育专业大规模兴起 ········· 112
三、大众体育领域的研究成果大量涌现 ········· 113
四、青少年体质成为大众体育的关注重点 ········· 114
五、户外休闲运动发展迅猛 ········· 115
六、妇女、黑人、残疾人等的体育参与权得到保障 ········· 116
七、大众体育的经济功能被不断开发 ········· 117

第四节　美国的大众体育强国缓慢成长期（21世纪初至今）········ 119
一、老龄化社会的影响 ········· 120
二、民众经济上的贫困 ········· 122
三、大众体育环境的缺乏 ········· 122

第五节　美国的大众体育强国成长特征 ········· 125
一、美国的大众体育强国成长要素特征 ········· 125
二、美国的大众体育强国成长历程与国家生命周期的关系 ········· 131

第五章　美国的体育产业强国成长历程及特征 …… 134

第一节　美国的体育产业强国准备成长期（19世纪初至20世纪初）…… 135
一、美国体育产业的成长具备了经济社会基础 …… 136
二、运动项目的引入为体育的产业化运作提供了载体 …… 137
三、运动项目协会化进程推动了体育的职业化发展 …… 138
四、工业化、城市化进程推动了体育的商业化运作 …… 139

第二节　美国的体育产业强国快速成长期（20世纪初至20世纪50年代末）…… 140
一、职业体育及其产品推动了体育产业快速发展 …… 141
二、体育的商业化运作带动了体育赛事行业发展 …… 142
三、新兴媒体的出现推动了体育赛事转播业发展 …… 142
四、城市产业结构的调整带动了体育服务业发展 …… 143
五、市场需求和人民生活观念的改变催发了体育产业的内生动力 …… 144

第三节　美国的体育产业强国强盛期（20世纪60年代至今）…… 145
一、城市化进程的完成为体育产业成长提供了社会环境 …… 146
二、消费型社会的到来引发了人们生活方式的改变 …… 147
三、产业结构变革为体育产业强国的成长提供了新机遇 …… 148
四、体育产品制造业和零售商并购增强了产业核心竞争力 …… 150
五、产业政策的不断完善保障了体育产业迅速成长 …… 151
六、产业集群促进了体育产业的国际化进程 …… 152
七、职业体育成为推动体育产业成长的中坚力量 …… 154

第四节　美国的体育产业强国成长特征 …… 156
一、美国的体育产业强国成长要素特征 …… 156
二、美国的体育产业强国成长历程与国家生命周期的关系 …… 159

第六章　美国的体育教育强国成长历程及特征 …… 162

第一节　美国的体育教育强国准备成长期（19世纪60年代至"一战"结束）…… 164

一、基督教青年会发挥了重要作用 ················· 166
二、专门培养体育师资的师范教育出现 ············· 166
三、学校体育教育立法不断颁布 ··················· 167
四、"新体育"对学校体育课程和教学改革产生深刻影响 ·· 168

第二节 美国的体育教育强国快速成长期("一战"后至20世纪
50年代初) ··································· 168
一、竞技内容进入学校体育教育课程 ··············· 170
二、以体育课程和教师教育为基础的标准体系出现 ··· 170
三、学校体育政策法规日臻完善 ··················· 171
四、学校休闲娱乐活动的教育价值得到认可 ········· 172
五、体育师范教育蓬勃发展 ······················· 173

第三节 美国的体育教育强国强盛期(20世纪50年代中期至
90年代初) ··································· 173
一、青少年体质健康测试效果显著 ················· 175
二、体育教育的目标发生转变 ····················· 176
三、学校体育课程方案得到进一步完善 ············· 176
四、休闲主题教育进入体育课程 ··················· 177
五、体育教育公平和教育标准得到保障 ············· 178
六、《学校体育国家标准》下的健康教育不断实施 ···· 179

第四节 美国的体育教育强国缓慢成长期(20世纪90年代至今) · 179
一、基础教育改革的影响 ························· 180
二、学校体育教育自身问题导致社会问责 ··········· 182
三、应试教育改革的矛盾激化 ····················· 183
四、现代不良生活方式影响了学生体育活动参与 ····· 184

第五节 美国的体育教育强国成长特征 ················· 186
一、美国的体育教育强国成长要素特征 ············· 186
二、美国的体育教育强国成长历程与国家生命周期的关系 · 191

第七章　美国体育的成长特征及启示 ············ 194

第一节　美国体育的成长特征 ············ 194

一、美国体育处于从强盛期到缓慢成长期的过渡时期 ············ 195

二、美国体育的成长脉络和周期跨度具有不平衡性 ············ 195

三、美国体育在国家快速成长期和强盛期实现稳步成长 ············ 196

四、美国竞技体育和体育产业的成长具有自我调控能力 ············ 197

五、美国体育在国家成长的不同时期具有典型特征 ············ 197

六、美国的体育成长趋势与国家成长趋势具有一致性 ············ 198

七、体育发展程度是检验美国国家生命力的敏感指标 ············ 199

八、美国体育可能会伴随国家成长衰弱而进入衰退期 ············ 200

第二节　美国体育对我国的启示 ············ 201

一、对我国体育强国成长的启示 ············ 201

二、对我国竞技体育成长的启示 ············ 210

三、对我国群众体育成长的启示 ············ 217

四、对我国体育产业成长的启示 ············ 222

五、对我国体育教育成长的启示 ············ 226

参考文献 ············ 230

第一章 绪 论

在现代化强国建设征程中,创新体育发展理念和优化体育成长方式,统筹协调体育强国成长历程与国家生命周期的关系,促进竞技体育、群众体育、体育产业、学校体育等各项体育事业协调发展是一项重要任务。美国作为世界发达国家,其体育在成长的过程中形成了重要特征,梳理美国体育的成长历程与国家生命周期的关系,归纳美国体育的成长特征,提出推动我国体育强国建设的有益启示,对加快推进体育强国建设具有现实意义。

第一节 研究问题的提出

"国家生命周期理论"将国家看作有机的生命体,认为国家要经历一个准备成长、快速成长、强盛、缓慢成长和衰落的生命周期(Life Cycle)。体育作为国家综合实力的组成部分,国家在实现自身成长的同时必然伴随体育的成长。中华人民共和国成立以来,走过了一段高效的成长历程,实现了举世瞩目的历史性崛起,当前正处于从快速成长期向强盛期过渡的重要阶段。在国家成长进程中,我国体育事业也经历了一段从无到有、从小到大的发展历程,成长为世界体育大国。进入新时代,我国社会主义现代化强国建设有了新的战略部署,主要分两步走建设社会主义现代化强国:一是从2020—2035年基本实现社会主义现代化;二是从2035年到本世纪中叶建成社会主义现代化强国。《体育强国建设纲要》遵循社会主义现代化强国建设的时间表和路线图,将体育强国成长历程划分为2020年、2035年和2050年三个时间点。2020年11月,《中共中央关于制定国民经济和社会发展第十四个五年规划和二〇三五年远景目标的建议》明确提出,到2035年建成体育强国,将体育强国建设周期提前了15年,对各项体育事业发展提出了新的要求。新时代我国更加注重体育事业在国家经济社会发展中的带动作用，更加凸显了体育事业成长与国家成长的协同性。这有利于更好地发挥国家成长与体育强国成长间的互动效应，也有助于提升体育事业对经济社会的适应性，从而更好地释放体育服务社会主义现代化强国建设的多元价值。与此同时，面对新的成长环境，我国体育强国建设也存在一些固有的矛盾和挑战。

一是体育强国主动成长的内生动力不足。受国家体制、机制的影响，长期以来，我国体育事业的发展主要依托于行政力量，利用政府政策和保障要素驱动实现了被动性成长，以行政手段管理体育事务，以计划手段配置资源，对政府表现出较高的依赖性，体育发展方式的社会活性不足。在国家行政的统一管理下，虽然在短期内实现了竞技体育的快速成长，促使我国快速成为世界竞技体育强国，但是，体育事业内部的整体成长节奏不协调，群众体育、学校体育、体育产业等与竞技体育的发展速度不均衡，体育事业在短期内难以形成高质、高效和可持续发展的格局。由于体育事业自身成长的内生动力不足，体育主动融入并促进经济社会发展和人的全面发展的能力不强，因此短期内不能很好地适应国家成长进程中经济社会转型升级的新要求。

二是体育强国成长得不平衡、不充分。我国体育成长的规模、结构、效益等不均衡问题依然存在。一方面，成长空间不平衡。不同地域间、城乡间、行业间、人群间成长的结构不平衡，东、中、西部地区竞技体育发展不均衡，运动项目结构偏态；群众体育参与人群不均衡，各部门协同推进全民健身发力不均衡；体育产业业态结构不均衡，体育消费水平不均衡；体育教育区域间、城乡普及度不均衡等。另一方面，成长节奏不均衡。各类体育事业成长绩效差距明显：竞技体育方面，我国成绩排名自2000年悉尼奥运会以来一直居于世界前3位，具有强大综合竞技实力；群众体育方面，截至2022年3月，我国经常参加体育锻炼的人数比例为37.2%，与发达国家相比差距较大；体育产业方面，2020年我国体育产业总产值占GDP比重刚超过1.0%，体育消费、体育赛事、体育用品制造业等产值在国民经济中的占比较小；学校体育方面，1985年后的30年，我国儿童和青少年体质健康指数逐渐下降，2020年，我国儿童和青少年总体近视率为52.7%，其中6岁儿童为14.3%，小学生为35.6%，初中生为71.1%，高中生则超过了80.0%[1]。此外，我

---

[1] 沐铁城，王琳琳. 2020年我国儿童青少年总体近视率为52.7% 近视低龄化问题仍突出 [EB/OL]. (2021-07-13) [2023-02-15]. https://www.gov.cn/xinwen/2021/07/13/content_5624709.htm.

国青少年近20%超重肥胖，青少年体育活动开展明显不足。因此，我国虽可称为竞技体育强国，但群众体育、体育产业、学校体育还有较大差距。

三是体育强国的成长历程与国家生命周期不协调。从国家生命周期而言，我国正处于从快速成长迈向强盛的生命期，国家综合国力上升最快，具有旺盛的生命力。同时，我国体育事业整体正处于快速成长期，体育强国的总体成长速度与国家成长的生命周期协同性不高，落后于同期经济社会发展水平。受特殊时期国情影响，在局部赶超、争光为先的成长理念驱动下，我国竞技体育优先实现了快速成长，成为世界竞技体育强国。但群众体育、体育产业和学校体育成长相对缓慢，体育事业内部成长节奏失衡，成长速度不协调，体育强国整体建设与国家成长缺乏一致性和协同性，从而滞后于国家的成长步伐。这种不协调导致了体育与同期国家发展的需要不吻合、体育事业的融合力和助推力不足、与经济社会密切贯通的成长机制缺乏弹性和柔性，因此体育不能充分释放出适应各时期国家需要的多元价值，也不能很好地满足经济社会发展和人民日益增长的美好生活需要。

在社会主义现代化强国建设征程中，统筹协调体育强国成长历程与国家生命周期的关系，转变成长理念和优化成长方式，加快推动体育强国高质量成长，成为一项现实课题。美国作为世界发达国家，体育在美国国家发展过程中展现出了显著特征，梳理美国体育的成长历程与国家生命周期的关系，挖掘美国体育的成长特征，对推动我国体育强国建设具有现实意义。一方面，"国家生命周期理论"将国家的经济发展历史轨迹看作是一个从朝气蓬勃到衰老死亡的生命过程，引入该理论探索美国体育的成长历程，厘清美国竞技体育、大众体育、体育产业、体育教育等从大到强的阶段特征，归纳美国体育的成长历程与国家生命周期的关系，总结美国体育成长的一般规律，对统筹规划我国体育事业的成长方向，处理国家成长与体育发展的关系，加快推进体育强国建设具有重要的理论价值。另一方面，在建设体育强国的时代背景下，沿着"国家成长—体育强国成长"的逻辑脉络，运用"国家生命周期理论"，从美国政治、经济、文化、社会及体育发展史等多个层面，厘清美国竞技体育强国、大众体育强国、体育产业强国和体育教育强国的成长历程，深入分析美国体育成长的社会基础，挖掘美国体育的成长历程与经济发展水平、社会发展程度、国家综合实力及不同时期国家历史演进的关系。反观我国体育强国的成长特征与社会发展状况，从经济环境、社会文化、国家生命周期及体育发展战略等方面，探索我国体育强国的成长方式，对协调我国体育强国的成长历程与国家成长周期的关系，以及加快推进体育大国迈向体育强国具有重要的理论价值。

第二节 美国的体育发展研究回顾

美国不仅在竞技体育、大众体育、体育产业等方面取得了重要成就，而且在体育各个领域产生的理论成果已成为世界各国参考借鉴的重要内容。近年来，国内外学者围绕美国体育成长的相关主题进行了广泛解读，从多个视角探讨并归纳了美国体育的成长特征及成功因素。为更好地认识美国体育的成长历程，本节从竞技体育、大众体育、体育产业和体育教育四个方面，对美国体育成长的相关文献史料进行了述评。

一、美国的竞技体育发展相关研究

美国是世界当之无愧的竞技体育强国，在历届奥运会上的成绩有目共睹。从1896年开始，美国就一直雄踞夏季奥运会奖牌榜前3名。美国竞技体育在100多年的时间里，形成了适合其自身生存和发展的管理体制，并取得了巨大成功。通过文献梳理发现，近年来美国竞技体育成长的相关研究成果颇丰，多数成果把美国竞技体育发展与社会学的相关理论联系起来，运用社会学的视角研究竞技体育发展的特征。研究主题主要集中在以下四个领域：一是美国的竞技体育管理模式研究；二是美国的竞技体育人才培养体制研究；三是美国的高校竞技体育研究；四是美国的竞技体育成长因素研究。其中，有关美国高校竞技体育组织与管理是成果最密集的研究领域。

（一）美国的竞技体育管理模式研究

竞技体育管理模式是近年来的探讨热点，相关主题主要集中在对美国三大竞技体育组织、大学竞技体育管理体系、竞技体育管理体制、竞技体育的运行机制等方面。方贤超通过对美国竞技体育三大组织——美国奥委会、美国大学生体育联合会与美国单项体育联合会的对比研究，提出美国竞技体育保持强势的体制特征主要集中在四个方面：一是美国竞技体育管理体制由三大竞技体育组织构成，三个组织虽具有不同的职能，但共同对竞技体育进行管理；二是美国三大竞技体育组织相互牵制、相互协作，就如同美国国家的三权分立管理模式，在合作、制约中促进竞技体育发展；三是《业余体育法》是美国竞技体育组织的法制保障，对三大组织的运作宏观调控，是联系三大组织的纽带；四是三大竞技体育组织与职业体育紧密衔接，三大组织具有很强的自我调控能力和完善的法律法规体系[①]。美国竞技体育组织也存在不足之处，如由于组织利益的追求三个组织间存在利益冲突、商业化的运作影响了组织正常职能的实施、三大组织与运动员矛盾重重等。也有学者从文化学的视角来探讨美国竞技体育管理体制，如彭雪涵、代刚把美国强劲发展的市场经济与竞技体育体制的形成与发展结合起来，认为"美国竞技体育体制在于满足国家和各级经济实体的文化需求，美国竞技体育体制的形成带有较多的经济元素，是一种国家行政协调与社会自我协调相结合的体制，具有业余训练多元化、高水平人才选拔系统化、竞赛体系多样化等特征"[②]。关于美国竞技体育社会管理型的观点，得到了诸多学者的一致认可，更有大量研究进一步证实了这种观点的可靠性。社会化管理模式是推动美国竞技体育成长的动力，王宏江、刘青认为，美国竞技体育管理模式是典型的社会管理型，社会市场机制的调节是促进竞技体育发展的根本动力[③]。市场功效发挥在竞技体育组织管理、机制运行、经费募集、训练体系等多个方面，政府的作用被限定在最小的范围内。

多数观点都把美国竞技体育归结为社会管理型，认为联邦政府的各个部门并没有设立专门负责体育管理的机构，政府不制定体育政策，且很少对竞技体育直接资助，美国的"总统体质健康与运动委员会只是一个促进大众体育开展的咨询机构，真正管理体育的是名目繁多的社会组织"[④]。这些观点都淡化了美国政府在竞技体育发展过程中的作用，因此，诸多学者的研究具有一定的局限性，美国政府已通过政策、法规的制度从宏观层面对竞技体育的调控及投入发挥了重要作用，而美国竞技体育体制是国家行政协调与社会自我协调相结合的体制，是一种社会管理为主导、政府管理为辅的管理体制，这种体制具有灵活的治理体系。

(二) 美国的竞技体育人才培养体制研究

后备人才梯队是保障美国竞技体育强国可持续成长的根源，美国竞技体育之

---

① 方贤超. 美国三大竞技体育组织研究 [D]. 上海：上海体育学院，2009：3.
② 彭雪涵，代刚. 文化视野中的中美竞技体育体制比较研究 [J]. 北京体育大学学报，2007 (4)：443-445.
③ 王宏江，刘青. 美国、澳大利亚和日本竞技体育管理模式研究 [J]. 成都体育学院学报，2007 (3)：7-11.
④ 池建. 竞技体育发展之路——走进美国 [M]. 北京：人民体育出版社，2009：3.

所以长盛不衰，与其合理、高效、实用的人才培养模式密不可分。然而，美国竞技体育人才到底用什么模式培养的？美国竞技体育人才与学校教育有什么关系？近年来，诸多学者围绕着这些问题进行了探索，有的学者以某个运动项目为中心，分析了中外体育后备人才培养的差异；有的学者从学校教育视角出发，研究了美国青少年竞技体育后备人才培养模式。毋庸置疑，学校体育在美国教育中占有重要位置，体教结合是中小学体育后备人才培养的主要模式，曹杰、王凯珍、郑晓鸿采用实地调研、问卷调查和个案分析的方法对美国中小学体育后备人才培养模式进行了研究，并认为"严格的学籍管理、青少年对体育运动的强烈兴趣、强大的社会运动俱乐部、学校运动队与社会运动俱乐部互为补充，为美国体育后备人才的培养提供了支撑"[1]。侯海波、李桂华、宋守训等认为，"美国竞技体育以学校为中心，从幼儿园到大学，青少年都有参加体育运动的机会，中学是青少年后备人才培养的摇篮，大学则是成就高水平运动员的高级阶段"[2]。为了形象地凸显出美国体育后备人才的培养体制，陈秀云、周新亚做了一个形象的比喻，他们把美国竞技体育看作一座金字塔，"塔基"就是中小学竞技运动，"塔身"是整个大学运动竞技，"塔尖"则由大学运动竞技的一部分和职业体育共同构成[3]。可以看出，美国竞技体育人才培养实际形成了一种从小学到大学的"一条龙"培养机制。诚然，美国竞技体育人才培养走的是一条"学院化"道路，这种人才培养模式得益于自由教育理念与职业体育、业余体育精神价值观的融合。杨绎梅、周宇、董官清认为，"自由教育理念与职业体育价值观的互动与融合是美国竞技体育人才培养模式的文化基因，美国竞技体育人才培养体系以教育为依托，走的是从小学、中学到大学密切衔接的科训一体化人才培育模式"[4]。这种模式是美国职业体育价值理念与自由教育观长期互动的产物。赵梦君通过对美国青少年竞技体育后备人才培养进行研究，提出了美国竞技后备人才培养具有管理模式社会化、培养模式学校化、治理模式法制化、基础网络多元化等特征[5]。也

---

[1] 曹杰，王凯珍，郑晓鸿. 美国中小学体育后备人才的培养过程 [J]. 首都体育学院学报，2013，25 (1): 6-10.
[2] 侯海波，李桂华，宋守训，等. 国外竞技体育强国后备人才培养体制及启示 [J]. 上海体育学院学报，2005 (4): 1-5.
[3] 陈秀云，周新亚. 中美竞技体育与学校体育关系比较 [J]. 体育文化导刊，2003 (8): 43-44.
[4] 杨绎梅，周宇，董官清. 自由教育理念与职业体育价值观的互动与融合——美国竞技体育人才培养模式的文化基因 [J]. 北京体育大学学报，2004 (1): 101-103.
[5] 赵梦君. 美国青少年体育及竞技后备人才培养模式与启示 [J]. 体育与科学，2014 (6): 51-54.

有学者从教育的视角对美国竞技体育发展特征进行了研究,他们的主要观点为:美国竞技体育以学校为中心,贯彻从小学到中学再到大学的教育与体育相融合的管理机制,小学开展早期兴趣训练,中学进行等级选拔,大学则进入培养优秀运动员的高级阶段。

综上所述,体教结合的"学院式"人才培养体制是美国竞技体育人才培养的基石。美国竞技体育人才首先是学生,其次才是运动员,其人才培养路径合理、高效、实用,竞技体育人才成长的每个阶段学校教育都起到了重要作用。美国竞技体育人才培养模式具有以下特征:一是以体教结合为中心,以人为本的教育理念与个性化的教育指导思想,促进了竞技体育后备人才文化素质与运动成绩全面发展;二是学校对学生运动员的教育与训练管理,以及青少年对体育的强烈兴趣,促进了竞技体育水平的持续提高;三是社会体育组织、俱乐部为竞技体育后备人才培养提供了支撑,社会俱乐部与学校运动队相结合,保障了体育后备人才的培养规模;四是竞技体育人才培养体系建立在教育基础上,注重不同阶段人才培养的关联性,是一条小学—中学—大学密切衔接的体教结合型人才培育路径。

(三) 美国的高校竞技体育研究

高校竞技体育在美国整个竞技体育体系中起到了承上启下的作用。美国是一个普及大学教育的国家,竞技体育中绝大多数优秀运动员都是高校竞技系统培养和选拔的。多年来,美国大学在竞技体育人才培育、商业开发、国民体育意识培养等方面都体现了其自身的价值。美国高校竞技体育既是后备人才培养的高级阶段,也是职业体育发展的摇篮,是多数运动员攀登世界体育高峰的必由之路。美国高校竞技体育不仅体现在高水平竞技体育人才的培养,而且还是实现高校竞技体育与高等教育有机结合的重要载体。近年来,美国高校竞技体育研究主要围绕两个方面进行:一是围绕美国大学生体育联合会的竞技体育管理进行研究;二是围绕美国高校竞技体育的发展、性质、价值、特征等进行研究。Ted Vincent研究认为,教育理念、教育体制、竞技体育管理体制、完备的法律体系是学校培养竞技体育人才的社会学因素,坚持业余性是美国大学竞技体育持续发展的保证[1]。在美国大学竞技体育管理方面,我国学者撰写了专门的著作,如池建的《美国大

---

[1] TED VINCENT. The Rise and Fall of American Sport [M]. Lincoln and London: University of Nebraska Press, 1994: 22-28.

学竞技体育管理》、杨华的《美国大学生体育联合会（NCAA）的制度演进》、凌平的《中美高校体育管理比较研究》等，这说明近年来我国学者对美国高校竞技体育的研究已逐步形成体系，出现了一些普及性较强的学术观点。例如，池建把美国竞技体育体制归纳为社会管理型，认为大学生体育联合会（National Collegiate Athletic Association，NCAA）是美国规模最大、职能最全、会员最多的管理机构[1]。凌平则认为，"美国大学竞技体育管理体制是实现大学竞技体育目的和任务的组织基础，没有合理、高效管理体制的运行，大学竞技体育目标便不能达成"[2]，其通过对NCAA管理模式、竞赛体制、运营机制进行研究，提出NCAA以学校为中心，大力推进大学业余体育发展，已成为美国竞技体育的主导部分，在运动员招收、管理、竞赛等机制上形成了一套完善的体系，使竞技体育运动经久不衰[3]。杨华通过研究NCAA制度的演进，发现美国大学竞技体育能够稳定运行的核心要素源于NCAA组织的保障，认为NCAA在保证大学竞技体育业余性的前提下，有效控制投入与产出，保障了大学竞技体育产品的质量[4]。

可以看出，多数学者从NCAA的宏观视角对美国高校竞技体育组织、管理、运作进行了研究，并得出NCAA是美国竞技体育的重要基础，是实现高校竞技体育与高等教育有机结合的载体，NCAA推动了美国高校业余体育的发展，实现了学校体育与职业体育的对接。相关研究对NCAA的论述虽然比较详尽，且在一定程度上能够说明高校竞技体育对美国竞技体育发展所起的作用，但是少有学者把NCAA与美国其他一些竞技体育组织联系起来加以论述，如美国奥委会和美国单项体育联合会，而探讨它们三者之间关系的研究更为鲜见。

(四) 美国的竞技体育成长因素研究

多年来，探讨是什么因素促使美国竞技体育成长为世界领先地位的成果颇多，相关学者从多个视角进行了研究，主要集中在四个方面：一是从文化学角度，尤其是从西方文化精神和"软实力"视角，挖掘美国竞技体育与美国文化的关系；二是从历史发展视角研究竞技体育，从国家发展中挖掘竞技体育崛起的因素；三是从社会学视角研究竞技体育崛起；四是从美国体育自身视角出发，从

---

[1] 池建. 美国大学竞技体育管理 [M]. 北京：人民体育出版社，2005：13.
[2] 凌平. 中美高校大学生体育运动竞赛管理体制的比较 [J]. 体育与科学，2001 (3)：51.
[3] 凌平. 中美高校体育管理比较研究 [M]. 杭州：浙江大学出版社，2004：5.
[4] 杨华. 美国大学生体育联合会（NCAA）的制度演进 [M]. 北京：北京体育大学出版社，2012：148.

训练方式、高校竞技体育管理、人才培养、职业体育带动等方面研究竞技体育的成长。

第一，从文化学视角挖掘竞技体育与美国文化的关系。Lawrence B 认为，美国文化精神是竞技体育发展的基石，美国独特的文化背景（个人主义、创新精神、开拓进取、积极行动、注重实效等）为竞技体育和学校体育的产生和发展奠定了思想土壤和理论基调[1]。文化多样性所塑造的民主、独立、自由、法制、平等的美国精神推动了竞技体育精神的形成[2]。

第二，从社会学视角研究美国竞技体育成长的原因。M. Walker 认为，雄厚的经济实力、社会需要、体育市场化、商业化、大众传媒、政府行为、科学化训练、世界政治格局、西方文化精神、发达的职业体育、黑人作用是美国竞技体育强势发展的社会学因素[3]。他的主要观点体现在五个方面：一是世界政治格局变化是美国竞技体育领先地位形成的催化剂；二是西方文化精神是美国竞技体育崛起的肥沃土壤；三是社会分层和黑人的先天优势是美国竞技体育人才培养的资源；四是学校承上启下的人才培养制度是竞技体育可持续发展的基础[4]；五是发达的职业体育、科学化训练、体育市场化、体育商业化，以及完善的体育制度和法律体系是竞技体育崛起的保证[5]。

第三，从历史学视角研究竞技体育，围绕国家发展的不同历史挖掘竞技体育崛起的因素。约翰·卢卡姆和罗纳德·史密斯认为，"美国竞技体育的强盛与美国历史发展休戚与共，19 世纪 50 年代末至 20 世纪初是美国体育的大变革时期，这一时期，美国竞技体育发展的根本原因在于城市化、工业化和科技发展的冲击[6]。Yeo I 认为，美国竞技体育从殖民地时期非正式的民间游戏到现代高度组织的体育形式演进中，社会等级的分层、性别、种族、城市的出现、乡村生活的变迁、经济的发展和现代思想的形成等均影响了竞技体育的发展[7]。舒盛芳参考美国历史分期，把美国竞技体育崛起分为两个阶段：19 世纪末到"二战"之前和

---

[1] LAWRENCE B. New England Literary Culture：from Revolution through Renaissance [M]. London：Cambridge University Press, 1989：16-28.
[2] 彭崴, 罗亚娟. 美国体育思想的嬗变与启示 [J]. 体育与科学, 2015 (3)：45-49.
[3] WALKER M. Administration of Intercollegiate Sports Competitions in the U. S. [J]. Sport Digest, 1995：63.
[4] 赵云宏, 张秀华. 美国竞技体育"霸主"地位之透析 [J]. 中国体育科技, 2003 (10)：60-64.
[5] 舒盛芳. 大国竞技体育崛起及其战略价值研究 [D]. 上海：上海体育学院, 2010：5.
[6] 约翰·卢卡姆, 罗纳德·史密斯. 乡村城市化与体育商业化进程 [J]. 体育文史, 1995 (3)：47-50.
[7] YEO I. The Changes of American Sports and the Factors Contributing to Its Development [J]. Journal of Korean Philosophic Society for Sport and Dance, 2002, 10 (2)：297-319.

"二战"之后①。她认为,19世纪末到"二战"之前美国竞技体育崛起的因素包括:其一,学校竞技体育的发展;其二,职业体育的推动;其三,体育组织创建和体育管理的重视;其四,积极参加奥运会,创造好成绩。"二战"之后美国竞技体育崛起的因素包括:一是职业体育的推动;二是女子体育的发展;三是全国性体育竞赛的组织;四是多次参加奥运会。

第四,从"软实力"视角挖掘美国竞技体育成功因素。约瑟夫·奈认为,美国的文化,不论是粗俗的还是高雅的,均具有强烈的向外散射的特征②。美国在"软实力"方面占尽良机,美国人"敢为天下先"的文化精神和魅力成就了竞技体育"软实力"优势和影响力。其优势和影响力主要表现在:一是社会体育组织具有强大的活力;二是竞技体育实力与水平具有广泛影响力;三是职业联盟、媒体与商家"造星"运动具有世界影响力;四是体育产业的营销策略具有世界创造力;五是成功举办奥运会产生世界震撼力。

综上所述,各类观点虽然选取的视角不同,但得出的结论都客观地概括了美国竞技体育成功的原因,这些观点主要包括美国精神推动了竞技体育精神的形成;西方文化元素、雄厚的经济实力、体育市场化、体育商业化、大众传媒、政治环境、黑人的作用是美国竞技体育强势发展的社会学因素;社会分层、种族、城市的出现、经济的发展是美国竞技体育崛起的历史学因素;社会体育组织的活力、职业体育联盟的"造星"运动、体育产业推动等是竞技体育成长的"软实力"因素。

(五) 美国国内学者对竞技体育成长的研究

竞技体育是美国社会的重要组成部分,美国学者对竞技体育进行了大量探索,由于美国学者对竞技体育的认识与我们不一致,所以在有关竞技体育运行体系、管理制度及竞技体育的构成等方面的观点存在较大差异。美国学者通常把体育与竞技、娱乐、游戏结合起来,探讨体育、游戏、有组织的游戏、竞赛的关系,在这方面较有代表性的学者是阿伦·古特曼,其在著作中从竞技体育属于游戏的论题出发,研究了现代体育的本质,并指出了人类体育从本能的游戏(Play)到有组织的游戏(Game)是竞技体育起源的必然性,展示了古代或前工

---

① 舒盛芳. 大国竞技体育崛起及其战略价值研究 [D]. 上海:上海体育学院,2010:29-30.
② 约瑟夫·奈. 美国霸权的困惑——为什么美国不能独断专行 [M]. 郑志国,等译. 北京:世界知识出版社,2002:73.

第一章 绪 论

业社会体育到现代体育演进的历史必然性,给出了现代竞技体育的本质定义,即现代竞技体育是一种普遍且特殊的非功利性身体竞赛[1]。Stephenk 在其著作中进一步把竞技体育与娱乐、休闲做了对比,认为竞技体育在增强个体自信心、增进沟通、促进教育、提供休闲娱乐服务等方面起到了特殊贡献,但自身也存在问题,如性别歧视、种族歧视、兴奋剂、球场暴力、国家政治对决的工具等[2]。还有学者把美国竞技体育与学校体育、妇女体育、大学生体育联合会、业余体育结合起来进行研究,如 Aileene S 认为,国家州立中学体育联合会、大学生体育联合会、妇女运动协会、业余运动联合会为竞技体育的开展起到辅助作用[3]。有关妇女与竞技体育之间关系的探讨,罗纳德认为,妇女体育的发展反映了美国竞技体育的程度,随着女权运动的发展,妇女认识到竞技体育也需要消除束缚[4]。对于美国竞技体育所取得的成就、影响因素和未来发展趋势,美国学者也进行了大量探讨,一些成果都是选取社会学的视角,如杰·科克利充分肯定了竞技体育给现代社会带来的福利,认为竞技体育为现代社会制造利润、培育人才、提供健康,美国有组织的竞技体育活动已集娱乐、教育、商业、仪式、道德培养、身份等于一体,并指出有组织的竞技体育活动将是未来美国竞技体育发展的趋势[5]。

综上所述,学者从不同视角对美国竞技体育进行了系统的研究,美国学者对竞技体育的认识与国内学者分野较大。美国学者通常把体育与竞技、娱乐、游戏结合起来,把竞技体育划归为休闲娱乐项目的范畴,或把竞技体育纳入学校体育和职业体育的范畴,对于影响竞技体育成长的因素是从社会学的视角进行探究,并且对美国竞技体育的发展充满了忧患意识,认为美国竞技体育和参与性体育存在冲突。有关竞技体育运行体系、竞技体育管理制度及竞技体育的构成等方面的研究视域与我国学者的观念也存在较大的差异,这可能与中美两国文化、社会、体制、竞技体育发展程度等方面的不同有关。

---

[1] 阿伦·古特曼. 从仪式到记录:现代体育的本质 [M]. 花勇民,钟小鑫,蔡芳乐,编译. 袁旦,审译. 北京:北京体育大学出版社,2012:5.

[2] STEPHENK. Figle:Sport and Play——A Text Book in the Sociology of Sport [M]. Washington:Library of Congress Catalog Card Number,2015:94-95.

[3] AILEENE S. LOCKHAR. History of Sport and Physical Education in the United States [M]. New York:Wm. C. Brown Company Publishers,1988.

[4] 罗纳德·B. 伍兹. 体育运动中的社会学问题 [M]. 田慧,译. 北京:人民体育出版社,2011:195-199.

[5] 杰·科克利. 体育社会学——议题与争议(第6版)[M]. 管兵,刘穗琴,刘仲翔,等译. 北京:清华大学出版社,2003:101.

二、美国的大众体育发展相关研究

开展广泛的大众体育是美国体育成功的根基。百余年间，美国大众体育伴随国家的成长走过了一个从无序到有序的成长历程，度过了从孕育到成长的不同阶段。通过查阅相关文献，发现国内外学者的研究主题主要集中在美国大众体育的发展历程、休闲体育、业余体育等方面，有的学者以美国国家历史为研究视角，还有学者以美国大众体育的分类为参照，挖掘了美国大众体育的管理、性质和组织运行等内容，得出了美国大众体育的一些重要特征，并给出了多个解释。

(一) 美国的大众体育发展历程研究

第一，基于国家历史演进的视角，研究美国大众体育的发展历程。这一层面的研究群体多集中于美国国内学者，主要根据美国国家历史发展过程中的时间段来研究大众体育的发展历程，把大众体育的发展放在整个美国历史演进的视野中，主要运用归纳、演绎、逻辑分析、对比分析，以及一些社会学和历史学的研究方法。例如，美国学者 S. W. Pope 把 1600—1918 年美国体育的发展分为了殖民地时期、民族独立时期、南北战争至"一战"时期三个阶段，认为工业化、城市化及科技发展使美国体育走上现代化的快速轨道[1]。Philip C 以 1945—1978 年为时间节点，研究了美国大众体育发展，把美国大众体育的发展历程分为了两个阶段，认为从 19 世纪早期到 20 世纪中期，这段时期现代体育形式的出现和休闲体育的萌芽适应了现代城市环境的发展；"二战"以后美国大众体育作为一项休闲产业而不断发展[2]。Yeo I 则根据美国国家历史演进，把美国大众体育的发展历程分为了殖民地时期、19 世纪的现代体育萌芽期和 20 世纪后的现代体育发展期三个阶段，认为美国大众体育的演进经历了从非正式的民间游戏形式到高度组织的现代体育形式，其中 19 世纪是美国大众体育发展历史上的转折点[3]。这个阶段的体育组织结构因美国社会的发展而转变，随着城市化的发展，不断提升的社会

---

[1] POPE S W. The New American Sport History: Recent Approaches and Perspectives [M]. Chicago: University of Illinois Press, 1997: 14-18.
[2] PHILIP C. SUCHMA, M. A. From The Best of Times to the Worst of Times: Professional Sport and Urban Decline in a Tale of Two Clevelands, 1945-1978 [D]. Columbus: The Ohio State University, 2005: 2.
[3] YEO I. The changes of American Sports and the factors contributing to its development [J]. Journal of Korean Philosophic Society for Sport and Dance, 2002, 10 (2): 297-319.

第一章 绪 论

交流体系影响着现代体育组织。伴随美国经济的膨胀和多元化社会交流体系的发展，美国大众体育逐步走向了现代化发展之路。从这些观点可以看出，美国大众体育随着国家的成长经历了特殊的发展过程，在国家工业化、城市化及科技发展的推动下，美国大众体育走上了现代化的发展道路，并表现出了不同的发展特征。

第二，以不同历史发展阶段的体育战略方针或政策作为分期标志，研究美国大众体育的发展历程。这一层面具有代表性的观点多来自我国学者，部分学者把大众体育的发展与不同时期美国政府颁布的体育政策或执行的体育战略联系到一起。龚正伟、肖焕禹、盖洋认为，"美国体育的发展经历了三个阶段：自由放任期（1885年前）、职业体育先行期（1885—1930年）和国家规划跟进期（1930年后），不同时期具有若干个分支发展阶段"[①]。根据他的成果可以归纳出：自由放任期的美国大众体育没有统一、明确的法律规范，体育的发展完全处于一种自生自灭的放任状态；职业体育先行期的美国大众体育处于自发自由的发展状态，伴随体育被纳入国民教育系统，美国体育逐步踏上了现代化、规范化、标准化步伐，这一发展阶段的体育契合了美国社会发展态势，体育组织、法规、职业体系由自发到自觉不断转变；国家规划跟进期的美国体育是迈向体育强国之路的重要时期，也是开创与主导世界体育潮流的阶段，从这个时期开始，美国大众体育受到了政府越来越多的政策干预。吕俊莉基于美国国家制度视角研究了美国大众体育的成长历程，认为美国大众体育的发展经历了由自由发展到社会主导发展的历程[②]。她把美国大众体育的发展分为了发展孕育期、职业化体育发展前期（成长阶段）、职业化时期（成熟阶段）三个阶段。从她的成果中可以得出，美国大众体育的发展建立在社会文化之上，在美国大众体育发展的100多年历程中，经历了从自由无序到有序发展，再到成熟壮大的成长过程。20世纪以来，美国现代体育组织开始蓬勃发展，体育竞赛、服务市场、体育产业逐渐完善，国家宏观调控政策有力地推动了各项体育事业的发展，美国体育在世界上处于领先地位，并保持着这种强盛的态势继续发展。

综上所述，国内外学者从不同的视角对美国大众体育的发展历程进行了划分，并对不同成长阶段的大众体育特征进行了深入剖析，多采用定性的研究方

---

① 龚正伟，肖焕禹，盖洋.美国体育政策的演进［J］.上海体育学院学报，2014，38（1）：18-24.
② 吕俊莉.美、德体育政策嬗变的经验与启示［J］.体育与科学，2014，35（2）：19-23.

式，多以国家历史、国家制度、政策条例等为参照，对美国大众体育的成长进行了阶段划分。从得出的观点可以发现，美国大众体育在国家的城市化和现代化进程中不断成长，其发展脉络始终依托于国家的发展战略，放任主义是美国大众体育成长的根源，社会主导与国家调控相结合是美国大众体育发展的重要举措。

(二) 美国的休闲体育发展研究

作为世界高度发达的现代化国家，休闲娱乐是美国社会的重要组成部分。100多年前，美国学者就开始对大众体育领域中有关休闲娱乐主题进行研究，特别是近几十年来，随着美国经济社会的全面发展，大众体育中的休闲娱乐作为一门学科进入高等教育阵地。相关成果主要集中在以下两个领域：一是关于中美休闲体育比较研究；二是有关美国休闲体育于城市、社会、体育产业发展的研究。

第一，对休闲体育的研究多局限于对美国休闲体育理论的阐释，研究内容主要围绕美国休闲体育的特征及性质等方面。在休闲体育内涵方面，有学者认为参与休闲体育需要具备三个条件：一是要掌握基本的体育运动技能；二是要拥有自由意愿；三是内在动机的驱动和情感满足[1]。还有学者把休闲体育的研究建立在休闲学之上，并把休闲与娱乐、旅游联系起来。Stephen L. J, Geoffrey C. Godbey 运用休闲学的相关知识研究了休闲、娱乐与旅游三者间的联系，阐述了三者结合对现代社会中个人的价值[2]。在美国休闲体育性质方面，多为中美对比研究，如刘子众通过分析中美差异，提出了我国休闲体育与美国主要存在休闲体育的性质、项目、功用及历史走向不同，并分析了存在差异的原因，认为中美休闲体育存在差异的原因在于民族所处的文化生态不同，以及民族的自然观和宇宙观不同[3]。这种分析虽然从民族性出发探讨了不同思想观念下的休闲体育认识，但只是对其产生差异原因做了简单描述，并未进一步考证这种差异对休闲体育发展的作用。在对美国休闲体育相关理论的研究方面，国内文献较为鲜见，文谦、牛静在中美休闲体育的比较中提出"体育与休闲是独立的两门学科，休闲体育属于休闲学学科范畴"[4]。

---

[1]克里斯托佛·阿·埃丁顿，王建宇，高萍. 二十一世纪的美国休闲 [J]. 广州体育学院学报，1996, 9 (3): 92-96.
[2]STEPHEN L. J, GEOFFREY C. GODBEY. Leisure, Recreation and Tourism [J]. Annals of Tourism Research, 1991 (18): 85-100.
[3]刘子众. 中西方休闲体育之差异 [J]. 体育学刊，2003, 4 (7): 34-36.
[4]文谦，牛静. 中美休闲体育的比较研究 [J]. 中国体育科技，2005 (4): 32-35.

第二,有关休闲体育对家庭、社会、个体的影响和休闲服务体系等方面。研究重心主要围绕公园对休闲、娱乐和旅游的作用。研究过程中既有休闲理论视角的宏观概括,也有关注体育与休闲的微观互动,同时对描述过程进行了解释,研究视角具有多样化。美国休闲体育发展方面,一些观点认为美国休闲体育受众庞大,强调利用自然资源和休闲体育空间开拓,以休闲为主题的赛事频繁,活动项目丰富,户外项目是主体。随着美国社会对休闲体育人才的需求激增,为该领域的人才培养带来了良好的机遇,刺激了休闲体育人才培养市场,美国社会成立了专业的休闲体育服务体系。国外学者则从另一角度对此做出了分析,杰弗瑞·戈比提出,美国休闲体育服务体系由五个模块组成:联邦政府休闲体育组织机构、州政府休闲体育组织机构、地方政府休闲体育组织机构、非营利性休闲体育组织机构和营利性休闲体育组织机构[1]。各组织机构职能各异,主要是完成由联邦政府、州政府、地方政府制定的休闲体育发展规划。联邦政府没有设置全国统一的休闲体育服务机构,但政府和社会形成的休闲体育服务组织多达70多个,这些组织部门在各自的管理领域内,负责不同职能的休闲体育管理工作[2]。

(三) 美国的业余体育发展研究

业余体育是美国体育的重要组成部分。进入21世纪后,美国大约有65%的民众把体育融入生活,业余体育成为美国社会中压倒多数的主流运动[3]。"二战"后,随着美国经济社会的不断发展,业余体育组织不断涌现,1978年《业余体育法》(*The Amateur Sports Act*)的颁布从制度层面确立了业余体育的法定地位。20世纪80年代后,学界对美国业余体育制度治理进行了广泛探讨,研究主题主要围绕业余体育法、业余体育运动中的政府行为、业余体育仲裁制度、业余体育的性别规制、业余体育立法与纠纷解决体制、业余体育的政府政策等领域。

美国通过不断调整和制定法律政策,对业余体育开展进行了宏观调控,以各种方式推动社会休闲体育行业的发展,鼓励人们参与业余体育活动,并制定了《2005年美国户外休闲政策法案》,为休闲体育的发展建立了一个全国性的约束机制,其目的是通过发展休闲体育,提高全国的休闲产业,明确全国休闲战略的

---

[1] 杰弗瑞·戈比.21世纪的休闲与休闲服务[M].张春波,陈定家,刘风华,译.昆明:云南人民出版社,2000:245.
[2] A. J. VEAL. Leisure and Tourism Policy and Planning [M]. London: CABI Publishing, 2002: 55.
[3] RONALD B. WOODS. Social Issues in Sport [M]. Florida: University of South Florida Press, 2001: 30.

法定地位。Floyd Jones、Dana D. Brooks 认为，美国业余体育是在多样性的社会体育服务体系下运作的，其服务体系由五个模块组成：联邦政府业余体育组织机构、州政府业余体育组织机构、地方政府业余体育组织机构、非营利性业余体育组织机构和营利性业余体育组织机构[1]。各个组织的职能不同，主要是完成由联邦政府、州政府、地方政府制定的业余体育发展规划。美国政府主要运用制度治理的方式对业余体育进行了调控，每个州都设立了以户外娱乐为首要任务的专门管理机构，各州政府以下的市县也设立了业余体育管理机构，如总统体质与运动委员会、州总统健康与体育委员会、社区公园与休闲委员会等。一些业余体育制度通过法律法规的形式进行呈现，相关法律包括《民法》《合同法》《机构法》《刑法》《宪法》等。在实践中，这些法律多被用来处理业余体育方面的具体事务。美国《业余体育法》在世界上是独一无二的，宋佳麟认为，该法案围绕美国奥委会与国内单项联合会处理体育纠纷，规划了美国现代奥林匹克运动，保障了业余体育的健康发展，提高了公众体育参与度[2]。《业余体育法》在1996年进行了修订，管辖范围不断拓宽，对美国业余体育、竞技体育、大众体育等多个方面起到了积极作用。目前涉及美国业余体育运动纠纷的仲裁员多是以前的体育经营主管人员、运动员、法律工作者、经纪人、退休裁判及劳动仲裁员等。对如何有效解决业余体育领域的事件纠纷，黄世席、宋韦韦认为，仲裁是有效解决业余体育问题的最常用非诉讼手段，美国业余体育纠纷仲裁的依据主要有《美国奥委会章程》《泰德斯泰文斯业余体育法》，以及美国反兴奋剂机构的规范等[3]。Anonymous提出，业余体育法就业余运动员和体育部门之间的争议规定了有约束力的仲裁，业余体育领域的有关争端，当事人可以提交美国仲裁协会仲裁[4]。在保证业余体育的运行方面，20世纪80—90年代，美国联邦健康与公共事业部先后出台了《奥林匹克和业余体育法》《健康公民计划1990》《大众体育计划》《健康公民计划1990中期回顾》《健康公民计划2000》《健康公民计划2010》《美国人体育活动指南》等法规制度，有效保障了业余体育的开展。

综上所述，我国学者对美国大众体育成长的研究多局限于对大众体育理论的

---

[1] FLOYD JONES, DANA D. BROOKS. Examining Leisure Sport Management Programs in the United States [J]. Sport Management Review, 2008 (11): 77-91.
[2] 宋佳麟. 美国业余体育法及其启示 [D]. 长沙: 湘潭大学, 2007: 16.
[3] 黄世席, 宋韦韦. 美国业余体育运动中的政府行为研究 [J]. 成都体育学院学报, 2009 (7): 1-6.
[4] ANONYMOUS. AAA Establishes a Sports Arbitration Panel [J]. Dispute Resolution Journal, 2001 (2): 4.

阐释，主要围绕美国大众体育的产生、历史沿革、大众体育服务组织等内容展开介绍，尤其是对美国休闲体育进行了大量探讨，研究多运用调查法、网络分析法、个案分析法等。随着近年来我国休闲体育的兴起，围绕美国休闲体育发展与功能的探讨逐步增多，大部分学者认为美国休闲体育与社会休闲的兴起和发展紧密相连，休闲体育迎合了社会休闲娱乐业的发展，已形成较为成熟的发展模式。不同于国内学者，美国学者对休闲体育的研究多围绕休闲体育对家庭、社会、个体的实际影响、休闲体育组织的运行或休闲服务体系的建设等方面，主要探索个人或社会从休闲体育中可以得到什么，以及休闲体育对社会的价值。中外学者选取的研究视角不同，可能与国内外休闲体育发展的程度及休闲体育理论的建设情况不同有关。

三、美国的体育产业发展相关研究

体育是商业与文化相融合的重要一环，美国体育产业作为国民经济的支柱产业之一，多年来快速发展、长盛不衰。美国保持体育产业强势劲头的原因何在？是什么力量推动着美国体育产业的蓬勃发展？学术界对此涌现了大量的研究成果。研究热点主要集中于美国体育产业结构、体育产业发展特征、体育产业制度、体育产业联盟、体育产业核心竞争力的生长机制、职业体育产业等方面，多是借用经济学的相关知识探讨美国体育产业的管理和运作，运用社会学的相关理论解释美国体育产业成功的原因。

（一）美国的体育产业发展特征研究

体育产业作为美国的支柱产业，体育产业产值位于美国十大产业之列，具有规模大、发展速度快、中介作用明显、国际化趋势强、法人治理完善等优势。美国体育产业发展特征的研究热点主要体现在以下六个方面。一是美国体育产业性质研究。美国体育产业具有多样性、商业性、竞争性、娱乐性，以及与其他产业的关联性等特征。二是美国体育产业结构研究。美国体育产业内部结构复杂，包括体育健身娱乐业、职业体育、体育场地服务业、体育用品业、体育广告业、体育经纪业等多个门类。三是美国体育产业成长历程研究。19世纪初英国体育产业开始传入美国；20世纪后美国建立了职业体育联盟体制；20世纪的最后20年内美国体育产业有了飞速发展。四是美国体育产业法律调控研究。美国体育产业发展与完备的法律调控机制密不可分。五是美国高校体育产业研究。美国高校体育产业以竞赛表演业为主，发展遵循了市场经济规律。六是美国体育产业发展趋势研究。美国体育产业呈现出产业结构服务化、产业贡献扩大化、产业融资资本化、产业经营国际化、产业体系关联化、产业管理市场化的发展态势。

(二) 美国的体育产业制度研究

第一，在体育产业发展的制度调控方面。胡乔从法律的视角进行了探讨，认为美国体育产业之所以具有长效发展动力，其主要原因是通过制定相关的法律策略进行规范，且与美国完备的法律调控机制密不可分[1]。美国《业余体育法》《谢尔曼法》《克莱顿法》《税法》《版权法》《反垄断法》《劳工法》等都促进了体育产业的快速发展。Ted Vincent认为，美国体育产业的成功主要有两个方面的原因：一是雄厚的经济基础和成功的商业运作；二是完善的产业运行与管理[2]。实施反垄断豁免是美国体育产业政策的重要内容，运动员保留条款、门票收入分配、奢侈税、工资帽、电视转播收入分配、选秀等措施是实现联盟球队竞赛平衡的重要制度，而竞赛平衡是职业体育联盟运作的核心问题。美国体育产业以经济社会发展为基础，依靠"内生式"的发展模式，虽然联邦政府不设立专门的体育产业管理机构，但其职业体育产业却能借助《反垄断法》和成功的市场化管理体制进行运作，这主要得益于政府的宏观政策规制。

第二，在体育产业政府规制方面。周武从美国职业体育产业的市场失灵出发进行了案例研究，提出了政府规制是美国体育产业市场发展、成熟与完善不可或缺的制度保障，通过立法、司法、执法三大系统，就职业体育产业实施分权管理，纠正市场失灵，提高运行效率，维护公众利益[3]。Moorman、Anita认为，美国对体育产业的规制实施分级、分权管理，联邦政府对体育产业的规制主要通过不同规制机构实施运作，其中美国联邦贸易委员会（Federal Trade Commission, FTC）执行《消费者保护法》及《反托拉斯法》等，从而确保市场的运作效率[4]。不仅联邦政府对体育产业的发展进行规制，州政府同样在规制方面大做文章，

---

[1] 胡乔. 美国体育产业发展的法律调控分析 [J]. 体育文化导刊, 2014 (2): 131-133.
[2] TED VINCENT. The Rise and Fall of American Sport [M]. Lincoln and London: University of Nebraska Press, 1994: 75.
[3] 周武. 美国职业体育产业政府规制体制探析 [J]. 中国体育科技, 2008 (3): 52-57.
[4] MOORMAN, ANITA. False Advertising and Celebrity Endorsements: Where's My Script [J]. Sport Marketing Quarterly, 2006, 15 (2): 111-113.

Jackson Bob 通过研究州政府的体育产业规制政策，提出为了维护民众和运动员的安全，美国很多州都已经通过了专门立法，成立了体育委员会来规制体育经纪人滥用现象，美国州政府对体育产业的规制较为独特，实施范围更具有针对性，从而能更有效地促进联邦层面规制的形成[1]。体育产业作为美国经济的重要组成部分，一些学者从政治经济学的视角探讨了美国体育产业成长的法律规范，包括政府法令、公司法令、职业运动联盟法令，以及体育产业自我规范的方式，提出了体育产业的自我规范主要通过政府、消费者、产业自身三方相互制衡来实现。

(三) 美国的体育产业联盟研究

脱胎于英国俱乐部的职业体育联盟是美国体育产业组织与管理的基本形式，是美国体育产业中历史悠久并有着巨大商业活力的领域。美国率先在职业体育领域建立了联盟体制，四大职业体育联盟［国家橄榄球联盟（NFL）、职业棒球大联盟（MLB）、美国职业篮球联赛（NBA）、国家冰球联盟（NHL）］是美国职业体育的成功典范。近年来，国内外学者对美国职业体育进行了大量研究，Fort 认为，体育产业联盟作为现代体育成熟的组织形式，主要在于其管理方面的合理性，是一种典型的"商业卡特尔"[2]。与欧洲不同，美国职业体育联盟主要局限于国内联赛，面对的主要是本土市场。职业联盟相对于其他产业的管理透明度高、经济数据公开，成为美国经济学家或管理学中验证理论的理想领域。早在1956年，美国芝加哥大学的经济学家 Simon 就对棒球的劳动力市场进行研究并发表了文章。近年来，学者对职业体育联盟研究有着相对固定的视域，他们从职业体育联盟比赛的基本特征入手，认为影响职业联盟比赛结果的因素主要来自三个方面：一是资源的不平等会导致比赛结果的不均等；二是比赛结果不确定性的降低会导致观众兴趣下降；三是特殊的职业体育联盟分配机制可以增加比赛结果的不确定性。针对这三个方面的假设，学者进行了大量研究，其中，关于保留条款、自由转会、选秀制度、收入分配、工资帽与奢侈税、联盟球队最佳数量等方面的职业体育分配机制研究最集中。Beacom A 与 Levermore R 从经济学的视角研究了职业体育联盟的性质，认为美国职业体育联盟是自然垄断者，职业球队市场成本和需求是职业体育联盟间竞争的缘由，职业体育联盟的存在有利于消除球队

---

[1] JACKSON BOB. Regulatory Outlook for 2004 [J]. Dealer News, 2003, 39 (12): 26-36.
[2] FORT. European and North American Sports Differences [J]. Journal of Political Economy, 2000 (4): 43.

间市场垄断[①]。职业体育联盟本质上属于公司法人。职业球队的所有者为了实现利益最大化，成立职业体育联盟。职业队的所有者组成董事会，并委托一些职业经理人对联盟管理。为了最大限度得到利益，各联盟不断对经营手段、所有权、俱乐部布局、电视转播、比赛规则等进行市场化的适应性改革，从而更好地保持职业体育联盟和各职业球队的健康发展。

（四）美国的职业体育研究

职业体育作为美国体育产业的支柱，是美国社会的一个缩影，包括政府、联盟、市场、球员、资方之间的复杂关系。学者主要围绕职业体育联盟、职业体育制度的起源与发展、职业体育制度的劳资关系、职业体育与反垄断制度及赛事转播制度等方面进行了研究。郑芳运用历史演绎的研究方式对美国职业体育制度的起源、演化和创新进行了研究，认为美国职业体育制度的不断创新是职业体育强盛的根本，尤其是促进四大职业联盟竞争均衡的制度设计、商业化模式运行、管理者的创新和市场的需求是促进职业体育制度发展的关键[②]。职业体育作为一种新兴产业，随着世界经济一体化的趋势而迅速发展，呈现出了旺盛的生命力，且成为美国体育的一道靓丽的风景。因此，相关的体育制度也多围绕职业体育而展开。鲍明晓指出，美国率先在职业体育领域建立和完善联盟体制，特征是所有权与经营权分离，是按照现代企业制度规范建立的一种经济上的合资企业，法律上的合作实体[③]。美国职业体育实行联盟制，20世纪中期，美国国会采取了"法定劳工豁免"和"非法定劳工豁免"政策。在涉及职业联盟的制度研究方面，学者主要从具体制度展开研究，如姜熙、谭小勇采用案例分析方法对美国反垄断法及法定劳工豁免进行了深入研究，并指出美国《反垄断法》及劳工豁免制度是职业体育领域的一项重要内容，《联邦贸易委员会法》《谢尔曼法》《克莱顿法》是职业体育反垄断法的组成部分，美国劳工法具有强烈的反竞争性[④]。在政府规制与反垄断限制方面，从1890年美国颁布第一部反垄断法开始，该制度与美国职业体育发展休戚相关。赵海龙认为，反垄断法可以有效解决四大职业体育联盟

[①] BEACOM A, LEVERMORE R. International Policy and Sport-in-Development [J]. Management of Sports Development, 2008: 109-126.
[②] 郑芳. 美国职业体育制度的起源、演化和创新 [J]. 体育科学, 2007, 27 (2): 79-85.
[③] 鲍明晓. 体育产业——新的经济增长点 [M]. 北京: 人民体育出版社, 2000: 85.
[④] 姜熙, 谭小勇. 美国职业体育反垄断劳工豁免制度研究 [J]. 体育科学, 2010, 46 (5): 93-100.

中俱乐部球员转会、年薪，球员与工会、联盟的关系，商业赞助、广告等一系列问题引发的矛盾①。目前美国职业体育与过去相比受到了更多的外部审查，反垄断法在职业体育的理论与实践中发挥着重要作用。Ross 提出职业体育制度层面植入反垄断法是公共利益的体现，是美国弥补职业体育市场失灵，维护消费者公共利益的体现，反垄断法深刻影响着美国职业体育运作，随着《谢尔曼法》出台，职业体育倍受美国法律约束②。20 世纪中期，美国国会通过了"非法定劳工豁免""法定劳工豁免"职业体育制度，1961 年出台《体育转播法》，专门支持四大体育职业体育联盟的发展。可见，职业体育制度主要集中在美国职业体育法律法规、政策、文件、条例等具体制度领域。

综上所述，当前有关美国体育产业发展的研究涉及面广泛。从研究范围和内容来看，主要涉及体育产业结构、管理体制、政策、特征、发展历程、存在问题等诸多领域。主要观点认为，美国体育产业的成长除了得益于美国强大的社会、经济、科技、市场的优势外，最重要的是美国体育产业形成了一套较为成熟的管理体系和运行机制。联邦政府的行政部门以不同的方式执行管制，其中联邦政府的立法机关在监督和规范体育产业方面扮演着重要角色，通过体育产业的具体制度来执行相关体育立法，如与体育产业密切相关的合同法、经纪人法、知识资产保护法、反垄断法、劳工法、体育广电法、反歧视法等。在多重制度的护持下，美国体育产业自身形成了一种强大的核心竞争力。

四、美国的体育教育发展相关研究

美国体育成功的根源在于学校，而科学规范的学校体育教育制度为美国体育系统的可持续发展奠定了基础。学校体育是美国体育强盛的根基，体育教育作为学校体育的重要组成部分，国内外学者对美国体育教育发展进行了大量探讨。研究热点主要围绕有关美国体育教育模式、美国高校体育教育制度、美国中小学体育教育制度、美国高校休闲体育专业等领域，相关成果多采用了文献资料法、实地调研法、个案分析法、网络信息法等，得出了诸多重要的研究结论。

---

① 赵海龙. 反垄断法对美国四大职业体育联盟的影响 [J]. 四川教育学院学报，2009，25（1）：13-15.
② ROSS. Antitrust, Professional Sports, and the Public Interest [J]. Sport Iiustrated, 1996 (11): 15.

（一）美国的体育教育模式研究

围绕美国体育教育模式的研究主题主要包括学校体育教育思想、体育教学内容、体育教学模式、体育教育组织等方面。首先，有关学校体育教育思想的研究。主要观点认为，美国体育教育以发育主义、科学化运动、社会化教育和军事化思想为依据，利用"新体育"思想所宣扬的通过身体进行教育，促使学生成为一个完整的人。美国体育教育的目的多元，主要内容包括发展运动技能、提升运动能力、促进身体生长发育、促进学生心理健康发展。其次，有关美国体育教学内容的研究。主要观点认为，美国不同层次的教育阶段具有多样性的教学内容，并提出美国体育教育从幼儿阶段开始实施，随着儿童年龄的增长，具有针对性的三个课程标准能够满足儿童生长发育的需要，教学内容主要围绕培养儿童基本活动、培养体育兴趣和传授基本运动技能等。中学阶段的主要教学内容分为三个部分：一是竞技体育教育，主要推动基本竞技运动技能的养成；二是终身体育教育，通过兴趣提升学生长期参与体育的意识；三是健身和身体活动教育，通过学习个人和集体运动项目，如韵律体操等，培养学生团结意识。大学阶段的体育教育内容包括户外运动课、基本竞技项目课和体育理论课程，能够满足学生的多元体育需要，各学校以学期为周期开展体育课程。再次，有关体育教学模式的研究。曹铭亮、渠广伟认为，美国体育教育模式主要有四种：海尔森的培养学生对个人和社会责任感的教学；汤姆·迈肯兹的体育健身教学；西登托普的竞技体育教学；将体育与其他学科相结合的教学[①]。其中，学科联合模式是运用最广泛的一种体育教育模式，其应用范围主要在中小学。最后，有关体育教育组织的研究。美国体育教育治理体制由直接治理体制和间接治理体制两部分组成。直接治理体制实施是指由各州教育管理部门下设的学区教育委员会负责治理地方学校。主要观点认为，美国体育教育组织形式多样：大学体育课由学校体育部管理，体育课通常不是必修课，主要以选修的形式呈现；中小学则主要由体育运动俱乐部或者体育部管理。此外，学区教育委员会下设专门的体育协调员和教育学监，对各个学校具体的体育教学、体育活动开展等进行监督与指导。社区体育组织作为体育教育的间接治理机构，是地方公园娱乐部和地方休闲委员会下设的体育组织机构，地方学校教育机构和社区体育组织的共同治理促进了美国中小学体育教育

---

① 曹铭亮，渠广伟．美国体育教育模式概述［J］．解放军体育学院学报，2004（4）：126-128．

的健康发展。

(二) 美国的高校体育教育制度研究

研究重心多是围绕 NCAA 的管理体制进行研究，如池建的美国大学竞技体育管理体系、李丹阳的 NCAA 竞技体育发展与治理、杨华的 NCAA 的制度研究等。NCAA 是美国大学竞技体育的管理机构，是一种非营利的社会组织。联合会的管理制度可分为三个等级，该机构实行三级管理制度。大学竞技体育的管理体制可以分为独立型和非独立型两种。池建认为，立法是美国大学体育管理的重要组成部分，各高校都要遵循体育联合会的立法开展活动[1]。联合会通过电视转播权的转让、企业资助、锦标赛收入、校友捐助、注册商品销售等渠道维持运行。李丹阳通过文献资料、问卷调查、访谈等研究方法对美国 NCAA 的发展与治理进行了研究，研究围绕 NCAA 发展的历史阶段、组织行政、治理机制等方面，提出了 NCAA 具有非营利性组织的特征，包括理事会制度、监督机制、资源运行机制、信息披露机制等[2]。

与国内学者研究视角不同的是，国外关于美国高校体育教育制度的研究多是就一些具体问题进行分析，针对性较强，且多是采用实证研究的方式，通过某个运动项目在学校的开展，侧面反映体育教育制度执行的效果。例如，以橄榄球项目为调查对象，研究开展了该项目的学校被 NCAA 调查的可能性，发现 NCAA 所调查的违规行为与学校竞技体育项目开展的普及率有很强的关联性，NCAA 实施处罚后，橄榄球在学校的竞技水平大幅下降[3]。通过研究实施 NCAA 治理后 7 个不同水平的橄榄球职业联盟的竞技实力平衡问题，发现其中 5 个联盟的竞技实力平衡问题得到了明显改善，从而得出，NCAA 能够有效维持不同球队在联盟中排名的稳定性，NCAA 逐步成为传统的卡特尔[4]。DePken、Graig A、Wilson 等通过调查 NCAA 管理制度的变化，对学校联合会中不同项目的竞技实力均衡问题进行研究，并得出 NCAA 的很多制度对运动项目竞技实力的均衡带来了有益影响，尤其是 NCAA 信任制度的建立、I-AA 级规则的建立都很好地改善了竞技项目实力

---

[1] 池建. 美国大学竞技体育管理体系的研究 [D]. 北京：北京体育大学，2003：24.
[2] 李丹阳. NCAA 发展与治理研究 [D]. 北京：北京体育大学，2010：6.
[3] FLEISHER, ARTHUR A. GOFF. Crime and Punishment? Enforcement of the NCAA Football Cartel [J]. Journal of Economic Behavior and Organization, 1988, 10 (4)：33-51.
[4] ECKARD, E. WOODWARD. The NCAA Cartel and Competitive Balance in College Football [J]. Review of Industrial Organization, 1998, 13 (3)：47-67.

的均衡问题[1]。可以看出，相关学者从美国高校体育管理制度的具体问题出发，运用调查研究的方法对高校体育项目与 NCAA 管理制度进行了研究，并提出了极具说服力的结论，进一步印证了 NCAA 的非营利组织特性。

(三) 美国的中小学体育教育制度研究

从 19 世纪开始，体育几乎成为美国所有学校的重要组成部分[2]。1787 年最早制定的美国宪法并未涉及体育和教育领域，1789 年的联邦宪法修正案也未曾对体育教育做任何规定，直到 1791 年制定的宪法修正内容才决定了美国体育教育的分权体制特征。美国基础教育受国家分权体制影响，历来没有全国统一的课程标准，从而导致美国体育教育具有地方多元性和管理松散性，有关美国体育教育制度出现了大量研究成果。研究热点多围绕美国中小学教育计划、中小学体育督导制度、学校体育伤害责任制度、青少年体质健康促进计划、学校性别歧视司法规制等领域进行探讨。在研究方法的运用上，由于美国学校体育研究植根于教育领域，因此，在研究方法与理论上受教育界的影响很深，且相关成果多是从教育的视角研究学校体育制度。例如，在美国学校体育教育计划方面，姚淳认为，美国学校体育教育计划不是以具体的条文为基础制订的，而是以一种"开放式"的结构形式存在的[3]。关于中小学体育制度治理的特征，主要观点包括：一是体育教育制度依托于多样性的体育教育计划，体育教育计划围绕内容标准而组织，内容标准为指导和评价活动提供方向；二是以学生为中心，以学生的个性发展为前提，同时满足学生的兴趣要求；三是把体育活动和运动技能的发展作为体育教育的核心内容；四是体育教育计划包括道德力量和个性发展的成分；五是强调所有教学主体的共同参与。Aileene S、Lockhart 认为，中小学体育竞赛训练体制、课余训练的激励机制、体育项目特点与队伍规模、课余训练与文化学习的均衡性、自然环境优势等促使了美国中小学生体育教育的发展[4]。随着学校体育制度的不断完善，美国的竞技体育、体育产业、职业体育、休闲体育等领域逐步形成了以学校体育为中心的人才培养体制。

---

[1] DEPKEN, CRAIG A, WILSON, et al. Institutional Change in the NCAA and Competitive Balance In intercollegiate Football [J]. Economies of collage sports, Westport, 2004: 179-210.
[2] RONAID B. WOODS. Social Issues in Sport [M]. Tampa: University of South Florida Press, 2001: 108.
[3] 姚淳. 美国学校体育教育计划研究 [D]. 北京：首都师范大学, 2004: 28.
[4] AILEENE S. LOCKHART. History of Sport and Physical Education in the United States [M]. New York: Wm. C. Brown Company Publishers, 1988: 13.

(四) 美国的高校休闲体育专业研究

休闲体育作为美国高校体育教育的重要专业之一，对于培养美国教育系统的休闲服务应用型人才起到了重要作用。对高校休闲体育专业的课程体系进行研究，邵玉辉认为，美国大学休闲体育专业的产生主要得益于完善的法律政策支持、深厚的社会文化底蕴、多样性的社会休闲体育服务体系、科学的 NRPA/AALR 休闲课程认证标准[1]。美国大学休闲体育专业是在特定的社会环境中成长起来的，而且是在社会物质性增长的基础上，伴随休闲体育的不断发展，人们对娱乐、休闲需求增长的多元化背景下产生的，是社会进步的产物。在美国大学休闲体育专业课程设置的特征方面，赵珊、杨雪芹认为，美国大学休闲体育专业认证具有目标明确、可行、可操作、细致化、全面性等特征，课程设置凸显出人才培养方案的严谨性与应用性、课程实施的连贯性与实践性、专业方向课程设置的多元性与靶向性、课程体系的广博性与动态发展性、课程评价体系的科学性与制度化等特征[2]。在对美国大学休闲体育课程建设研究方面，有学者专门对美国 NRPA/AALR 休闲课程认证标准内容进行了深入探究，曹平、谭希颖、王桂红提出，美国 NRPA/AALR 休闲课程认证标准具有基础课程的广博性、课程评定的制度化、课程规划的科学性、专业课程培养目标的多向性、专业课程设置的针对性、课程内容的层次性、课程设置的自主性等特征[3]。可以看出，高校休闲体育专业是在美国社会经济高度发展的基础上，随着休闲体育的不断发展、教育体制的不断完善，以及社会对休闲体育需求的持续增长引申而来的。经过多年的实践，美国高校休闲体育专业已形成了一套相对完善的课程体系，这种课程体系具有人才培养目标明确、课程培养方案应用性强、专业方向课程与社会需求结合紧密、课程设置多元化、课程实施的连贯性与实践性强等多个特征。

相关研究多是基于美国体育教育成长的整体对其进行的综合性研究，研究偏重于理论性论述，研究方法多元。其中，运用定性研究方式探索美国体育教育发展历程的研究较多，还有学者在探讨美国体育教育实践经验的过程中采用了多元研究方法，主要包括文献资料法、归纳分析法、个案分析法、实地调研法、逻辑

---

[1] 邵玉辉. 美国大学休闲体育专业课程设置对我国的启示 [D]. 济南：山东师范大学, 2007.
[2] 赵珊, 杨雪芹. 美国休闲体育专业本科认证标准分析 [J]. 体育文化导刊, 2013 (12): 94-97.
[3] 曹平, 谭希颖, 王桂红. 美国休闲课程认证标准对我国休闲体育专业课程建设的启示 [J]. 首都体育学院学报, 2011, 30 (2): 113-117.

分析法、对比分析法等，得出美国注重体育与教育相结合，推行教育的分权治理，从而保障了不同地区学校体育教育治理的自主性，形成了以学校体育为中心的人才培养体制，推动了美国体育系统的可持续发展。

五、文献总结

围绕美国体育成长相关主题研究的涉及面比较宽泛，在研究范围和内容聚集上，覆盖竞技体育、大众体育、体育产业、体育教育等多个领域。不同学者提出了诸多有见地的观点，为我们进一步开展美国体育成长的研究提供了参考。同时发现，现有成果在研究视角选择、研究内容聚焦等方面存在一些不足之处。

一是从研究视角而言，当前有关美国体育发展的历程和原因的探索较多，不同学者主要从社会学、历史学等视角对美国体育成长的因素进行了研究，尤其是在有关美国体育发展的历史学研究方面形成了大量成果。然而，多数学者只是站在单一的视角去看待美国体育的成长，少有学者将美国体育放在国家成长的视域中，把美国体育的成长与国家、国际政治的大环境联系起来，用国际政治学、社会学、历史学、体育学等综合理论，以"国家生命周期"为研究视阈探索美国体育发展与国家成长关系的研究更为少见。

二是从研究内容而言，国内外学者对美国体育的成长历程、美国体育的制度、竞技体育、大众体育、体育产业、体育教育等做了大量探讨，主要涉及美国体育的结构、管理体制、政策特征、发展战略、存在问题等诸多领域。然而，多数研究只是从美国体育的某一个方面入手，而缺少对美国体育成长的宏观整体性把握。美国的国家成长周期较短，但速度很快，那么，美国体育成长历程是如何划分的？美国体育成长与国家成长周期有什么关系？当前国内外学者还未曾对这些内容进行探讨。

三是从研究要素而言，体育作为国家事业的重要组成部分，体育的发展水平能够侧面反映一个国家的文明程度。通过回顾美国体育的成长历程及影响因素，发现多数观点囿于解决美国体育成长因素是什么的问题，而对于不同时期、不同因素是如何发挥作用的，不同因素之间的关系，不同因素在体育整体成长过程中的角色，不同因素内部的作用机制等方面的深入挖掘不够。要认识美国体育成长的社会根源，不仅要知道影响美国体育持续成长的因素是什么，更关键的是要思考不同因素是如何影响美国体育持续成长的，以及挖掘美国体育成长历程背后的内在动力。

第三节　核心概念界定、研究思路与方法

一、核心概念界定

(一) 体育强国

高等教育体育教材《体育概论》对"体育"的解释是"体育是通过有规则的身体运动改造人的'自身自然'的社会实践活动。按形式和任务可分为竞技体育、大众体育、学校体育、体育产业四种基本类型"[①]。通过资料查阅和专家访谈得知，由于归类标准和称谓不一样，美国体育通常包括职业体育、大众体育、休闲体育、体育产业、学校体育等形式，从内容上都属于本研究中体育的四种类型，其中职业体育属于竞技体育，而大众体育和休闲体育属于大众体育范畴。

体育强国是一个综合概念，具有相对性和动态性特征，随着国家发展和经济社会的进步而不断变化。对于体育强国概念和内涵的探讨一直是一个热点话题，黄海燕、胡佳澍、任波等认为，体育强国是在竞技体育、大众体育、体育产业、学校体育等领域的综合实力处于世界前列，且对世界体育发展有重大推动力的国家，其中竞技体育、大众体育和体育产业是重点[②]。鲍明晓对体育强国概念与内涵做了辨析，认为体育强国是体育的自身发展与体育促进社会发展的统一，包括竞技体育成绩、大众体育参与、体育产业产值、学校体育发展水平等方面的综合体系[③]。彭国强、高庆勇、季浏认为，建设体育强国就是推动群众体育、竞技体育、体育产业等各领域全面协调可持续发展[④]。杨桦认为，体育强国指国家的综合体育实力，包含群众体育、竞技体育、体育产业、体育科教等指标的综合体

[①] 熊晓正. 体育概论 [M]. 北京：北京体育大学出版社，2013：22-55.
[②] 黄海燕，胡佳澍，任波，等. 新时代体育强国建设的内涵、任务与路径 [J]. 上海体育学院学报，2023，47 (11)：1-16, 34.
[③] 鲍明晓. 全面建设体育强国的核心逻辑、战略要点和关键问题 [J]. 北京体育大学学报，2023，46 (2)：1-10.
[④] 彭国强，高庆勇，季浏. 国家生命周期视阈下美国的体育强国成长特征与启示 [J]. 体育与科学，2022，43 (3)：14-23.

系[①]。综合已有观点，不同学者对体育强国的结构要素达成了共识，即体育强国包括竞技体育、大众体育、体育产业、学校体育四个一级维度，同时覆盖体育科技、体育法制、体育文化、体育外交、体育人口、体育服务等多个二级维度。由此，体育强国是指在竞技水平、体育人口、产业效益、体育科教等方面显现出强劲综合实力，整体发展水平位于世界前列，并被国际社会普遍认可的国家，其结构包括竞技体育、大众体育、体育产业、学校体育四个维度。体育强国指体育领域里具有很强的实力，且在全球居于主导地位，在国际体育体系中具有举足轻重地位的国家。按形式和任务可以进一步分为竞技体育强国、大众体育强国、体育产业强国和体育教育（学校体育）强国。需要说明的是，由于国情、体情和社会文化环境不同，美国对体育的归类标准和称谓与我国不一样，美国体育通常包括职业体育、业余体育、休闲体育、大众体育、体育产业、体育教育等形式，但从各类体育的内涵而言都可归为体育的四类结构，如职业体育归为竞技体育范畴，业余体育和休闲体育归为大众体育，学校业余竞技体育归为竞技体育，学校体育教学、课余体育活动等统称为体育教育。因此，美国的体育强国可从竞技体育强国、大众体育强国、体育产业强国和体育教育强国四个方面展开研究。

体育强国是一个综合范畴，美国的竞技体育、大众体育、体育产业和体育教育要达到什么程度才可被称为体育强国，各自又是在什么时间成长为体育强国的，其成长脉络与国家生命周期有什么关系，至今还未曾有研究从量化层面对其进行研判。上海体育大学教授徐本力认为，体育大国是一个国家体育发展以"量优势"为主，指竞技体育、大众体育、体育产业相互促进，在世界体育领域具有一定影响力的国家[②]。体育强国则是反映一个国家体育发展以"质优势"为主，指竞技体育、大众体育和体育产业发展水平在世界上处于一流和前列，引领世界体育发展，对世界体育发展有着重大推动力的国家。因此，评价体育强国主要从竞技体育、大众体育、体育产业三个维度入手，对于体育大国和体育强国而言，数量和质量是主要的衡量标准，其中体育大国主要以"数量"来衡量，而体育强国则以"质量"来评价，从体育大国到体育强国是一个从"量变"到"质变"的发展过程。体育大国是体育强国的基础，能够被称为体育强国的国家必然具备体育大国的特征。

[①] 杨桦. 以高质量发展加快建设体育强国 [J]. 武汉体育学院学报, 2022, 56 (12): 5-9.
[②] 徐本力. 对我国"体育强国"和"体育强国梦"的解读与思考 [J]. 山东体育科技, 2014, 36 (5): 1-9.

第一章 绪 论

华南师范大学周爱光教授也从竞技体育、大众体育、体育产业三个维度对体育强国进行了评判，认为评价体育强国的竞技体育、大众体育和体育产业三个维度可以用具体指标来体现，把奥运会成绩、体育人口、国内体育生产总值（GDSP）占国内生产总值（GDP）的比重作为评价体育强国的必要条件。他提出：一是奥运成绩进入前16名的国家达到了竞技体育大国的水平；二是经常参加体育活动的成年人口占总人口的35.0%以上达到了大众体育大国的水平；三是GDSP占GDP的比重在1.0%以上达到体育产业大国的水平。他还从具体指标上将体育大国与体育强国进行了区别，认为体育强国要同时满足三个条件：一是竞技体育方面，奥运会的奖牌数和成绩名次进入前8名；二是大众体育方面，经常参加体育活动的成年人口占总人口的45.0%以上；三是体育产业方面，GDSP占GDP的比重在1.5%以上[1]。从周爱光教授的研究可以得出，体育大国可以从某一项单一的指标来评价，如奥运成绩进入世界前8名可以认为达到了竞技体育强国的标准。但判断体育强国涉及综合指标，即奥运成绩、体育人口和国内体育产业产值要同时达到一定标准才可以被称为体育强国。从美国各项体育事业的业绩来看，竞技体育在1896年奥运会就拿到了金牌总数第一名，至今奥运成绩始终保持在世界前3名（图1-1）；1975年，美国经常参加锻炼的体育人口占总人口的46.0%[2]，2005年达到了49.0%[3]（表1-1）；1986年，美国GDSP占GDP的比重为1.0%，1995年达2.0%，2010年达3.0%[4]（表1-2）。由此可以看出，美国的奥运会成绩、体育人口、体育产业无一例外都符合体育强国的评判标准，从学理研究层面我们可以称美国是竞技体育强国、大众体育强国和体育产业强国。从各项指标达成的时间而言，整体上美国在20世纪90年代左右就具备了成为体育强国的部分标准。

---

[1]周爱光．"体育大国"与"体育强国"的内涵探析［J］．体育学刊，2009（11）：1-4.
[2]徐占平．国际体育产业发展的实证［N］．中国体育报，1999-05-19（3）.
[3]国家体育总局．2007年中国城乡居民参加体育锻炼现状调查公报［N］．中国体育报，2008-12-19（6）.
[4]MICHAEL, PACKIANATHAN. Gross Domestic Sport Product: The Size of the Sports Industry in the United States [J]. Journal of Sport Management, 2011: 24-35.

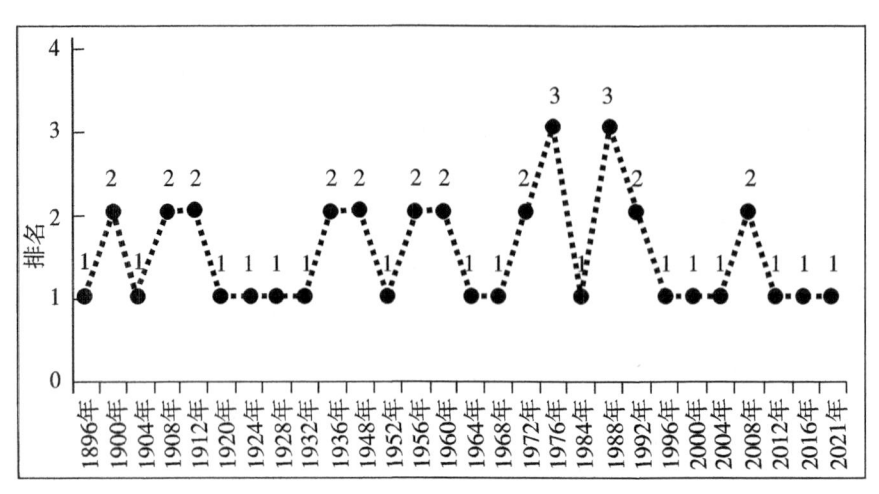

图 1-1 美国历届夏季奥运会排名

表 1-1 美国体育人口占总人口的比重变化趋势

年份/年	体育人口占总人口的比重/%
1955	24.0
1961	25.0
1975	46.0
1981	50.0
1985	58.0
1995	56.0
2005	49.0
2015	51.0
2018	47.0
2020	43.0

数据来源：《美国体育、健身与休闲活动参与调查》。

表 1-2 美国国内体育生产总值（GDSP）及其占国内生产总值（GDP）的比重

年份/年	GDSP/亿美元	GDSP 占 GDP 的比重/%
1986	472	1.0
1988	631	1.3
1995	1520	2.0
1999	2125	2.4

续表

年份/年	GDSP/亿美元	GDSP 占 GDP 的比重/%
2005	1983	1.52
2010	4410	3.0
2012	4350	2.7
2015	4984	3.3
2017	6002	3.1
2020	5768	2.9

数据来源：①吴超林，杨晓生.体育产业经济学[M].北京：高等教育出版社，2004：43.②MICHAEL, PACKIANATHAN. Gross Domestic Sport Product: The Size of the Sport Industry in the United States [J]. Journal of Sport Management, 2001: 13-28. ③王金枝.从国外体育产业看我国体育产业的前景[J].山西师大体育学院学报，2000（2）：16-17.

在体育教育方面，20世纪初，美国积极推行"进步教育"，并提出了影响世界体育教育发展的"新体育"学说。此外，优先将田径、球类运动引入体育课程，完成了对欧洲传统体育的本土化改造，将机体教育、神经肌肉活动教育、品德教育和智力教育四个方面确定为体育教学目标①，带来了体育教育理论与实践的一场革命，为世界体育教育作出了突出贡献，并促进了美国体育教育的迅速发展。美国体育教育的整体发展水平位于世界前列，并在体育教育领域产生了一系列先进的理念和教学模式，被国际社会普遍认可。因此，基于美国体育教育的巨大影响力及其对世界体育教育的重要贡献，可以称其为体育教育强国。由于美国竞技体育包括职业体育和学校业余竞技体育两个方面，因此，对于学校体育本研究主要分析了除学校业余竞技体育之外的内容，主要包括体育教育、课外体育活动等。

需要说明的是，体育大国是体育强国的基础，美国体育强国的成长是一段伴随国家政治、经济、文化、社会不断发展的历史进程，是依托不同时期经济社会发展环境，利用不同成长方式完成的历史跨越，美国体育经历了一个由"小"到"大"、由"弱"到"强"的成长过程。本研究属于"过程性"研究，研究的重心主要聚集在美国体育的成长过程，主要聚焦美国由不是体育大国，到迈向体育强国的"动态过程"。

---

①周登嵩.学校体育学[M].北京：人民体育出版社，2004：9.

(二) 体育强国的成长

《现代汉语大词典》对"成长"一词的解释是"长大、长成;向成熟阶段发展"①。"长大、长成"可以理解为"结果",这是我们可以看得到的;"向成熟阶段发展"表明向"结果"不断迈进的"过程"。可见,成长既是结果又是过程,是结果与过程的统一体。"体育强国的成长"是指体育强国的长大、长成,以及向成熟阶段发展的过程。体育强国的成长历程可以用一个生命周期来理解,其成长轨迹有上升期、下降期,有高峰期、低谷期,有加速期、减速期,可以划分为准备成长期、快速成长期、强盛期、缓慢成长期和相对衰落期五个阶段。美国体育从萌芽到不断成长为体育大国,再到成长为体育强国要经历一定的成长周期,要走过一段从无到有、从小到大、从弱到强的发展历程,不同时期在国家政治、经济、文化、社会的综合影响下,形成了显著的成长特征和成长规律。可以说,美国的体育成长经历了一个漫长的过程,从而形成了一个重要的发展途径或脉络。由于不同体育形式在美国社会出现的时间不同,各类体育受国家政治、经济、文化等社会环境的影响也不一样,从而导致体育成长历程的时间跨度不一致。因此,为了更形象和具体地挖掘美国体育的成长特征,本研究将美国的体育成长历程按照竞技体育、大众体育、体育产业和体育教育四类结构进行分析。按体育的具体任务和形式,分别探究美国的竞技体育强国成长历程、美国的大众体育强国成长历程、美国的体育产业强国成长历程、美国的体育教育(学校体育)强国成长历程。美国的体育成长符合这样一个规律或逻辑:竞技体育、大众体育、体育产业和体育教育既是体育发展的四个重要领域或者分支,也是美国体育从大到强不断成长的重要途径。其特点在于:一方面,与世界其他国家体育的成长方向具有普遍性和同质性,即英国、德国、俄罗斯等都是沿着这个方向发展的,世界大国的体育大多由竞技体育、大众体育、体育产业、学校体育四个维度构成;另一方面,美国在世界体育发展过程中具有引领和带动效益,即美国作为发达国家,在现代体育发展过程中具有标杆作用。

二、研究思路

以辩证唯物主义和历史唯物主义的相关理论为指导,遵循事物普遍联系与发

---

① 《现代汉语大词典》编委会. 现代汉语大词典 [M]. 上海:汉语大词典出版社,2000:2156.

展的性质,坚持理论联系实际、批评与建构相结合的原则。嫁接"国家生命周期理论"研究视角,沿着"美国的国家成长—美国的体育成长"的逻辑脉络,对美国体育的成长特征进行研究,探讨美国体育从大到强的成长历程及其背后的规律。本研究的逻辑起点立足于两个方面:一方面,体育作为国家综合实力的组成部分,国家在实现自身成长的同时必然伴随体育的成长,国家的成长具有生命周期性,体育作为国家集合体的一个构成元素,体育强国的成长同样具有自身的周期性和规律性,国家成长为体育强国的成长提供了理论依据;另一方面,美国国家发展经历了一定的成长过程,其体育同样经历了一定的成长过程,同时要伴随国家历史的演进经历一个从无到有、从小到大、从弱到强的过程。本研究运用"国家生命周期理论",将体育强国的成长融入国家成长的大环境,将美国体育的成长轨迹投射到国家成长的历程之中,从美国政治、经济、文化、社会及体育发展史等方面,厘清竞技体育强国、大众体育强国、体育产业强国和体育教育强国的成长历程,归纳美国不同体育成长的阶段特征,梳理美国体育成长历程与国家生命周期的关系,总结美国体育成长的一般规律,为推动中国由体育大国向体育强国迈进提供有益启示。研究思路如图 1-2 所示。

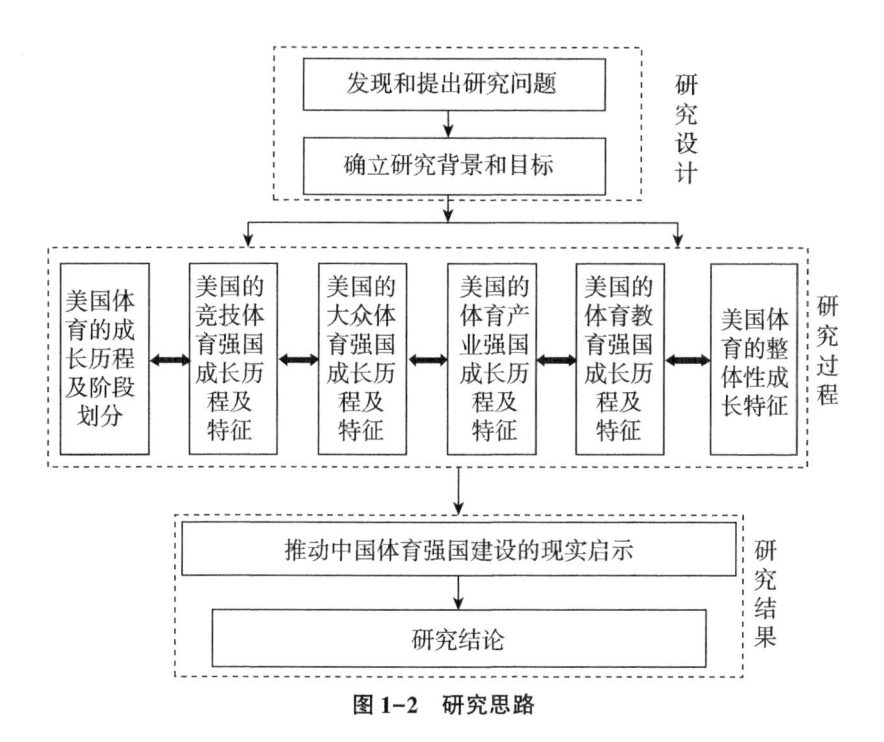

图 1-2 研究思路

三、研究方法

(一) 研究的方法论

1. 唯物辩证法

唯物辩证法（Materialist Dialectics），是一种研究自然、社会、历史和思维的哲学方法。唯物辩证法是科学的世界观和方法论，其核心是矛盾的观点，即对立统一的观点，认为"永恒发展"和"普遍联系"是世界存在的两个基本特征。本研究以辩证唯物主义和历史唯物主义为指导，坚持理论与实际相结合。在研究过程中，始终遵循事物的普遍联系性和永恒发展性特征，把美国体育的成长与国家的成长紧密联系在一起，把美国的竞技体育强国、大众体育强国、体育产业强国和体育教育强国成长作为对立统一的主体进行分析，将其作为一个持续成长的周期进行解读，把不同时期美国体育的成长看作是一个永恒发展的"过程"集合体。总之，唯物辩证法贯穿于本研究的始终。

2. 系统分析法

系统分析法是一种普遍适用的科学方法，是对唯物辩证法的补充。该方法从系统的观点出发，着眼于整体与部分、整体与环境的相互联系和相互作用。运用系统分析法往往可以快速地抓住主要矛盾，进而对问题形成整体关照。系统分析法对本研究具有重要的指导意义。美国体育可以看作一个整体，竞技体育、大众体育、体育产业和体育教育等是其组成部分，研究美国体育的成长特征，必然要对其不同的组成部分进行系统分析。此外，美国体育的成长与国家政治、经济、文化等社会环境密切联系，不同时期美国体育的发展以特定时期的社会环境为基础。系统分析法的引入可以将美国体育与其社会环境、制度环境、经济环境等融合在一起进行深入分析，从而得出整体与部分、整体与环境的相互联系和相互作用。

3. 过程方法

社会历史的运动、变化和发展是一个动态的过程。从社会过程入手揭示社会有机体的运动与变化，从内部矛盾和外部冲突的交互作用中揭示社会运动的发展规律，这就是社会科学研究中的过程方法[1]。运用过程方法研究社会历史的运

---

[1] 欧阳康，张明仓. 社会科学研究方法 [M]. 北京：高等教育出版社，2001：293-296.

动、变化和发展,是一种包括稳态研究、动态研究和具体过程研究的综合性探索,需要广泛运用历史研究法、移植法和比较分析法等具体研究方法。对美国体育的成长过程进行分解,整体来看是研究美国社会历史变化和发展的一个过程,是一种动态研究和具体过程研究,需要揭示出美国的竞技体育强国、大众体育强国、体育产业强国和体育教育强国成长的阶段特征;而对美国体育成长的历史背景和国家生命周期理论依据的探讨,又涉及稳态研究,因此需要勾勒出美国体育成长阶段和周期特征的历史渊源和现实环境。可以说,从方法论的高度,过程方法对本研究的关照是贯穿始终的。

(二) 具体研究方法

1. 文献资料法

根据研究需要,查阅了中国期刊网、Web of Science 索引数据库、报刊、专著、研究报告、国内外体育网站等文献资料,获取了有关美国史、美国体育发展史、美国教育史、美国的社会与文化、美国的政治经济制度、美国体育发展与治理、美国体育制度与政策等方面的研究成果,归纳分析相关成果的研究思路、研究主题、研究方法、学术观点等,为本研究内容设计提供参考。

第一,仔细研读有关大国成长的逻辑、大国崛起、美国政治、美国经济与文化等国际政治学领域的著作 20 余本,从宏观层面了解有关国际政治学理论、世界大国成长的特征,以及美国社会发展等方面的理论知识。阅读有关美国史、美国体育史、美国体育与社会等方面的著作 30 余本,其中外文专著 13 本,通过对相关内容的归纳和演绎,深入思考,尽可能地掌握有关美国历史及美国体育发展方面的知识,为本研究的深入开展打下理论基础。

第二,利用国际互联网,通过登录美国 www.health.gov/、www.ncaa.com/、www.nrpa.org/ 等网络资源,深度了解美国 NCAA 管理制度、美国健康公民计划、美国休闲与娱乐协会、美国青少年体育健康促进政策等信息,为本研究提供网络素材。

第三,在中国期刊网和 Web of Science 索引数据库,以"美国""体育制度""竞技体育""休闲体育""职业体育""体育产业"等为主题词进行检索,搜集到相关文献 2000 余篇,按照不同体育的分类形式对相关文献的研究主题进行归类,选取其中部分文献进行精读,对美国竞技体育、大众体育、体育产业和体育教育等主题内容有了深入了解。

2. 历史研究法

美国体育的发展是一个跨度较大的过程，美国体育成长有着深厚的历史渊源，应该把美国体育放在国家发展的历史范畴内进行考察，要联系特定时期美国的社会历史背景，特别是当时的政治、经济、文化等情况。历史研究法主要贯穿于有关美国体育的成长历程部分，如在研究美国的竞技体育强国成长历程时，追溯到19世纪初，通过联系当时美国的政治、经济和社会文化的特征，对竞技体育强国成长的社会基础进行了深度分析。此外，通过对美国历史做纵向考察和背景分析，更好地把握美国体育发展的轨迹和方向，这利于追述美国体育发展历史的事实，以求证研究主题。

3. 比较研究法

比较研究法是对两个或两个以上对象进行比较，找出它们之间的差异性和相似性的一种方法。比较研究法在本研究中运用较多，主要应用于美国体育成长特征对比、美国不同体育制度对比、美国体育战略选择特征对比等方面，如通过对美国的竞技体育强国、大众体育强国、体育产业强国和体育教育强国成长周期进行比较分析，归纳不同时期美国体育成长的阶段特征。

4. 个案分析法

为深入挖掘美国体育的特征，本研究在不同章节多处采撷了代表性个案，来论证政治制度、经济发展、文化背景等在美国体育成长中所起到的作用，这些案例或深入分析已作例证，或以小见大导出结论。例如，在研究美国体育成长的理论依据及其周期划分时，对美国NCAA管理体制、美国大众户外活动参与、家庭学校体育教育投入等进行了深度剖析；在研究美国体育不同成长周期特征时，对美国在职业体育、学校体育等领域的一些特殊案例做了系统分析，并通过案例的论证实现以小见大，从而更好地归纳出美国体育成长的特征。

5. 访谈法

无结构式访谈又称非标准访问，是一种半控制或无控制的访问，与结构式访谈相比，它并不事先准备统一的访谈问卷和提问的程序，而是大致确定一个题目和访谈的内容后，由访问者与被访问者自由交流，根据情况来不断调整访谈的内容和方式[①]。依据本研究的需要，在设计研究框架之前和研究过程中，对国内外

---

① 林聚任，刘玉安. 社会科学研究方法［M］. 2版. 济南：山东人民出版社，2004：222.

有关体育与国际政治、体育人文社会学等相关领域的 20 名专家学者（国内 12 名、国外 8 名）进行了无结构式访谈。访谈内容主要包括美国体育的内容形式和分类、美国国家层面的成长特征、美国国家发展过程中的体育战略、美国大众体育的内容、美国体育产业的门类、美国国际体育战略、美国职业体育发展举措、美国大学竞技体育联合会管理体制、美国体育教育衰退的原因、美国国家健康战略的特征、美国职业体育与大学竞技体育的联系与区别等。通过征询专家的见解，为本书提供了实证材料。

6. 描述性统计方法

描述性统计方法是对统计数据进行整理和描述的方法，通常运用图形、表格和曲线等形式反映统计数据和描述性观测结果，从而使数据更加容易被理解。为了更加直观形象地表达观点，本研究在查阅有关美国国家统计局、世界银行、美国体育相关网站、国家体育总局体育资讯网数据库及各类文本资料的基础上，对相关数据进行整合，将统计数据整理成折线图、直方图和曲线图等形式，再对数据所反映出的问题用描述性统计的方法进行解释说明，以加强论证的力度，便于读者理解学术观点。

7. 移植法

移植法是将某个学科领域中的原理、方法等，应用或渗透到其他学科领域中，为解决某一问题提供启迪、帮助的创新思维方法。本研究广泛运用了国际政治学、社会学、历史学和管理学等学科领域的一些理论，为探索美国体育成长研究提供思路启迪和学理支持。例如，移植国际政治学的"国家生命周期理论"研究了美国体育的成长历程；为了更深入地挖掘美国体育成长的文化特征，借用了"文化帝国主义理论"；在分析美国体育产业强国成长的过程中，嫁接了"产业关联理论"和"产业链理论"，从而使论证更为深入透彻。

第四节 研究内容结构、创新点与局限性

一、研究内容结构

本研究包括七章内容，主要在梳理研究背景、引入相关理论的同时提出研究问题，在总结已有文献研究现状的基础上，厘清美国体育成长研究的内容结构，

分析美国的竞技体育强国、大众体育强国、体育产业强国和体育教育强国成长历程及其特征，最终提出推动我国体育强国建设的现实启示。

第一章，绪论。主要系统地阐释了研究的目的与意义、国内外研究现状、研究对象与方法、研究思路、核心概念界定等几个方面的内容，确立了研究美国体育强国成长的逻辑起点和研究视阈，分析了研究的创新点与局限性等，该部分主要为后续研究起到提纲挈领的作用。

第二章，国家生命周期下的美国体育成长历程及阶段划分。这一章主要在分析美国国家成长周期及其理论依据的基础上，论证国家成长背后的周期性与规律性，为研究美国的体育成长历程提供理论依据。此外，引入"国家生命周期理论"，从准备成长期、快速成长期、强盛期、缓慢成长期和衰落期五个阶段，对美国的竞技体育强国、大众体育强国、体育产业强国和体育教育强国的成长历程及时间节点进行划分。

第三章，美国的竞技体育强国成长历程及特征。这一章将美国的竞技体育强国成长历程划分为准备成长期、快速成长期、强盛期三个阶段，从成长的社会基础、职业体育、学校竞技体育、竞技体育组织、奥运参赛与成绩等多个方面，剖析了美国的竞技体育强国成长历程，并归纳了美国的竞技体育强国成长特征。

第四章，美国的大众体育强国成长历程及特征。这一章将美国的大众体育强国成长历程划分为准备成长期、快速成长期、强盛期、缓慢成长期四个阶段，系统地剖析了各个阶段有关大众体育运动项目、体育人口数量、体育场馆设施、大众体育法规、体育经费投入等情况，从多个层面挖掘了美国的大众体育强国进入缓慢成长期的原因，并在此基础上归纳了美国的大众体育强国成长特征。

第五章，美国的体育产业强国成长历程及特征。这一章将美国的体育产业强国成长历程划分为准备成长期、快速成长期、强盛期三个阶段，探索了美国的体育产业启蒙与发展的社会环境，分析了各阶段美国职业体育、健身娱乐业、竞赛表演业、体育用品制造业等门类和业态的发展情况，归纳了美国的体育产业实力的发展趋势，总结了美国的体育产业强国成长特征。

第六章，美国的体育教育强国成长历程及特征。这一章将美国的体育教育强国成长历程划分为准备成长期、快速成长期、强盛期、缓慢成长期四个阶段，在大量史料的基础之上，梳理了美国的体育教育的发展历史，对每个阶段美国的体育教育内容的课程体系、体育教育的目标、教师教育标准、学校体育政策、青少年体质健康等进行了深入剖析，挖掘了美国的体育教育强国进入缓慢成长期的原因，归纳了美国的体育教育强国成长特征。

第七章，美国体育的成长特征及启示。这一章在系统地梳理了美国的竞技体育强国、大众体育强国、体育产业强国和体育教育强国成长特征的基础上，探索了美国体育成长历程与美国国家成长周期的关系，并总结了美国体育成长的一般规律。在此基础上，对我国体育强国的建设情况、成长环境等进行了分析，并提出了推进体育大国向体育强国迈进的思路和举措。

二、研究创新点与局限性

(一) 研究创新点

第一，研究视角创新。从国家生命周期和国家历史演进的视角探索美国体育成长的历程及特征，突破以往局限于对美国体育发展过程中某一时期或某一特定体育形式的分析，首次把美国体育的成长作为一个整体并将其融入国家成长的整体过程，与国家政治、经济、社会、文化发展的大环境联系起来，把美国体育成长历程与国家的生命周期相结合，基于国家生命周期的视角探究美国体育的成长历程，沿着"美国国家成长—美国体育成长"的逻辑脉络，探讨美国体育从大到强成长的历程和背后的规律，归纳美国体育成长与美国国家成长的关系。

第二，研究理论创新。本研究把"国家生命周期""文化帝国主义"等国际政治学的相关理论引入美国体育的成长研究，遵循事物普遍联系与发展的性质，以辩证唯物主义和历史唯物主义的相关理论为指导，综合运用国际政治学、社会学、比较学、历史学、体育学等多学科理论知识对美国的体育成长方式进行论证，分类探讨美国的竞技体育强国、大众体育强国、体育产业强国和体育教育强国的成长特征，提出美国体育成长具有周期性和规律性的理论见解，为体育强国成长研究提供了新的理论依据。尤其运用"国家生命周期理论"对体育强国成长历程的探讨在国内体育领域尚属首次。

第三，研究观点创新。本研究得出了一些具有较好创新性的观点，如美国的体育成长历程与国家的生命周期密切相关，美国体育成长建立在国家成长之上，国家成长带动了体育强国的成长；体育强国的成长具有自身的周期性和规律性，美国的体育成长趋势与国家的成长趋势具有一定的协同性和一致性；体育强国在国家快速成长期和强盛期内实现了快速成长，体育强国的成长具有不平衡性，体育强国最终会伴随国家衰弱步入成长衰落期。这些观点可以为处理国家成长与体育发展的关系，以及推动我国体育强国建设提供重要参考。

(二) 研究局限性

第一，从整体而言，由于美国体育的成长时间跨度长，并且涉及美国的竞技体育、大众体育、体育产业、体育教育等多个领域，势必要联系不同时期美国的政治、经济、文化、历史等发展史实进行深入分析，这需要庞大的资料占有量。由于笔者学科背景、地域限制，以及人力、物力、时间、资料收集途径等多方面的限制，可能很难对不同时期美国的体育强国成长历程在理论上做到深入、系统和精细的分析。

第二，从局部而言，对不同阶段、不同形式美国的体育强国成长历程及特征的研究过程中，由于难以找到充足的国家政策、计划和文件等支撑资料，本研究更多的是从特定时期美国的国家发展和体育史实中推演和总结其特征和规律。并且，美国体育是一种依托于社会市场的分权管理型体制，这就需要联系不同时期美国社会、市场、协会、俱乐部等多个主体探索体育强国的成长特征，而美国的社会体育组织名目众多，短期内难以对不同组织的活动情况进行追踪，这为体育成长历程与国家生命周期关系的深入挖掘带来了挑战，从而导致对于不同时期美国体育的成长周期、成长特征、成长要素、成长规律等方面的归纳不够系统全面。

第二章
CHAPTER 02
国家生命周期下的美国体育成长历程及阶段划分

体育是美国社会文化的重要组成部分，是综合国力和社会文明程度的重要体现，作为世界发达国家，美国的大众体育、竞技体育、体育产业、学校体育等发展水平均处于世界前列。美国体育的发展并非是一蹴而就的，而是与美国国家发展一样，依托社会主导型治理体制，伴随国家发展经历了一个漫长的成长过程，并促使其不断从大到强，在世界职业体育、体育产业、大众体育、青少年体育等多个领域处于领先地位。美国注重运用制度对体育进行规制，通过不断地制定政策、法规来实现对体育的管理和调控，注重将制度治理作为有效手段融入竞技体育、大众体育、体育产业、体育教育的成长，利用制度规制下的治理体系引导国家不断成长为体育强国。

第一节 美国国家成长的理论依据及周期划分

一、美国国家成长的理论依据

国家成长是一个过程，是社会中的国家有机体生长发育直到成熟的动态过程。把国家视作有机体，其成长和发展过程依赖于国家的要素与结合过程。我国著名国情研究学者胡鞍钢教授提出了"国家生命周期理论"，认为国家的成长轨迹可以用一个生命周期描述，包括准备成长期、快速成长期、强盛期、缓慢成长期和衰落期五个阶段（图2-1）。其中，准备成长期主要为国家的迅速成长准备各类条件，如新制度建设、人力资源、工业积累及技术引进等；快速成长期是国家经济增长的加速期，国家的综合国力快速增长，经济起飞，国家迅速崛起；强盛期是国家进入经济发展的鼎盛期，但国家的经济增长开始减缓；缓慢成长期是国家成长到高峰期后，综合国力达到顶峰，同时国家发展开始相对缓慢；衰落期代表国力开始衰落，预示着一个强国主导的时代即将结束。在衡量一个国家的生命周期时，胡鞍钢教授以该国的GDP、出口额、人力资源、制造业产出和综合国力占世界总量的比重为评价指标，并利用这些指标验证了"国家生命周期理论"的合理性[①]。

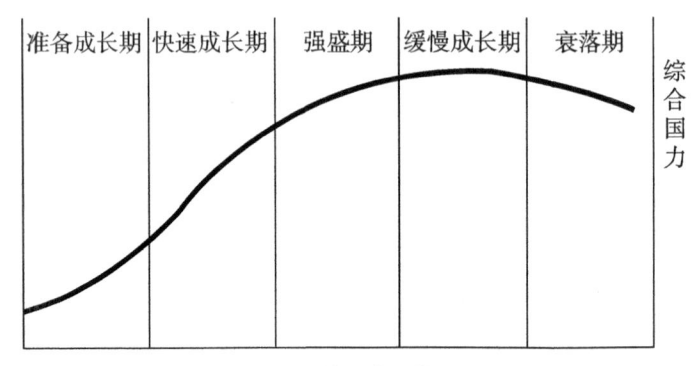

图2-1 国家成长的生命周期（五阶段说）

胡鞍钢的"国家生命周期理论"说明了国家成长的背后具有周期性与规律性，体现出国家的成长如同生命体的成长一样，要经历形成、发展、成熟、衰退这样的生命周期，这为研究体育强国成长提供了新的视阈。从表2-1可以看出，当今世界大国的成长主要经历了准备成长期、快速成长期、强盛期、缓慢成长期、衰落期。从当今世界大国的国家成长周期跨越的年份可以看出，不同国家成长的起始时间不同，成长模式也不一样，由于国家成立的时间不同，国家发展的政治、经济、社会和文化环境不一样，造就了国家成长历程的不一致，但总体的成长轨迹都能体现出国家成长具有周期性和规律性特征。胡鞍钢的"国家生命周期理论"为研究美国的体育成长历程提供了理论依据。

表2-1 世界部分大国成长的生命周期

国家	准备成长期	快速成长期	强盛期	缓慢成长期	衰落期
美国	1776—1870年	1870—1945年	1945—2000年	2000年至今	—

[①]胡鞍钢.中国崛起之路[M].北京：北京大学出版社，2007：7.

续表

国家	准备成长期	快速成长期	强盛期	缓慢成长期	衰落期
中国	1950—1980 年	1980—2020 年	2020 年至今	—	—
英国	1750—1840 年	1840—1870 年	1870—1945 年	1945 年至今	
俄罗斯（苏联）	1917—1945 年	1945—1975 年	1975—1991 年	1991 年至今	
日本	1868—1945 年	1945—1973 年	1973 年至今	—	—

注：表中的时间节点参考胡鞍钢《中国崛起之路》"国家生命周期与大国崛起的轨迹"整理。

二、美国国家成长的周期划分及其背后的逻辑

胡鞍钢教授的"国家生命周期理论"把国家的成长周期划分为五个阶段，在参考这一理论的基础上，依据美国国家发展中的重要史实和国家的成长轨迹（图 2-2），本研究对美国国家成长周期的时间节点进行了划分，即准备成长期（1776—1870 年）、快速成长期（1870—1945 年）、强盛期（1945—2000 年）、缓慢成长期（2000 年至今）。

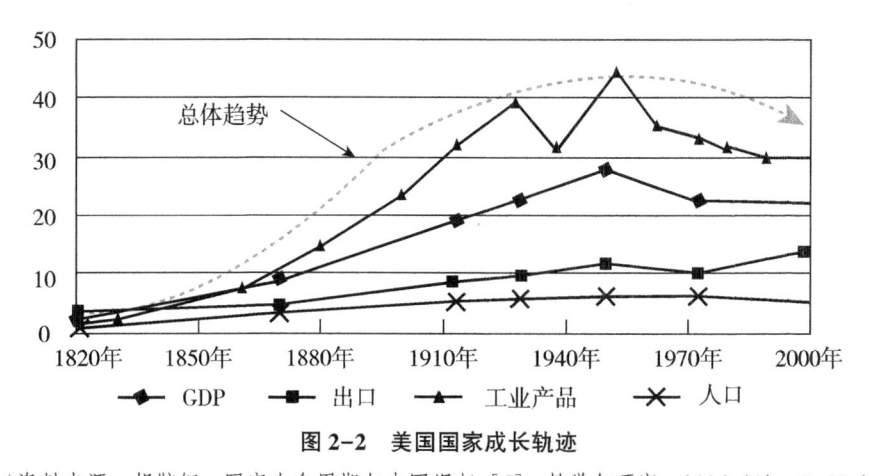

图 2-2 美国国家成长轨迹

（资料来源：胡鞍钢. 国家生命周期与中国崛起 [J]. 教学与研究，2006（1）：7-17.）

第一阶段，从 1776 年美国独立到 1870 年第二次工业革命开始，这段时间是美国国家的准备成长期。1776 年，美国当时只是一个国力较弱的新兴国家，其工业产量、经济总量及人口数量占世界的比重都较少。1815 年，美国完成第二次独立战争，巩固了美国的独立地位，促进了经济的快速发展。美国第一次工业

革命开始，国家取得了突飞猛进的工业化进程，为美国的成长提供了工业基础。1823年，《门罗宣言》的发表，为美国的成长提供了一个远离战乱纷争的安定环境，从此美国开始闭起门来发展经济。南北战争（1861—1865年）结束后，加速了美国资本主义经济市场的统一。同时，美国不断迎来"新移民"，移民洪流的涌现为美国的成长提供了充足的人力基础。一直到1870年第二次工业革命前期，美国生产力高速发展、科学技术广泛应用、工业化深入开展，为国家的成长提供了很好的前期准备。

第二阶段，从1870年美国第二次工业革命到1945年"二战"结束前夕，此段时间是美国的快速成长期。1870年后，电力革命为国家成长提供了新技术，美国工业化得以深入发展，西进运动扩大了美国的疆域，历练了美利坚民族的坚毅性格，为社会发展创造了巨大的物质财富，新移民潮的出现为美国的成长提供了大量的劳动力。19世纪末，美国城市化进程加速，城市大规模兴起，促使了经济结构发生变化，加速了资本的集中与垄断。1894年，美国工业产值超过了英国，成为世界第一经济大国[1]。19世纪后期，美国不断进行海外扩张与领土"购买"，1898年美西战争为国家成长提供了广阔的领域。一直到1917年，美国一直奉行门罗主义，坚持中立立场，为国家成长提供了安定的社会环境。1918年"一战"胜利，美国提出建立国际联盟，为国家成长提供了良好的国际形象。1933年罗斯福新政的施行，改善了经济环境，改革了美国的产业结构和发展模式，从而促进了国家的迅速成长。1945年"二战"结束前，美国隔岸观火，成为"世界民主的兵工厂"，为国家成长奠定了深厚的物质基础和军事工业基础。1945年，美国主导成立了联合国，美国成长为世界军事大国。可以说，这一阶段美国从政治、军事、经济和国际环境等各领域都取得了重大突破，是国家的快速成长期。

第三阶段，从1945年"二战"结束到2000年，是美国大国成长的强盛期。1945年，新任总统杜鲁门宣言"美国已经获得了世界领导地位"[2]。两次世界大战不仅严重削弱了英国和法国的国家实力，而且重创了新兴大国日本和德国，当时世界上除了美国和苏联，其他工业化国家都风光不再。战争期间，美国成为"民主国家的伟大兵工厂"，军火需求的刺激进一步使经济走向战时的繁荣，1939年国民生产总值为910亿美元，1945年则高达2136亿美元[3]。战后，美国在世界范

---

[1] 董秀丽. 美国政治基础 [M]. 北京：北京大学出版社，2010：32.
[2] 中央电视台《大国崛起》节目组. 美国 [M]. 北京：中国民主法制出版社，2007：287.
[3] 刘绪贻，杨生茂. 美国通史（第五卷）：战后美国史1929—1945 [M]. 北京：人民出版社，2008：368.

第二章 国家生命周期下的美国体育成长历程及阶段划分

围建立了以美元为中心的金融体系，工业产值占到世界总量的一半以上，同时，还向世界50多个国家和地区派驻军队[①]。20世纪50年代，美国大力发展科学和教育，国家科技事业取得了突飞猛进的发展。这一时期美国之所以达到强盛，主要源于四个因素：一是在政治上，"二战"后成立了以美国为主导的雅尔塔体系；二是在经济上，1945年成立了以美元为中心的布雷顿森林货币体系；三是在安全上，构建了美国掌控的北大西洋公约组织；四是在人口上，除了大量移民涌入美国外，1947—1950年，美国出现"出生热"，出生的人口到20世纪60年代步入成年，成为国家建设的重要力量。1991年苏联解体，美国进入世界独霸时代，开始实行全球对外战略和安全战略，极大地影响了世界政治局势。1993年，克林顿"新政"把振兴经济作为首要任务，美国率先进入了信息化时代，经济连续增长了112个月，直到2000年末结束。可以说"二战"成为美国国家成长的转折点，从此美国开始按照有利于自己的方式主导国际秩序，并最终在20世纪后期成为一个超级大国。

第四阶段，2000年后美国进入缓慢成长期。进入21世纪后，标志大国的主要指标基本都呈负增长（表2-2），这也预示着美国的实力开始衰弱。2000年3月的互联网泡沫破灭，美国经济陷入困境，开始步入慢车道。2001年的"9·11"事件使美国的经济雪上加霜。从此，美国将"反恐"当成维护国家安全的第一要务。"9·11"事件对美国外交政策走向产生重大影响，给美国带来的创伤尤其严重，成为其国力减弱的转折点。此外，21世纪美国陷入战争泥潭，发动了得不偿失的两场战争，一是阿富汗战争（2001年10月至2014年12月），二是伊拉克战争（2003年3月至2011年12月），战争极大地消耗了国力，把美国拖进了不能自拔的泥潭。对"9·11"事件之后的美国而言，战争好像已经进入常态[②]。美国在追求自由的过程中积累了许多债务，堆积起越来越多难以偿还的债务。此外，冷战结束后，战略过度扩张加速了美国的衰弱，宗教种族间文明冲突日益扩大、国内的结构性问题严重。再加上21世纪美国进入老龄化社会，社会结构发生改变。为挽救金融体系、经济刺激方案、拯救汽车工业，以及医疗改革和老龄人口的社会保障耗资数万亿美元，2008年金融危机的暴发，导致了美国债务危机。进入21世纪后，美国债务危机不断高涨（图2-3），2001—2004年，美国外

---

①资料源于《大国崛起》系列片第十一集：危局新政（美国·下）解说词。
②ANDREW J. BACEVICH. The Limits of Power: The End of American Exceptionalism [M]. New York: HoLT Paperbacks, 2009: 5.

债占GDP的比例从14%增至26%，2008年增加到了54.6%[①]。保罗·肯尼迪曾叹言："今天的美国正在重复所有大国曾经的错误——军事安全的需要攫取了过多的国家财富。过度扩张将不可避免地使它衰落，这速度可能比苏联还要快。"[②]总之，2001年后，美国面临三个相互联系的危机：一是经济和文化危机；二是政治危机；三是军事危机[③]。多重危机影响下，美国进入了缓慢成长期。

表2-2 美国的国家成长历程中主要指标的世界比重趋势

年份/年	GDP（汇率法）/%	军费开支/%	货物与服务出口/%	世界500强企业/个	综合国力/%	联邦政府财政支出/%
1990	21.0	37.4	11.3	164	22.0	18.7
2000	30.8	41.5	11.8	174	19.9	16.1
2005	27.7	44.9	8.6	177	18.7	16.7
2010	22.9	42.6	8.4	140	17.5	18.8
2012	22.0	39.1	8.7	132	16.3	18.6

资料来源：①胡鞍钢.美国为何衰落[J].学术界，2014（5）：5-13.②胡鞍钢.对中美综合国力的评估（1990—2013年）[J].清华大学学报（哲学社会科学版），2015（1）：26-39.

注：表中军费开支按购买力平价现价美元计算，其他数据按汇率法现价美元计算；世界500强企业系美国《财富》杂志数据。

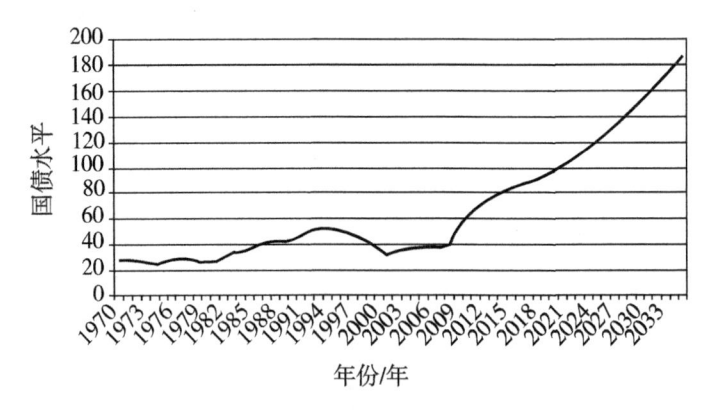

图2-3 1970—2040年美国国债水平走势

---

①周琪.2012美国实力衰退趋势加剧[J].人民论坛，2012（2）：50.
②保罗·肯尼迪.大国的兴衰[M].陈景彪，王保存，王章辉，等译.北京：国际文化出版社，2006：2.
③ANDREW J. BACEVICH. The Limits of Power: The End of American Exceptionalism [M]. New York: Holt Paperbacks, 2009: 7.

基于国家生命周期理论，我们可以看出美国在200多年的成长中经历了生命周期中的四个阶段，即准备成长期、快速成长期、强盛期、缓慢成长期（图2-4）。其间，19世纪中期完成了北美大陆的扩张，19世纪后期成为世界第一工业大国，20世纪40年代成为世界第一强国，20世纪90年代末期成为世界唯一的超级大国，21世纪后开始走向缓慢发展，当前，美国正处于从缓慢成长期到衰落期的过渡时期。

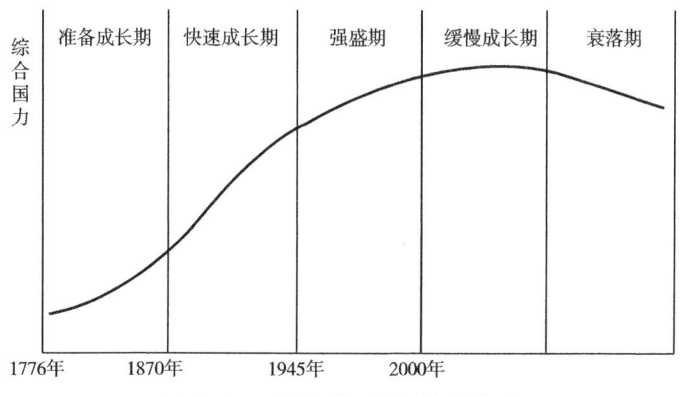

图2-4 美国国家成长的生命周期

（注：时间节点参考胡鞍钢《中国崛起之路》"国家生命周期与大国崛起轨迹"）

从美国成长的历程可以得出，美国国家成长背后的逻辑在于其周期性，这进一步印证了胡鞍钢的"国家生命周期理论"的合理性。国家也是"有生命的"，美国的成长与世界其他大国的成长模式一样，都要经历"准备—成长—强盛—衰落"的生命周期，只不过美国的不同之处在于它的崛起持续时间较长，并长期保持强盛期。然而，事物的发展是有规律的，美国国家的成长最终也难逃衰弱的命运，盛极而衰是大国的通病，美国同样不能避免这种结局。从大国崛起到持续强大，最后转入衰退这是亘古不变的历史规律。这种逻辑也印证了保罗·肯尼迪所预言的"没有永远的霸权国家。大国的兴衰交替，是不可避免的历史法则"。国家成长的生命周期特征及其规律，为研究美国的体育成长历程及特征提供了理论依据。

第二节 美国体育成长的理论依据及阶段划分

"体育是美国人生活中具有广泛影响力的元素，以致事实上可以说没有一个人与体育无关……美国是一个由体育迷和体育参与者组成的国家……"[1] 体育作为人类历史的一种特殊社会现象，它的发展必然受到社会政治、经济、文化的影响。因此，研究体育强国的成长要以国家的发展和体育本身的特征为依据。美国作为世界大国经历了大国的成长历程，体育作为美国国家的一个构成元素同样要经历一定的成长过程，国家成长为体育强国的成长提供了理论依据。在美国的国家成长历程中，各项体育事业随着国家的成长也在持续、稳定、健康地发展，并引领着世界体育发展的潮流和方向。

生命周期即"生物体从出生、成长、成熟、衰退到死亡的全部过程，可以通俗地将其理解为'从摇篮到坟墓'（Cradle-to-Grave）的整个过程，是自然界和人类社会各种客观事物的阶段性变化及规律"。世界万物都遵循着"出生—生长—衰落—死亡"的自然发展规律，这种亘古不变的定律同样适合美国体育的成长。胡鞍钢教授的"国家生命周期理论"为我们研究美国体育的成长提供了依据，同时，我们必须明确"国家生命周期理论"引入体育成长的适用性和局限性。生命周期理论应用领域广泛，在政治、经济、环境、技术、社会等诸多领域经常出现，胡鞍钢教授的"国家生命周期理论"最初来源于产品生命周期理论，引入世界大国的成长之后，主要运用经济指标来评价国家的发展程度，其中涉及人力资本、制造业比重、GDP 比重、综合国力等多个指标。体育是一综合领域，是一个国家综合国力的重要体现，国家的经济发展、人力资本、制造业比重、GDP 比重等综合实力与体育的关系紧密，并直接影响着体育的发展程度。此外，现代体育涵盖体育与经济、体育与政治、体育与文化、体育与环境、体育与科技、体育与城市、体育与社会发展等多个领域的关系，因此，既然体育是国家成长中的一个重要元素，其成长必然是在国家成长的基础上实现的，一个国家体育的发展同国家发展一样，会经历一个从小到大、从弱到强的过程。美国的国家成长具有生命周期性，那么体育成长与国家成长一样，也应具备一定的周期性和规律性。当然，体育作为一种特殊的社会文化现象，其发展可能受国家社会文化环境的影响较大，因此体育所具备的特殊性又使它具有相对独立的发展特征，其发展同时具有自身的规律性，可能并不完全遵循国家的成长规律，也未必严格按照生命周期理论划分的阶段进行成长，但从整体发展而言，一个国家的体育发展会呈现出一定的过程性和规律性。

---

[1] JAY J. COAKLEY, ELIZABETH PIKE. Sport in Society: Issues and Controversies [M]. New York: McGraw-Hill Higher Education, 2003: 12.

第二章 国家生命周期下的美国体育成长历程及阶段划分

本研究在参考大国成长具有周期性的逻辑基础上，遵循"美国国家成长—美国体育成长"的逻辑思路，依据胡鞍钢教授的"国家生命周期理论"，把美国体育的成长历程分为五个阶段，即准备成长期、快速成长期、强盛期、缓慢成长期和衰落期（表2-3、图2-5）。由于不同体育形式在美国出现的时间不同，各类体育受国家政治、经济、文化等社会环境的影响程度也不一样，从而导致体育成长阶段的时间跨度不一致，美国的竞技体育强国、大众体育强国、体育产业强国和体育教育强国呈现出了不同的周期特征。

表 2-3 美国体育的成长历程

分类	准备成长期	快速成长期	强盛期	缓慢成长期	衰落期
竞技体育强国	19世纪初至19世纪末	20世纪初至冷战结束	冷战后至今	—	—
大众体育强国	南北战争前至1865年	1865—1945年	1945年至20世纪90年代末	21世纪初至今	—
体育产业强国	19世纪初至20世纪初	20世纪初至20世纪50年代末	20世纪60年代至今	—	—
体育教育强国	19世纪60年代至"一战"结束	"一战"后至20世纪50年代初	20世纪50年代中期至90年代初	20世纪90年代至今	—

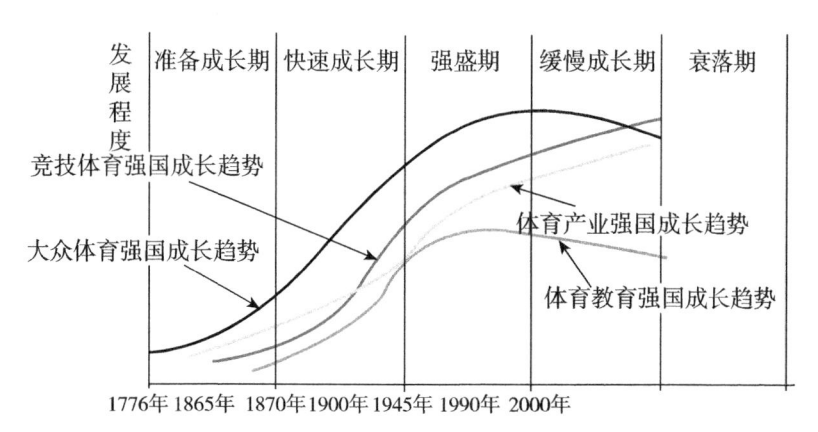

图 2-5 美国体育的成长趋势

（注：依据不同时期美国体育发展的史实和阶段特征，按年份绘出了体育成长的概要趋势。横坐标代表重要时间节点，纵坐标代表体育发展程度。需要说明的是体育成长受多重因素影响，不是简单的线性关系所能描述的，绘出曲线的目的是描述和论证的直观需要，曲线只代表大致走势，不代表数值关系）

一、美国的竞技体育强国成长历程及阶段划分

作为世界竞技体育强国，从1896年开始，美国就一直雄踞奥运会奖牌榜前三名，其竞技体育在100多年的时间里，形成了适合自身成长的特有模式。从周期跨度而言，美国的竞技体育强国成长历程包括19世纪初至19世纪末的准备成长期、20世纪初至冷战结束的快速成长期、冷战后至今的强盛期三个阶段。不同时间节点的划分依据如下。

19世纪初，美国经历了从独立到初步繁荣的社会转型，1800—1920年是美国精英体育、竞技体育由萌芽到发展的重要时期。早在1800年，美国上层社会的体育爱好者就试图借鉴欧洲俱乐部模式创建竞技体育组织，但由于不适应美国的社会文化而夭折。19世纪初，出于对体育活动的兴趣，上层社会开始建立有组织的体育俱乐部。1820年前后出现的双人马俱乐部成为美国最早的竞技体育组织。专门体育组织的出现为竞技体育的发展奠定了基础，因此我们可以把19世纪初作为美国竞技体育强国成长的起点。

19世纪后期，美国初步完成了工业革命和城市化进程，1894年其成为世界第一工业大国，为竞技体育的发展提供了经济基础。19世纪末，美国职业体育组织已初具规模，到1890年全国成立了100个职业棒球俱乐部。1898年，全美第一个职业篮球组织——国家篮球联盟（NBL）成立。1896年，美国竞技体育在第1届奥运会中取得了第一名，成为美国竞技体育的标志性事件，这些丰硕的成就为美国竞技体育强国的快速成长做好了前期铺垫。20世纪初，美国完成了城市化和工业化建设，进入了现代化时期。从此，各类职业俱乐部开始大量涌现，职业体育的基本结构逐渐建立起来。美国大学于1905年成立了NCAA，对大学竞技体育的开展进行组织与管理。此外，20世纪初，美国社会开始出现现代样式的公共集体体育设施，为现代竞技体育的开展提供了大量的公共场所。可以说，在社会经济、组织制度、物质保障及职业化的推动下，美国的竞技体育开始快速发展，因此可以把20世纪初作为美国竞技体育强国进入快速成长期的起点。

1945年后，东西方之间的"冷战"使体育竞技成为不同制度、不同意识形态国家争强竞胜的特殊战场。美苏冷战，两大阵营把竞技成绩当成展示制度优越的标志，竞技体育比赛成为两大阵营对垒的重要方式之一，政治驱动为竞技体育的成长提供了政治动力，加快了美国竞技体育的成长速度。作为世界强国，美国

也与东方阵营一样非常重视在国际大赛中的成绩，热衷于在奥运会上展示自己的实力。1900—1991年，共举行了23次夏季奥运会（3次未举行），面对强劲的竞争对手，美国虽然每次都进入前3名，但只有9次获得世界第一。从1952—1991年冷战阶段的美国、苏联奥运奖牌情况来看，无论是从获得金牌第一的次数，还是从获得金牌总数和奖牌总数上，美国都逊色于苏联（图2-6）。从冷战开始一直到1988年，相较苏联竞技体育的强大实力，美国的竞技体育成绩总体呈下降趋势。从20世纪初到冷战结束前这段时间，美国的竞技体育强国虽然在快速成长，但相对而言尚未真正达到强盛的程度，依然处于快速成长期。

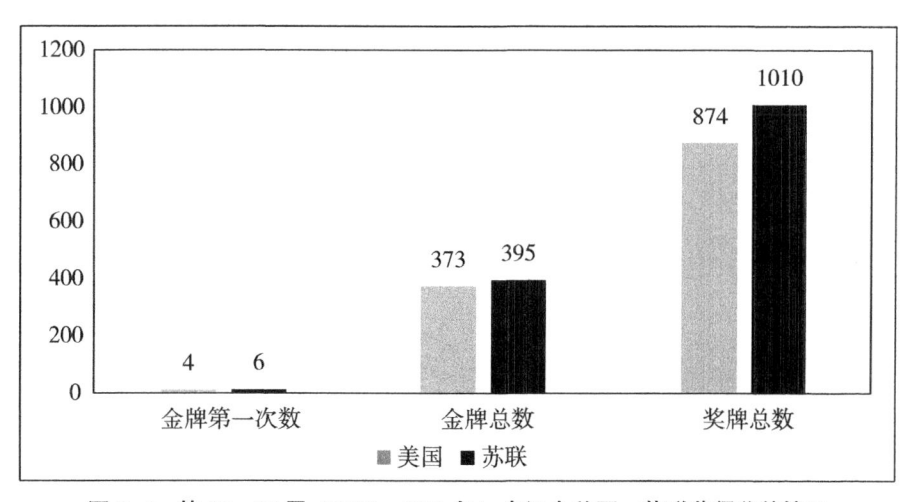

图2-6 第15～24届（1952—1991年）奥运会美国、苏联获得奖牌情况

随着1991年冷战结束，美国成为世界最强大的国家，在世界竞技体育领域处于主导地位，竞技体育成绩不断上升（图2-7）。在其后的7届奥运会（第25～31届），美国取得了5次第一名，两次第二名。此外，从美国历届冬奥会奖牌总数与金牌数量来看，1992年之前，美国历届冬奥会金牌总数和奖牌总数处于相对较低的水平且起伏不大，世界排名也多围绕第五名徘徊。伴随苏联解体，从1992年第16届阿尔贝维尔冬奥会到2022年第24届北京冬奥会，美国奖牌数量与金牌数量呈稳定上升趋势（图2-8）。历届奥运会上获得的成绩可以说明，1991年冷战结束后，美国竞技体育强国进入了强盛期。

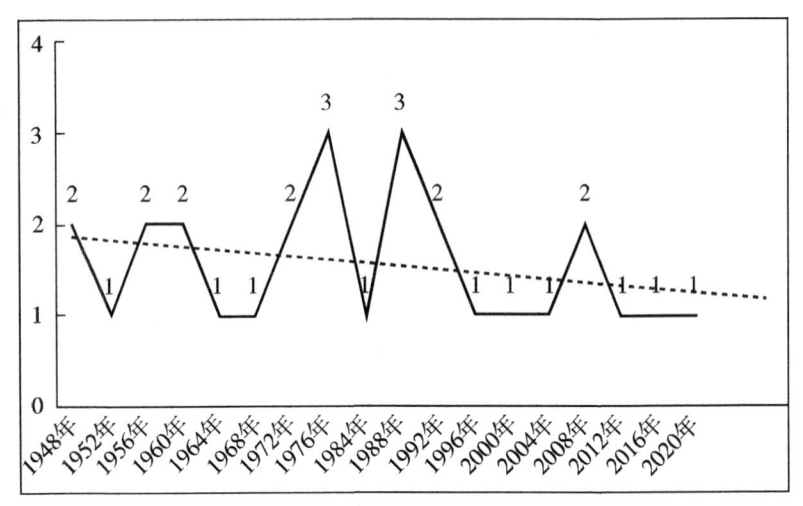

图 2-7 "二战"后美国历届夏季奥运会排名与走势

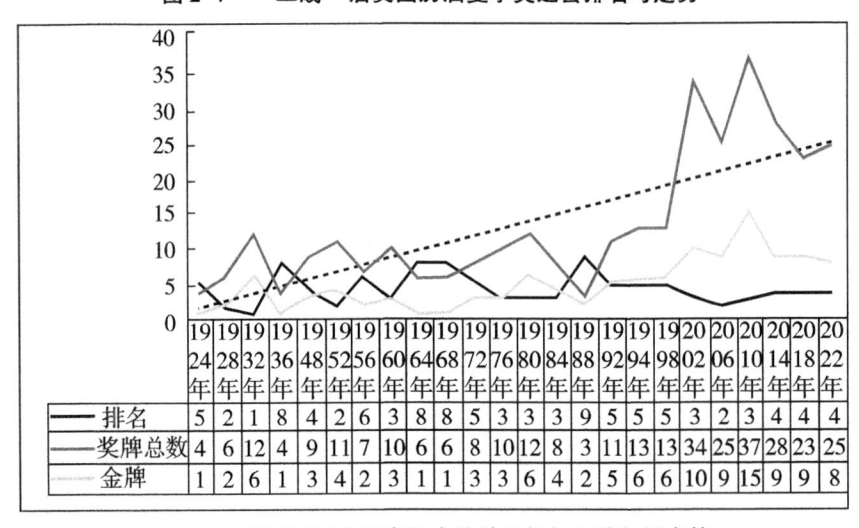

图 2-8 美国历届冬季奥运会奖牌总数与金牌数量走势

二、美国的大众体育强国成长历程及阶段划分

美国的大众体育强国成长历程包括四个阶段，分别是南北战争前至 1865 年的准备成长期、南北战争后至 1945 年的快速成长期、"二战"后至 20 世纪 90 年代末的强盛期、21 世纪初至今的缓慢成长期，其中，1865 年南北战争结束和 1945 年"二战"结束是重要的时间节点。时间节点的划分依据如下。

南北战争前是美国早期的移民时期，欧洲移民将各种形式的体育带到美国，

第二章 国家生命周期下的美国体育成长历程及阶段划分

于是美国的大众体育开始萌芽,但当时多属于非正式的民间游戏。南北战争前的美国大众体育具有鲜明的多元文化特征,形式多样的民间体育活动为美国大众体育强国的成长做好了铺垫。1865年南北战争结束后,全国统一,废除了农奴制,工业化、城市化及科技发展使美国体育走上了现代化的快速发展轨道。1865年后,城市工人参与的一些体育活动开始出现。此时,政府也开始组织一些大众体育活动,目的在于缓解群众的各种心理压力,提高工人的身体素质,以及改善他们的健康,调节社会氛围。自此,有组织的大众体育活动在种类和层次上都得到了快速发展,美国大众体育开始自觉发展。1865年之前,美国的大众体育主要是在对欧洲体育形式的引进与改造中自由发展;而南北战争之后,美国大众体育开始了"由自发到自觉"的快速成长,因此可以把南北战争结束作为美国的大众体育强国进入快速成长期的起点。

19世纪后期,随着工业化和城市化的推进,一些以娱乐休闲为中心的公共体育活动开始出现。进入20世纪后,随着科学技术的进步和城市化的深入发展,不断提升的社会交流体系影响着现代体育组织的发展,随着美国经济的膨胀和多元化社会交流体系的发展,美国体育逐步走向了现代化发展之路。20世纪20年代的美国体育出现了现代体育的萌芽。在现代化的影响下,人类从繁重的体力劳动中解放出来,人们有了充裕的休闲时间,大众体育得以广泛开展。20世纪20年代,运动与美国社会的主要文化联系已经确立起来[1],且促进了众多的体育项目在专业水平和校际层次上的拓展与市场化。1945年后,美国社会处于战后的高速发展期,社会稳定,人们有了更多的就业机会,不再只满足于物质文化享受,而是逐步向身心休闲娱乐领域发展,从而对休闲的需求日益提高[2]。美国真正意义上的休闲运动从"二战"以后开始大量出现,以休闲为中心的大众体育形式得以迅速发展。因此,可以把1945年作为美国的大众体育强国进入强盛期的起点。

1945年至20世纪90年代是北美经济发展的黄金时期,民众对福利型社会下的休闲体育需求提高,联邦政府和各级地方政府开始关注休闲体育资源的开发,在国家公园、城市公园,以及休闲体育设施的开发与修建上投入了大量资

---

[1] 杰·科克利. 体育社会学——议题与争议(第6版)[M]. 管兵, 刘穗琴, 刘仲翔, 等译. 北京: 清华大学出版社, 2003: 101.
[2] 彭国强, 舒盛芳. 美国大学休闲体育专业的发展及启示[J]. 南京体育学院学报(社科版), 2015(2): 83-88.

金。20世纪90年代后，美国完全进入福利化社会，科技先进、经济富裕、社会产品丰富，休闲成为普遍的社会行为，美国的大众体育强国步入了成长的强盛期。

2001年，"9·11"事件给美国带来了巨大创伤，成为国力减弱的转折点。21世纪后美国陷入战争泥潭，发动了得不偿失的两场战争（阿富汗战争和伊拉克战争），美国国内的结构性问题严重。2008年金融危机爆发，导致美国债务危机加剧。这一时期大众体育的发展受到严重影响，美国居民运动参与率总体呈现下降趋势，2008年美国民众缺乏运动率为26.3%，到2016年，27.5%的美国居民缺乏运动（即一年中没有进行任何体育运动）（图2-9)[1]，美国肥胖率持续攀升。导致美国大众体育缓慢发展的原因主要体现在：一是21世纪后，美国老龄化不断加剧（表2-4)，"婴儿潮"（1946—1964年）出生的人口陆续迈入退休者行列，越来越多的人单靠养老金为生，由于平均年龄增大，人们更加倾向于消极的休闲方式。美国的《2010年健康大众：了解和改善健康》中指出：随着年龄的增长，民众参与体育活动的比率降低，其中，75岁年龄段人群中，有超过1/2的妇女和1/3的男性不参加体育活动[2]。二是受美国经济衰退及社会政治发展的影响，社区失业和贫困人口增多（图2-10)，人们奔波于生计，无暇顾及大众体育的参与。相关调查表明，大多数美国人并不参与体育活动，而且参与的人数也在下降。三是"9·11"事件后，人们生活在防恐的生活状态之中，参加体育活动时（特别是户外活动）产生的不安全感等成为妨碍群众参加体育活动的重要原因。多重因素都极大地影响了美国大众体育活动的开展，预示着美国的大众体育强国进入了缓慢成长期。

---

[1]汪颖. 美国发布《体育参与报告（2017年版）》[J]. 体育用品信息，2017（10）：2-4.
[2]UNITED STATES DEPARTMENT OF HEATH AND HUMAN SERVICE. Healthy People 2010: Understanding and improving Health [R]. Washington, D.C.: US Government Printing Office, 2000.

第二章　国家生命周期下的美国体育成长历程及阶段划分

图 2-9　2011—2018 年美国大众体育参与趋势

（数据来源：2011—2018 年美国《体育参与报告》）

表 2-4　美国与欧洲及其他国家的老龄化趋势对比

时间/年	美国 老龄人口/百万人	美国 老龄化比例/%	欧洲 老龄人口/百万人	欧洲 老龄化比例/%	中国 老龄人口/百万人	中国 老龄化比例/%	日本 老龄人口/百万人	日本 老龄化比例/%
2010	317.64	13.0	497.53	17.5	1354.15	8.2	127.00	22.6
2025	358.74	18.1	506.22	22.0	1453.14	13.4	120.79	29.7
2030	369.98	19.8	505.62	23.8	1462.47	15.9	117.42	30.8
2050	403.93	21.6	493.86	28.7	1417.05	23.3	101.66	37.8

数据来源：兹比格涅夫·布热津斯基. 战略远见：美国与全球权力危机 [M]. 洪漫, 于卉芹, 何卫宁, 译. 北京：新华出版社, 2012：135.

注：联合国人口预测，根据中等出生率计算（欧美包括 27 个成员国）。

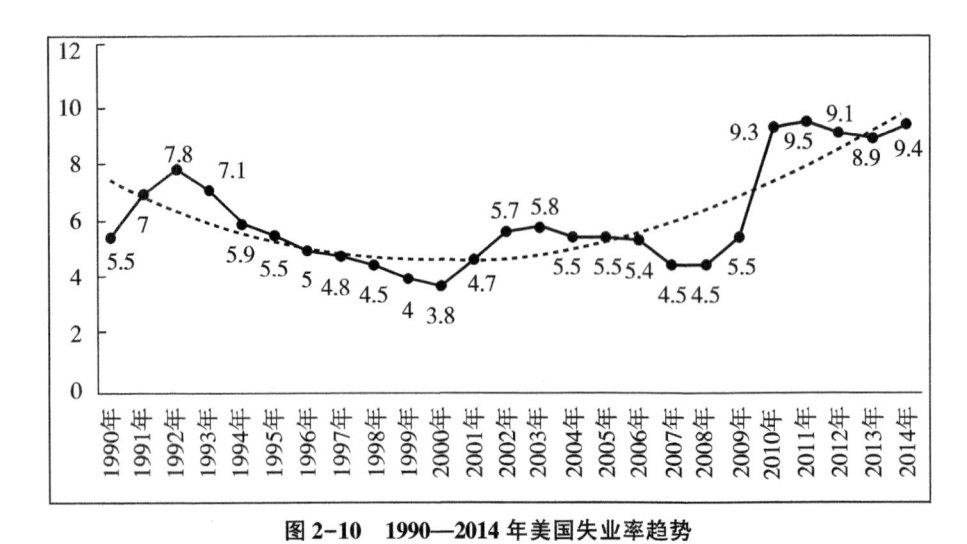

图 2-10　1990—2014 年美国失业率趋势

[注：1990—2009 年数据来自世界银行网站数据指标（http：//data. world band. org. cn/indicator）；2010—2014 年数据来自美国劳工部统计局网站（http：//data. bls. gov/）]

三、美国的体育产业强国成长历程及阶段划分

美国的体育产业发展规模与水平一直处于世界领先地位，其业态结构丰富多元，包括健身娱乐业、竞赛表演业、体育用品制造业等多个门类。美国的体育产业强国成长历程包括 19 世纪初至 20 世纪初的准备成长期、20 世纪初至 20 世纪 50 年代末的快速成长期、20 世纪 60 年代至今的强盛期三个阶段。时间节点的划分依据如下。

19 世纪初至 20 世纪初是美国历史上的独立、初步繁荣的镀金时期，体育产业在这种社会环境中开始萌芽。美国体育产业产生于 19 世纪初，纽约市的考德沃德·科尔顿为解决俱乐部经营的资金短缺，尝试在俱乐部内出售 1 万美元的股份，按商业方式运作俱乐部，从而开辟了体育产业的先河[1]。早在 1800 年，美国上层社会的体育爱好者就试图借鉴欧洲俱乐部模式创建美国的体育组织。此外，19 世纪初，随着美国社会大众文化的兴起和发展，人们的体育需求不断增长，社会上出现了以营利为目的、专门的竞技体育组织，上层社会开始建立有组织的体育俱乐部，动员人们参与体育并对其加以控制。1820 年前后出现的双人马车

---

[1] 赵爱国. 国际政治视角中的中美体育体制与政策 [M]. 武汉：华中师范大学出版社，2013：91.

第二章 国家生命周期下的美国体育成长历程及阶段划分

俱乐部是应大众娱乐健身需求而产生的体育企业,是美国体育产业的发端[1]。因此,19 世纪初美国的体育产业强国开始进入准备成长期。

1820—1830 年,纽约赛马协会首先改进赛马制度,采用门票收入分成,促进了比赛水平的迅速提高,带动了美国的体育产业的发展。19 世纪 50 年代,美国出现了商业性体育赛事,于是有组织的竞技体育活动(学校竞技体育、私人俱乐部竞技体育和职业体育)开始出现[2]。1858 年,22 支纽约的业余棒球队组成了美国历史上第一支业余棒球联盟,于是职业棒球成为第一个开始面向市场收费的体育联赛[3]。1869 年,第一个职业运动队(辛辛那提红袜棒球队)成立,成为美国最早的职业运动队。1876 年成立的棒球全国职业联盟,成为第一个真正具有职业意义的体育联盟。到 1890 年,全国成立了 100 个职业棒球俱乐部。1860—1890 年被称为美国体育史上的"体育俱乐部时代",以营利为导向的职业联赛逐步得到公众认可,为美国的体育产业强国的快速成长提供了基础。

20 世纪初,美国开始进入现代化时期,典型的标志是完成了城市化和工业化建设。美国产业结构发生了变化,服务业在城市产业结构中的比例提升,体育作为第三产业成为一个新兴的产业部门,美国的体育产业获得了快速成长。各类职业俱乐部不断涌现,现代化的公共集体体育设施开始出现。工业机器在 20 世纪初为美国创造了一个更加城市化的社会,因此工业革命的开展提高了人们的劳动生产率。伴随生活水平的改善,社会呈现出日益增强的消费倾向,促成了诸如休闲、娱乐、旅游、度假、赛事观摩等消费文化的形成。此外,20 世纪初,现代样式的公共集体体育设施随着职业体育的发展而发展起来,开放的体育场所为人们观看体育赛事提供了保障[4]。到 20 世纪 20 年代,体育活动中显现出现代体育的萌芽,职业体育的基本结构已建立起来,从而推动了体育产业强国的快速成长。因此,20 世纪初美国的体育产业强国开始进入快速成长期。

20 世纪 60 年代后,美国的体育产业强国进入了强盛期。依据如下:第一,20 世纪60 年代,美国完成了城市化进程[5],为现代体育产业的发展提供了最根本的经济原动力。城市与体育的商业性结合紧密,把体育作为城市营销的重要方式,

---

[1] 袁旦.《美国体育管理理论与实践》评介 [J]. 体育文化导刊,2003(1):68-70.
[2] 杜利军. 美国竞技体育发展现状 [J]. 国外体育动态,1991(33):261-262.
[3] POPE S W. The New American Sport History: Recent Approaches and Perspectives [M]. Urbana and Chicago: University of Illinois Press,1997:18.
[4] 国家体育总局政策法规司. 美国体育管理理论与实践 [Z]. 2002:102.
[5] 范登伟. 世界城市化的出现与发展 [J]. 改革开放,2014(21):35-38,50.

促进了商业体育的市场化运作和城市观赏娱乐业的发展。第二，20世纪60年代，美国开始进入消费型社会，消费型社会的到来引发了人们生活方式的改变[①]。随着社会化、生活方式及人口结构的改变，人们的消费形态发生了变化，生产力的提高使人们有余暇时间观看体育赛事，民众有闲更有钱投入体育消费。第三，20世纪60年代后，美国职业体育发展突飞猛进，体育产业政策法规日益完善，体育产品制造业和零售商的并购逐渐发展，体育产业自我免疫力及产业集群形成，体育产业的国际化进程加速。1961年出台的《体育转播法》，以及劳工法的完善和职业体育项目的反垄断豁免，保障了美国的体育产业强国的迅速成长。尤其是进入21世纪后，美国的体育产业产值总体呈现出明显的上升趋势（图2-11），体育产业产值占GDP的比例也逐渐上升，美国体育产业强国伴随体育的现代化、商业化和职业化发展持续处于强盛期。

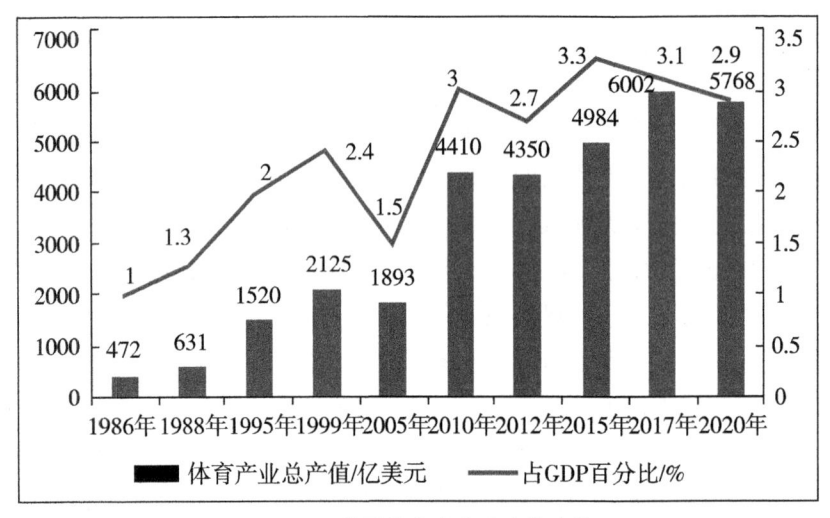

图2-11 美国体育产业实力的走势

（资料来源：①吴超林，杨晓生. 体育产业经济学[M]. 北京：高等教育出版社，2004：43. ②MICHAEL, PACKIANATHAN. Gross Domestic Sport Product: The Size of the Sport Industry in the United States [J]. Journal of Sport Management, 2001: 13-28. ③王金枝. 从国外体育产业看我国体育产业的前景[J]. 山西师大体育学院学报，2000（2）：16-17.）

---

①高和. 美国体育产业进入整合期[N]. 国际商报，2005-11-09（6）.

四、美国的体育教育强国成长历程及阶段划分

美国体育的最大特点是将体育与教育相结合,将学校体育作为国家体育事业发展的根基。美国体育教育强国的成长历程包括四个阶段,分别是19世纪60年代至"一战"结束的准备成长期、"一战"后至20世纪50年代初的快速成长期、20世纪50年代中期至90年代初的强盛期、20世纪90年代至今的缓慢成长期。时间节点的划分依据如下。

19世纪60年代以前,美国学校里很少有体育。随后受欧洲体育教育模式的影响,美国学校开始出现体操项目。1825年,德国体操传入美国。1827年,朗德希尔学校(Round Hill School)采取德国的体操教学模式,成为美国引入德国体育教育模式的开端[1]。瑞典体操也被引入美国学校。瑞典体操强调身心的发展规律,德国体育则以韵律活动为主,两种课程内容的重心不同,导致两种课程模式争论不断。直到19世纪40年代,美国的学校体育教育中一直缺少新内容。19世纪50年代,一些新的体育内容逐渐被引入学校体育教育中。1848年特纳体操(Turner Gymnastics)创立,受到人们的推崇,于是中小学相继开设体操课[2]。受欧洲教育思想影响,各类学校开始引导学生进行锻炼。1853年,波士顿成为美国最早规定全市儿童做体操的城市,要求公立学校每天的学校课程中都有一定时间的体操活动[3]。

19世纪60年代,美国学校体育教育开始出现,经历了从最初的欧洲模式发展为适合本土特征的美国模式,从最初的单调、盲目和零散状态成长为具有政策制度保障的学校体育教育体系。之所以把19世纪60年代作为美国的体育教育强国成长的起点,原因如下:第一,1859年,美国正式采用体育教育(Physical Education)的专业术语;同年,马萨诸塞州的朗德希尔学校成为将体育纳入学校课程体系的第一所学校。第二,1860年,波士顿创办了最早的体育师范学校,之后公共体育教育开始进入美国学校[4]。1861年,一些大学开始创建体育系,标志着美国大学正式体育组织的开始。第三,最早的大学体育课程于1861年在爱

---

[1]龚正伟,肖焕禹,盖洋.美国体育政策的演进[J].上海体育学院学报,2014(1):18-24.
[2]LEE MABEL.A History of Physical Education and Sport in the USA[M].New York:John Wiley&Sons,1983:9.
[3]范达冷 D B,本奈特 B L.美国的体育[M].张泳,译.北京:人民体育出版社,1991:18.
[4]ARI ZYSKIND.The Politics of Physical Education Reform[D].Claremont:Claremont McKenna College,2012:26.

德华、希迟考克博士的指导下在艾姆赫斯特学院创设。南北战争（1861—1865年）后，以体操为主要项目的体育训练确立为学校的体育课程组成部分，体育在学校课程中的地位逐步确立起来①。第四，1866年美国加利福尼亚州作为首个州立法要求体育进入学校，标志着学校体育开始有组织地发展。

南北战争期间，体育课堂直截了当地被军事训练所代替，主张对学校儿童实行军事训练。1866年，美国体操联盟师范学校成立②；同年，美国加利福尼亚州作为首个州立法要求体育进入学校。1870年，基督教青年会（YMCA）引入保龄球、赛艇、游泳、棒球等项目作为学校教育的内容。1880年，德国体操联盟在全国会议上通过决议，促进了各地公立学校强制实行体育课。1885年，体育被纳入美国的国民教育体系，从此美国体育开始自发自由地快速发展。1891年，美国全国教育协会（NEA）正式确认把体育课（Physical Education）纳入学校教育课程③。1893年，芝加哥召开了国际教育会议，确立了教育而不是医学为体育的母学科，从此，新的体育理念全面进入学校课堂。1898年，31个州都把体育列为必修科目④。1904年，美国体育法修订为"所有学校一律设置体育课"。到1910年，体育已稳固确立了正规科目的地位。进入20世纪，体育课已成为美国大部分学校尤其是大学的必修课。1910年前后，美国校园体育获得正式的认可，"一战"结束后，学校体育课程中取消了军事训练，竞赛运动盛行起来，校园体育活动得到渐进性拓展。

从"一战"后的1920年开始，美国体育发展进入了稳定期，美国绝大多数的地区已经承认体育是正规科目。在"新体育"（New Physical Education）思潮的影响下，体育成为教育的重要内容，体育的概念从"身体的教育"转向"通过身体进行教育"。美国体育教育逐步探索适合美国教育现状的教学模式，开始走上专业化成长道路。美国多数地区都承认体育是正规科目，美国几乎所有的学校都将体育列入了正式课程，同时采取了增加学时、增多教学内容、增设场地设施等措施以促进学校体育的快速成长⑤。因此，"一战"结束后美国体育教育强国开始进入快速成长期。

---

①范达冷 D B，本奈特 B L. 美国的体育 [M]. 张泳，译. 北京：人民体育出版社，1991：49.
②LEE MABEL. A History of Physical Education and Sport in the USA [M]. New York：John Wiley&Sons，1983：9.
③龚正伟，肖焕禹，盖洋. 美国体育政策的演进 [J]. 上海体育学院学报，2014（1）：18-24.
④马良. 美国近代体育发展研究 [J]. 体育文化导刊，2010（5）：157-159.
⑤王其慧，李宁. 中外体育史 [M]. 武汉：湖北人民出版社，1988：334.

第二章　国家生命周期下的美国体育成长历程及阶段划分

　　从20世纪50年代中期开始，美国学校体育教育走向了教育质量全面提升的阶段[1]。以健全体格为中心的内容在学校体育教育中主动开展起来，当时以社会化教育为核心的"新体育"思想被强调体质健康的思想所取代，美国体育教育出现了以质量的全面提高为核心的成长走向。这一时期，青少年体质备受国家重视；《国防教育法》掀起了学校教育课程改革运动，推动了学校体育的发展；20世纪60—70年代，国家体质健康测试出现；1972年的《教育法修正案》第9条与1975年的《所有残疾儿童教育法》保障了学生的体育教育公平；20世纪80年代以来，在"优秀教育"改革的推进下，《学校体育国家标准》出台。1950—1970年，体育师范教育开始强调标准化，到20世纪90年代，体育师资培训课程更加趋向专业化。此外，学校体育课程方案得到了进一步完善并实施；休闲进入体育课程，户外教育成为体育教育的新内容。在多重因素的推动下，美国的体育教育强国开始步入强盛期。

　　20世纪90年代后，美国教育面临的社会环境发生了深刻变化，美国的体育教育强国进入了缓慢成长期。原因在于：第一，1990年后，以基础课程为中心的"优异教育"改革，忽视了体育教育在学校教育中的地位[2]。体育教育被认为是"无价值的课程"，学校体育教育的存在意义受到质疑。美国的教育改革运动促使中小学体育课数量减少，久坐环境限制了学生的体力活动。美国体育教育和运动协会的报告指出，44%的中小学部分或全部删减了体育课时，全美中小学每周体育课时平均减少了40分钟，课外活动一周平均减少了50分钟[3]。20世纪90年代后，美国12～15岁青少年心肺功能达标率持续降低。第二，《国家处于危机之中》《2000年目标：美国教育改革法》（Goals 2000: Education America Act），以及21世纪后"不让一个孩子掉队"（No Child Left Behind Act）的教育改革，注重于学生文化知识的学习和成绩的提升，没有涉及学校体育教育，忽视了体育教育对学生身心培养的重要性，导致中小学体育教育偏离了重心，使学校

---

[1] LEE MABEL. A History of Physical Education and Sport in the USA [M]. New York: John Wiley&Sons, 1983: 27.
[2] N ASPE. Moving into the Future: National Standards for Physical Education [M]. St. Louis: Mosey Year-Book, 1995: 12-16.
[3] NATIONAL FEDERATION OF STATE HIGH SCHOOL ASSOCIATIONS. High School Athletics Participation Survey Results [EB/OL]. (2011-20-21) [2023-04-28]. http://www.nfhs.org/content.aspx.

体育衰退①。第三，学校体育教育自身问题重重，如只注重于简单体育活动教学，体育课程的教学设计简单平庸，体育师资力量缺乏，缺少对教学计划、教师、学生的效果评价，学校多重视运动队训练不重视体育教学等②。此外，传统的体育课被认为不能为社会提供有价值的教育，忽视了学生的基础知识，过度迎合学生的兴趣③，导致了社会教育问责，家长对孩子参与学校体育活动的支持逐渐下降(图 2-12)。第四，20 世纪 90 年代后，现代生活方式的改变，以及交互式虚拟电子竞技游戏的兴起让青少年脱离了学校和课余体育活动，美国 13~17 岁青少年参与交互式虚拟体育游戏的人数显著增长，影响了学生的学校体育活动参与，使青少年健康指数不断下滑（图 2-13）。此外，虽然这一时期的人们注重于健康生活方式，却对学校体育的支持减弱，体育课的地位受到挑战，多重因素导致了美国学校体育教育的衰退，使体育教育强国进入了缓慢成长期。

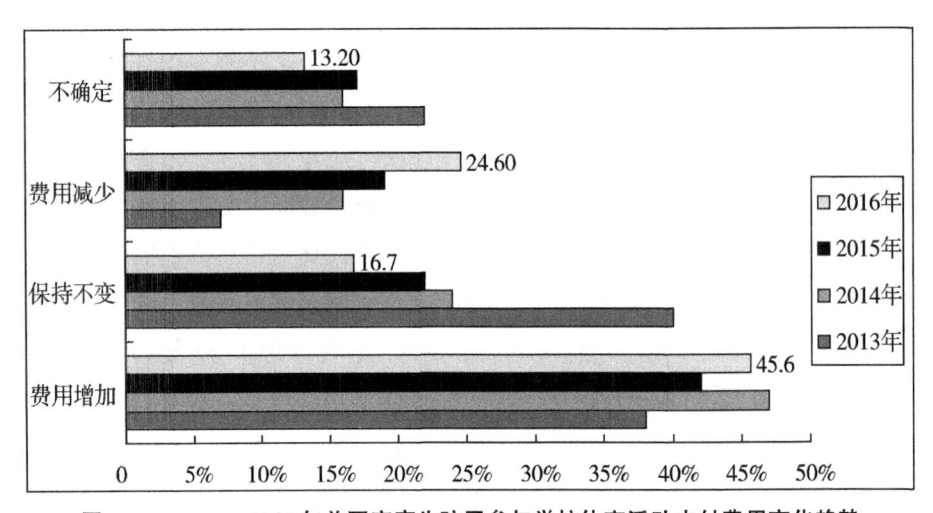

图 2-12 2013—2016 年美国家庭为孩子参与学校体育活动支付费用变化趋势

（资料来源：①张曙光. 美国发布体育参与报告（2016 年版）[J]. 国（境）外大众体育信息，2017（3）. ②汪颖. 美国发布体育参与报告（2017 年版）[J]. 体育用品信息，2017（10）.）

---

①SIEDENTOP D. Thinking Differently about Secondary Physical Education [J]. J Physical Education Rec Dance, 1992, 63（7）：69-72.
②岸本睦久. 90 年代美国教育改革动向 [J]. 教育信息，1998，481：34-39.
③张建华，高嵘，毛振明. 当代美国体育课程改革及对我国的启示 [J]. 体育科学，2004（24）：50-55.

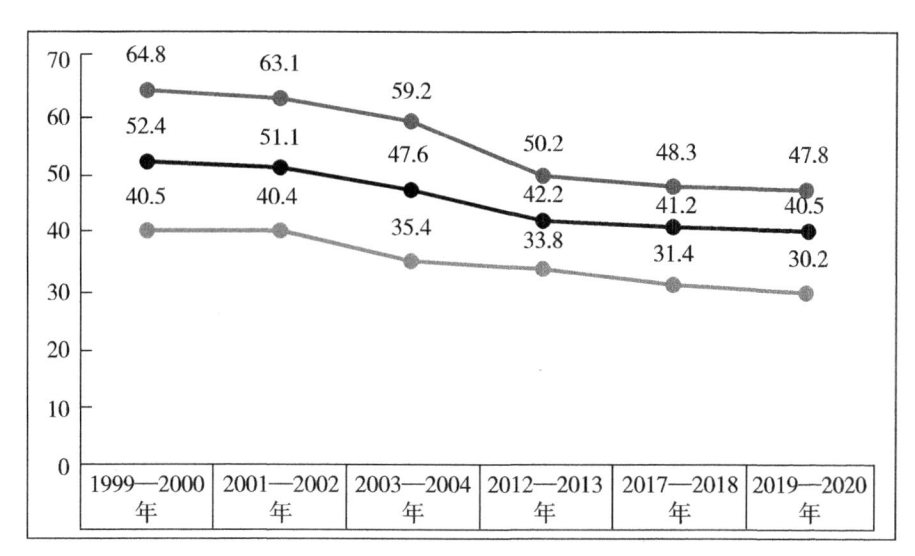

图 2-13　美国青少年健康指数达标率趋势

（数据来源：JAIME GAHCHE, TALA FAKHOURI. Cardiorespiratory Fitness Levels Among U. S. Youth Aged 12～15 Years：United States, 1999—2004 and 2012 [R]. NCHS Data Brief, 2014.）

第三章
美国的竞技体育强国成长历程及特征

竞技体育强国是指一个国家在以奥运会为主的世界大赛中取得优异成绩，竞技体育综合实力和影响力在世界上处于一流的国家。金牌背后有关竞技体育的科学管理、后备人才队伍、训练竞赛体系、科技保障水平、职业体育发展等是体现竞技体育强国的内在要素，因此奥运金牌排名是竞技体育强国的显性标志。美国作为世界发达国家，其竞技体育伴随国家发展而不断成长。从1896年雅典第1届夏季奥运会到2021年东京第32届夏季奥运会，美国17次位居金牌榜首，9次金牌榜第二，共获奥运奖牌2650枚、金牌1059枚，是夺得奖牌和金牌最多的国家。另外，美国的职业体育、后备人才培养体系、训练参赛手段等都处于国际领先水平，可以说，美国的竞技体育在100多年的时间里，形成了适合其自身生存和成长的管理体制和运行模式，取得了巨大成功，并成长为世界竞技体育强国。美国的竞技体育成功的背后经历了一个漫长的成长过程，归纳美国的竞技体育强国成长历程及特征，挖掘美国的竞技体育强国与国家生命周期的关系，对推动我国竞技体育强国的均衡、协调和可持续成长具有现实意义。

从图3-1、表3-1可以看出，美国竞技体育强国经历了三个成长阶段：19世纪初至19世纪末的准备成长期、20世纪初至冷战结束的快速成长期、冷战后至今的强盛期。美国竞技体育强国从19世纪初开始成长，到20世纪初进入快速成长期，时间跨度近一个世纪；从快速成长期到冷战结束后进入强盛期，时间也跨越了近一个世纪。其中，在准备成长期主要经历了南北战争、第二次工业革命、西进运动和城市化进程等多个重要的史实，其间成立了多个职业体育组织，大学业余竞技体育也得到了很好的发展。到20世纪初进入快速成长期，美国完成了城市化和工业化建设，各类职业俱乐部不断涌现，大学竞技体育组织逐步完善（如NCAA），现代化的公共集体体育设施开始出现，职业体育的基本结构建立起来。并且美苏冷战把竞技体育比赛作为两大阵营对垒的重要方式之一,客观上刺激了竞技体育的发展,促进了美国的竞技体育强国的快速成长。1991年苏联解体,冷战结束,美国成为世界综合实力最强的大国。在奥运"战场"上两大阵营相互对决的局面消失,美国从此在世界竞技体育领域处于主导地位,其竞技体育强国进入了强盛期。

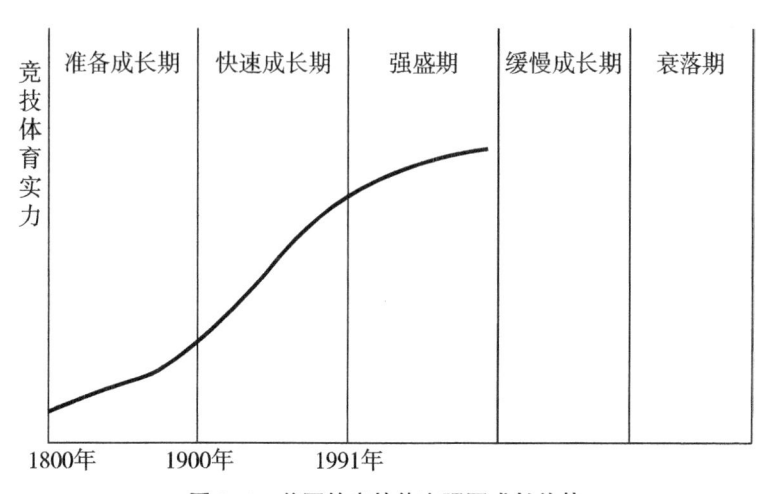

图 3-1 美国的竞技体育强国成长趋势

表 3-1 美国的竞技体育强国成长历程

阶段	时间
准备成长期	19 世纪初至 19 世纪末
快速成长期	20 世纪初至冷战结束
强盛期	冷战后至今
缓慢成长期	—
衰落期	—

第一节 美国的竞技体育强国准备成长期
（19世纪初至19世纪末）

一、成长的社会环境

现代有组织的竞技体育是工业革命的产物。工业革命约于 1760 年在英国开始，紧接着波及欧洲其他国家，大约在1790年传到美国，工业革命为国家成长提供了先进的物质基础，使其具备了成长的生命力。19世纪初至19世纪末是美国独立和初步繁荣的镀金时期，竞技体育在这种社会环境中开始萌芽并迅速发展，成长的社会环境主要体现在两个方面：

第一，工业革命为竞技体育组织的产生提供了经济基础。1812—1815年，美英战争胜利后，美国的工业制度得到了资本主义独立国家的支持，工业革命条件成熟。1861—1865年，南北战争解放了黑奴，为社会发展提供了大量劳动力，使4500万解放了的黑奴参与体育活动成为可能。工业革命开始后，陆续经历了动力革命、纺织技术革命、钢铁工业革命和交通运输革命，到19世纪50年代，北方工业革命完成，生产力高速发展，使美国成为世界第四工业强国[①]。19世纪70年代开始的第二次工业革命使科学技术广泛应用，美国在1894年经济实力超过英国，成为世界第一经济大国[②]。在工业革命的推动下，美国的科学、文化、艺术、教育等也突飞猛进地发展起来，为竞技体育发展奠定了良好的社会基础。工业革命解放了大量的劳动生产力，使社会结构发生变化，于是出现了工业资产阶级、中产阶级和工业无产阶级。其中，工业资产阶级多是具有闲暇活动的新贵，中产阶级数量日益增大。社会分层的出现为职业体育的产生奠定了基础，为各类竞技体育组织的出现提供了可能。

第二，西进运动和城市化进程为竞技体育成长提供了环境保障。城市与体育相互影响，近代美国城市化进程不仅在器物层面上为竞技体育的发展提供了环境基础，而且在制度层面上为竞技体育成长的职业化、商业化、专业化和制度化提供了可能。西进运动为美国社会发展创造了巨大的物质财富，促进了商业和交通运输业的发展，推进了美国城市化进程。城市化改变了人们的生活方式，使传统单一的乡村生活方式过渡到了多元的城市生活方式，对竞技体育的发展产生了重要影响，如白炽灯的发明可以使体育比赛在晚上举行，新兴城市的出现拓宽了职业体育组织的推广空间。1860年开始，美国城市居民人口成倍增长，到19世纪末，城市人口达总人口的50%，全国初步形成以城市为中心的经济体系[③]。不少

[①] 刘绪贻，杨生茂. 美国通史（第二卷）：美国的独立和初步繁荣 1775—1860 [M]. 北京：人民出版社，2008：211.
[②] 董秀丽. 美国政治基础 [M]. 北京：北京大学出版社，2010：32.
[③] 刘绪贻，杨生茂. 美国通史（第四卷）：美国内战与镀金时代 [M]. 北京：人民出版社，2008：110-112.

史学家将19世纪末20世纪初这段时间作为美国发展中的现代化时期，新一波移民潮在这一时期开始启动，随着工业化的迅猛发展，美国城市化进入了鼎盛时期。随着城市的大量出现，资产阶级贵族对竞技娱乐活动有了更高要求，一些有组织的竞技体育活动不断涌现，城市化进程为有组织的竞技体育活动提供了物质环境。

二、职业体育的成长

19世纪初是典型的美国体育发展时期，其演进如图3-2所示。美国早期的竞技体育主要是由移民从英国引入的，移民在引入英国体育的过程中不断对其进行改造①。1800—1920年是美国精英体育由萌芽到发展的重要时期。19世纪是美国社会变革的重要阶段，最显著的特征是中产阶级的壮大。此外，职业化发展成为19世纪各行各业的一个普遍现象。19世纪初，随着社会大众文化的兴起，民众体育需求不断增长，社会上出现了以营利为目的、专门的竞技体育组织。上层社会的"马背体育"十分流行，如骑马、打猎、赛马、马球等。1750年，英国成立了最早的赛马俱乐部，早期的移民将这种形式的体育带到了美国②。早在1800年，上层社会的体育爱好者就试图借鉴欧洲俱乐部模式创建美国的竞技体育组织，但由于当时不具备支持俱乐部法规的贵族传统，且这种体育组织不适应美国的社会文化，因而夭折。19世纪初，出于对体育活动的兴趣，上层社会开始建立有组织的体育俱乐部，以动员人们参与体育并对其加以控制。现代有组织的竞技体育是工业革命的产物，1820年前后出现的双人马车俱乐部成为美国最早的竞技体育组织③。1820—1830年，纽约赛马协会首先改进赛马制度，进行门票收入分成，从而激发了赛手和赛事组织者的参赛热情和竞争意识，促进了比赛水平的迅速提高。工业革命以前，参与竞技体育组织的成员多局限于城市里的贵族阶级，体育俱乐部基本是上层人士的活动。例如，赛马是绅士专享的娱乐活动，体现着英国那种"绅士体育"的文化气息。这一时期的工人阶级很少参与竞技体育活动，除非作为观众观看新形势的商业体育竞赛，他们主要观看板球、赛马、摔跤、拳击、斗鸡、斗牛、赛艇等表演。俱乐部竞赛体制的完善，不断吸

---

① POPE S W. The New American Sport History: Recent Approaches and Perspectives [M]. Urbana and Chicago: University of Illinois Press, 1997: 33.
② 国家体育总局政策法规司. 美国体育管理理论与实践 [Z]. 2002: 15-16.
③ 国家体育总局政策法规司. 美国体育管理理论与实践 [Z]. 2002: 19.

引社会各阶层群众参与其中。在城市化进程中，大量群众开始投入竞技体育领域，从而出现了以体育为职业的运动员。1848年，德国移民在美国辛辛那提市创立了第一个体育协会。1851年，波士顿创立了第一个基督教青年会（YMCA），从此，基督教与体育相结合[1]。

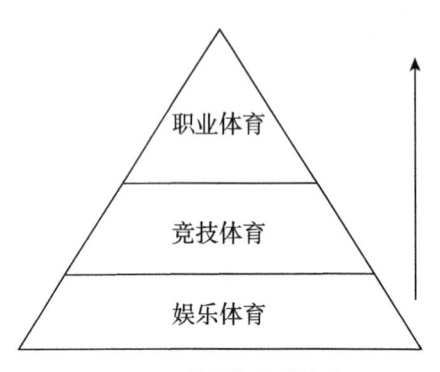

图3-2 美国体育的演进

19世纪50年代，美国有组织的竞技体育活动（学校竞技体育、私人俱乐部竞技体育和职业体育）开始出现。南北战争后，棒球运动开始出现职业化。1858年，芝加哥34个职业棒球队合并成立了全国棒球运动协会，开始组织全国性棒球比赛，并确立了协会的职业性质，金钱成为俱乐部发展的重要因素，协会取消了业余运动员和职业运动员的区别，制定了全国范围的比赛标准和协会制度，以规范俱乐部和运动员[2]。19世纪60年代，棒球在美国迅速发展，并日益演化为体现美国民族性格的国球[3]。早期的棒球主要由社会中产阶级控制，随着南北战争结束，棒球迅速在城市工人等社会阶层普及，广泛地进入了美国的社会活动。城市中，体育不仅成为一种娱乐消费，同时也吸引民众投入体育活动。为了观看赛马比赛，多达10万的纽约人跨过哈德逊河去挥洒激情。同时，拳击虽然通常是非法的，但在"天高皇帝远"的城市或户外也吸引了成千上万的观众。与此同时，在俱乐部和"休闲运动"的推动下，全国性的体育组织相继问世并得到迅速发展（表3-2）。棒球作为普遍认可的国家项目，于1845年，一些青年人成立了

---

[1]龚正伟，肖焕禹，盖洋. 美国体育政策的演进[J]. 上海体育学院学报，2014（1）：18-24.
[2]MORGAN, WILLIAM J. Ethic in Sport [M]. Champaign: IL: Human Kinetics, 2007: 416-420.
[3]POPE S W. The New American Sport History: Recent Approaches and Perspectives [M]. Urbana and Chicago: University of Illinois Press, 1997: 7.

"纽约人"棒球俱乐部，制定了棒球规则，开始举行比赛。1860—1890年被称为美国体育史上的"体育俱乐部时代"。1869年，美国成立了第一个职业运动队（辛辛那提红袜俱乐部），成为美国最早完全职业化的俱乐部。1870年，棒球成为第一个定位为联盟制度的体育项目[1]。1871年全国职业棒球运动协会成立，1876年成立了棒球全国职业联盟，由俱乐部所有者管理，替代了由运动员控制的联盟，成为第一个真正具有职业意义的体育联盟。此外，多样性体育组织不断涌现，如棒球、射箭、足球、保龄球、击剑等多个职业组织相继成立（表3-2），各项目开始筹建职业联盟并向复兴的奥林匹克运动集聚。

表3-2 19世纪初至19世纪末美国竞技体育组织的项目分布[2]

竞技体育组织（协会）	成立时间/年	竞技体育组织（协会）	成立时间/年
棒球	1858	网球	1881
职业棒球	1871	槌球	1882
射击	1871	足球	1884
赛艇	1873	滑冰	1887
保龄球	1875	赛马	1887
射箭	1879	曲棍球	1887
田径	1879	击剑	1891
自行车	1880	职业篮球	1898
划艇	1880		

这一时期还出现了职业体育法律政策，从1888年开始，联邦政府注重俱乐部的垄断问题；1890年，《谢尔曼法》颁布，从此职业体育受到法律的关注[3]。此外，在职业体育领域出现了"联邦联盟"诉"国家联盟"案和"美国职业棒球俱乐部联盟"诉"Chase"案等，确立了职业棒球反垄断豁免权。职业体育相关案例法开始出现，代表着美国以职业体育为主体的竞技体育强国的成长开始得到国家层面的政策支持。

19世纪末，美国职业体育组织已初具规模，拳击运动普遍流行，篮球在城市

---

[1] 姜熙，谭小勇. 美国职业棒球反垄断豁免制度的历史演进[J]. 天津体育学院学报，2010（2）：113-117.
[2] 肖焕禹. 体育传播学[M]. 北京：人民体育出版社，2011：98.
[3] 龚正伟，肖焕禹，盖洋. 美国体育政策的演进[J]. 上海体育学院学报，2014，38（1）：18-24.

体育俱乐部扎根，到1890年，美国成立了大约100个职业棒球组织①。1890年，罗斯福总统疾呼"社会存在一种忽视或低估心灵雄性需求的趋势，与鼓励发展果断、勇气和耐力的竞技运动而言，没有办法能阻止这种趋势"②。此外，促成竞技体育强国成长的因素，除了经济和城市化进程外，还在于美国独具特色的地方性因素，如西进运动养成的探险热、印第安人的斗争，以及美国精神和个人主义教育等，这些因素造成的气氛特别有利于创造运动记录和开展职业运动。美国竞技体育的繁荣被称为"19世纪末世界革命"的重要标志之一。1896年，美国在第1届奥运会中获得第一名，对其竞技体育强国的成长起到了重要的带动作用。

三、学校业余竞技体育的成长

大学竞技体育可追溯到19世纪中期，其间，经历了由校际自发的竞赛活动到完备的竞赛组织体系的演变。早期美国教育中，学校不鼓励学生参与体育运动，认为对抗性体育更适合一般的工人阶级，不适合注定要成为牧师的学生，参与体育活动对于国家精英的成长不合时宜。到19世纪20年代，学校中开始出现一些组织松散的体育项目，逐步成为校园的娱乐手段和学生联系上层人士的载体。19世纪中期后，一些竞技运动项目逐渐在学校比赛中出现，1852年8月，哈佛和耶鲁两校运动员在新罕布什尔州（New Hampshire）举行了一场比赛，这是美国大学生体育史上第一次体育赛事③。南北战争结束后，随着经济发展与城市人口的激增，发展和改革高等教育成为现代工业社会的迫切需要，于是教育成为社会日益重视的事业，旧的大学迅速改造并扩大，新的各类高等院校广泛建立，联邦政府对教育事业大力支持，工业革命造就的大企业家和金融巨头也以慈善事业的形式对高等教育进行了大量捐助，一些现代化的高校场馆设施得以建立，各类开展广泛的竞技体育项目逐步被高校引进，棒球、橄榄球、摔跤等项目在学校大量开展，为学校业余竞技体育的成长提供了保障。

工业革命后，在城市化、市民（大众）文化兴起和发展进程中，学校竞技体育活动开展广泛，各类校际体育比赛不断举行。受职业体育潮流的影响，学生

---

①舒盛芳. 大国竞技体育崛起及其战略价值研究 [D]. 上海：上海体育学院，2010：28.
②ILLIOTT GORN, WARREN GOLDSTEIN. A Brief History of American Sports [M]. Hill and Wang: A Division of Farrar, Strauts and Giroux, 1993：98.
③国家体育总局政策法规司. 美国体育管理理论与实践 [Z]. 2002：100.

只崇拜自己环境中具有某种高超身体技能的人，因此，在学校田径、棒球、橄榄球比赛中取得优异成绩的学生的影响力竟在几十年内超过了在这些项目中享有盛誉的职业运动员，加尔瓦尔德大学与宾夕法尼亚大学间的比赛成为当时最重要的赛事。1873年纽约田径俱乐部组织了最早的学校田径锦标赛①（表3-3）。第一次有记录的校际橄榄球比赛是1874年普林斯顿大学与罗格斯大学的橄榄球比赛，1878年哈佛大学与耶鲁大学的橄榄球比赛吸引了4000多名观众②。19世纪早期，高校的学生体育比赛多是由学生自己组织，没有教练员和专门的管理人员，高校间的联盟在体育赛事中起到主导作用。随着赛事增多，学生参与各类比赛的热情高涨，各大学意识到体育赛事能够吸引学生并得到校友的赞助，还可以提高学校的声誉，因此，大学体育运动很快从学生自行组织的游戏性活动发展成了各高校为争名夺利的激烈竞赛，随着赛事规模的扩大，专职教练员、管理人员和专门的训练方法逐步出现，并对竞技比赛的规制不断进行完善。1876年成立了专门的竞赛管理机构，即由学生管理的校际橄榄球联合会（IFA），然而这种由学生管理的、无政府主义的组织松散低效，1894年瓦解后，美国大学校际联盟（IFRC）取代IFA成为管理主体，管理成员由学生校友组成。1895年，美国中西部9所大学成立了IFRC，该组织由教师代表组成，使学校竞技体育的发展开始走向改革的轨道。1895年后，由于球场暴力事件不断发生，1905年12月，由62所大学讨论成立了大学生竞技体育联合会（ICAA），从而减少了大学竞技体育的职业化问题③。1906年成立了全美竞技体育联合会（IAAUS），加大了赛事管理力度，以规范和监督大学体育竞赛。1910年，IAAUS改名NCAA，从此大学竞技体育成为高校教育的一部分（图3-3）。学校业余竞技体育为美国竞技体育成长打下了基础，也为20世纪后竞技体育的快速成长做好了前期准备。

表3-3 美国大学第一次校际比赛项目及时间

体育比赛项目	时间/年	体育比赛项目	时间/年
划船	1852	马球	1884
棒球	1859	击剑	1894
板球	1864	冰球	1895

①钟秉枢. 职业体育——理论与实践 [M]. 北京：北京体育大学出版社，2006：52.
②杨华. 美国大学生体育联合会（NCAA）的制度演进 [M]. 北京：北京体育大学出版社，2012：39-44.
③杨华. 美国大学生体育联合会（NCAA）的制度演进 [M]. 北京：北京体育大学出版社，2012：43.

续表

体育比赛项目	时间/年	体育比赛项目	时间/年
足球	1869	篮球	1895
田径	1873	高尔夫	1896
橄榄球	1874	飞碟射击	1898
曲棍球	1877	游泳	1899
自行车	1880	体操	1899
网球	1883	摔跤	1905

资料来源：RONALD A. SMITH. Sport and Freedom：The Rise of Big-Time College [M]. New York Oxford：Oxford University Press，1988：220.

```
1876年：美国      1895年：美国      1905年：美国      1906年：全      1910年：美国
校际橄榄球   →   大学校际联   →   大学竞技体   →   美竞技体   →   大学体育联
联合会（IFA）    盟（IFRC）       育联合会         育联合会         合会（NCAA）
                                （ICAA）         （IAAUS）
```

图 3-3　美国大学竞技体育组织的成长路线

（资料来源：依据《美国大学体育联合会（NCAA）的制度演进》整理）

总体而言，这一阶段竞技体育的发展迎合了美国工业化、社会化、城市化，以及西进运动、进步运动的社会进程，竞技体育符合美国现代体育理念，职业体育和学校业余竞技体育组织不断涌现，竞技体育由自发不断向自觉转变。同时，由于社会发展程度的制约（工业化程度较低、城市化进程未结束、进步运动刚刚萌芽等），职业体育相关政策法规体系未完成，运动员的职业化、体育项目的职业化发展程度还不高，竞技体育总体尚属于业余性质。

第二节　美国的竞技体育强国快速成长期（20世纪初至冷战结束）

一、成长的社会环境

20世纪初至冷战结束是美国的竞技体育强国的快速成长期。这一时期属于世界局势的动荡时期，工业化、城市化进程仍在继续推进。美国在20世纪初再次掀起了新一轮的城市化高潮，到 1920 年，美国城市人口比例达到了 51.2%，城市化进程不仅在器物层面为竞技体育发展提供了环境基础，而且在制度层面为竞技体育成长的职业化、商业化和制度化提供了可能，为职业体育在柯立芝（John Calvin Coolidge）时期的繁荣奠定了基础[1]。20 世纪后经历了两次世界大战，美国确立了世界霸主地位，经济实力不断增强（表3-4）。始于 20 世纪 50 年代的美苏冷战，把以奥运会为载体的竞赛成绩作为意识形态对决的工具，把竞技体育作为展现国家实力的手段，推动了竞技体育的发展。可以说，整个 20 世纪的美国是一个与现代工业社会需求相协调的高效运作的社会，在这种社会影响中竞技体育得到了快速成长。

表 3-4　19 世纪末至冷战结束美国经济实力占世界比重的趋势

主要指标/%	1870 年	1913 年	1929 年	1950 年	1973 年	1990 年
GDP	8.84	18.94	22.70	27.32	22.07	21.42
出口额	4.44	8.12	9.08	11.47	9.71	12.81
制造业产出	14.7	32.0	39.3	44.7	33.0	29.0

资料来源：胡鞍钢. 国家生命周期与中国崛起 [J]. 教学与研究，2006（1）：7-17.

新的社会环境和国家战略为竞技体育强国的成长提供了保障。20 世纪之交是美国历史上的镀金时代，是美国自独立以来发展最快的时期之一。这一时期，美国的工业化、城市化进程基本完成，社会经济、科技、文化高速发展，社会体制不断从农业社会向现代城市社会转变，崛起与扩张成为美国的时代主题。20 世纪后发展迅速，城市人口迅速飙升，截至 1910 年，有近一半的美国人口居住在城市[2]。伴随社会结构转变，进步主义运动兴起，对社会、经济、政治进行改革，大力推行进步教育。1933 年，罗斯福推行新政，使美国度过了经济危机，改善了底层人们的生活状况，促进了美国经济的发展。两次世界大战使美国登上资本主义霸主地位，继续推行新政式的国家垄断资本主义。20 世纪 50 年代，美国与苏联展开冷战，形成了资本主义与社会主义阵营对垒的格局，直至 1991 年冷战结束，美国成为唯一的世界超级大国。整个 20 世纪是美国国家成长的关键时

---

[1] STEVEN A. RIESS. City Games：The Evolution of American Urban Society and the Rise of Sports [M]. Lllinois：University of Press，1989：21.
[2] 任思源. 美国史 [M]. 北京：北京联合出版公司，2015：206.

期，经历了国家的快速成长期和强盛期，为美国的竞技体育强国的成长提供了稳定的社会环境。

此外，铁路交通的发展使工业化后新兴的职业球队得以在城市之间旅行比赛。19世纪90年代兴起的市区有轨电车，使球场和赛马场成千上万的观众可以迅速集散。机械工业的改进和大量生产，使自行车运动广泛流行。电灯的发明延长了大学、俱乐部、青年会等各类体育馆的使用时间，增加了观看竞技比赛的人数。1899年，第一次用无线电报道了美英两国举行的国际帆船赛情况，体育运动国际交往的新时代开始[1]。20世纪初，体育的结构开始发生变化，主要表现在欧洲国家体育运动的危机和现代竞技运动的形成。主宰运动协会的资产阶级情感需要也发生了转变，认为立足于狭隘民族主义的英国"绅士"运动，为获得成绩而进行的国际比赛是片面的，新的生活节奏需要更富于游戏性和更负责的竞技运动，现代社会的竞技运动作为动作的结合体，较之分解的、孤立的体操动作素材更能满足人们的体育需求。

二、学校竞技体育活动普遍开展

1905年美国NCAA成立后，不断组织各类大学体育竞赛，在联合会的推动下，大学篮球、棒球、足球、橄榄球、网球等项目的竞赛规则不断改进。同时，各类大学生运动俱乐部不断涌现，使竞技运动项目得到了广泛推广。这一时期，篮球、排球运动相继在美国发源，并与棒球、橄榄球、田径、板球等项目一同在学校得以迅速推广。高等院校和大学里的运动员逐渐成为学校中最引人注目的对象，"精英运动员"在许多学校普遍存在。20世纪20年代，竞赛运动在各方面开展广泛，学校运动队和参赛运动员的数量不断增多。在运动项目上，除了传统的篮球、棒球、橄榄球、田径外，还出现了摔跤、击剑、游泳、高尔夫等竞赛运动队[2]。大学和地方政府为了展示他们的运动队，建立了众多的体育场馆，高等院校和大学里的运动员逐渐成为最引人注目的对象，"精英运动员"在许多院校普遍存在。校际体育竞赛热潮不断高涨，同时现代化的运动设施、场地、器材等不断扩充。由于体育竞赛的观赏性提高，出现了更大的体育场馆和竞技馆，当时美国135所高校的橄榄球体育馆容量，从93万个一跃达到230万个，到1930

---

[1] 范达冷D B，本奈特B L. 美国的体育 [M]. 张泳，译. 北京：人民体育出版社，1991：74.
[2] 舒盛芳. 大国竞技体育崛起及其战略价值研究 [D]. 上海：上海体育学院，2010：30.

年，全美大学校际橄榄球比赛观众上升到 1000 万人以上[①]。1921 年，开始举办全美田径运动会，3 年后又增设了全美游泳比赛，此后其他项目的大学比赛相继涌现。20 世纪 50—60 年代，美国学校体育发展的一个显著特点是成立了各种各样的运动俱乐部，一些学生的集体活动逐渐演变为全校性的竞赛活动。随着竞技热情的高涨，20 世纪 50—70 年代，美国社会形成了崇拜和模仿明星运动员的潮流，高水平运动员得到了人们的赞扬和鼓励。此外，在职业运动产业化的带动下，20 世纪 80 年代末至 90 年代初，社会开始形成对运动员新的崇拜之风。对职业运动员的重视，加速了竞技体育的职业化发展，推动了竞技体育强国的快速成长。

三、各类竞技体育组织不断涌现

随着现代竞技体育项目的不断推广，美国职业体育进入了快速发展阶段，各类俱乐部不断涌现，相继成立了多个竞技体育管理组织。首先，学校业余竞技体育组织方面，对体育竞赛的重视最早来自学校，竞技比赛作为自然发展的运动形式是由学生团体组织的，由于竞技体育活动的暴力性引起伤害事故，学校开始把竞赛纳入学校管理，20 世纪之前就成立了学生管理的 IFA，历经多次改革，最终到 1906 年成立了 IAAUS（1910 年改名为 NCAA）。到 1921 年，该组织管理 583 个大学业余竞赛俱乐部，19000 名注册运动员，1950 年后逐渐发展壮大[②]。1920 年，中学也成立了专门竞赛管理组织——全美高中协会联盟（NFHS），专门负责高中 16 个运动项目的竞赛规则制定等工作。此外，这一时期多数运动竞赛都是由大学体育联盟组织管理的，比较有代表性的有两个联盟：一是 1949 年成立的"大湖区十强联盟"；二是 1979 年成立的"美国东部联盟"。其次，社会业余竞技体育组织方面，1943 年，全美第一个女子职业棒球联盟成立，为女子体育的地位奠定了基础。这一时期美国还成立了大量的社会业余体育组织，主要有美国业余体育联盟（AUU）、美国单项体育联合会（NGB）、残奥体育组织（PSO）、军事体育组织（AF）、美国奥林匹克委员会（USOC）等，不断组织开展以竞技体育项目为载体的赛事活动。

---

①国家体育总局政策法规司. 美国体育管理理论与实践 [Z]. 2002：161-168.
②国家体育总局政策法规司. 美国体育管理理论与实践 [Z]. 2002：121-125.

20世纪20年代之后，现代竞技体育开始萌芽，职业体育的基本结构建立起来[1]。现代性体育具有组织性和竞争性，保持了与商业利益的整体联系和取胜的重要性。把体育作为一种竞争性活动，社会统治集团开始承认现代竞技运动除了娱乐性消遣外，还对社会凝聚、教育和经济进步等方面有益。社会不同群体如学校、企业和各类组织等在关注竞技运动娱乐性的同时，也在积极利用竞技体育的社会价值，从而拓宽了运动的组织形式和竞赛活动范围，促使各种有组织的新型职业俱乐部纷纷成立。

四、职业体育赛事发展备受重视

随着城市化和工业化的完成，20世纪20年代开始，职业体育竞赛在社会经济繁荣与民众的热情中备受关注，大量高水平职业运动队不断涌现，中西部城市组建了多个职业运动队，职业体育俱乐部和职业体育在这一阶段得到了迅速成长，从而进入出售职业赛事门票收入高达百万元的时代[2]。如表3-5所示，美国四大职业体育联盟于20世纪相继成立。棒球是美国发展最早的职业运动，第一个职业联盟"国家联盟"（NL）于1871年成立，另一个职业联盟"美国联盟"（AL）成立于1901年，1903年两大联盟合并为美国职业棒球联盟（MLB），开创了职业体育赛事的新纪元[3]。1903年，美国成立了第一个全国性职业冰球联盟；1917年，北美职业冰球联盟（NHL）成立；美国的高水平冰球职业队在1924年后陆续成立。到1920年，美国已具备11个职业运动队，并成立了美国职业橄榄球联合会（APFA），到1970年与NFL联盟合并，改名为全国橄榄球联合会（NFL）。1946年，美国篮球协会（BAA）成立，到1949年与NBL合并为美国职业篮球联盟（NBA）。这一时期，竞赛电视权和广播权的出售促进了职业体育的发展。1967年，美国第一个户外职业足球联盟成立。1968年，美国第1届网球锦标赛开幕，从此职业球队猛增[4]。随着体育全球化的发展，国际性体育潮流推动了职业体育的发展。20世纪80年代，美国与欧洲的橄榄球、足球、冰球、棒

---

[1] JAY J. COAKLEY, ELIZABETH PIKE. Sport in Society: Issues and Controversies [M]. New York: McGraw-Hill Higher Education, 1998: 95-96.
[2] 国家体育总局政策法规司. 美国体育管理理论与实践 [Z]. 2002: 133-138.
[3] DR. ROBIN AMMON. Supplement of Two Centuries of sports Business [J]. Sports Business Journal, 2008: 22.
[4] 杜文捷. 当代美国体育产业现状与发展趋势研究 [D]. 武汉：华中师范大学, 2009: 12.

球联赛交流与合作日渐频繁，各类职业俱乐部高水平对抗赛不断举行[①]。在职业棒联、橄榄球及篮联运动中，到20世纪80年代末已出现了国际化的发展趋势。其表现为：职业队在欧洲和亚洲的国际性商业活动不断加强；一些职业队聘请外国选手和教练加盟；建立了美国和欧洲的职业篮联和职业橄联。1988年和1991年先后出现了世界性的职业篮球组织和职业橄榄球组织[②]。一系列高尔夫巡回赛、拳击擂台争霸赛、自行车巡回赛、网球大奖赛频繁举行，以美欧为主的职业体育发展带动了世界职业体育的进步。

表3-5 美国四大职业体育联盟成立时间

名称	成立时间/年
职业棒球联盟（MLB）	1903
职业篮球联盟（NBA）	1949
全国橄榄球联合会（NFL）	1970
职业冰球联盟（NHL）	1917

五、承办与参加奥运会彰显竞技实力

奥运会作为世界最高级别的竞技赛事，可以很好地展现一个国家的竞技体育实力。20世纪初至冷战结束，美国共参加了19届夏季奥运会，从图3-4可以看出，除了1976年和1988年获得第三名外，在其他年份中美国都获得了前两名，奖牌总数和金牌数量从1936年开始基本保持上升趋势。从图3-5可以看出，从1924年第1届冬季奥运会开始一直到冷战结束，美国共参加了15届冬季奥运会，虽然成绩没有夏季奥运会稳定，但每届排名都在前10名。尽管这一时期经历了两次世界大战、经济危机和美苏冷战等诸多大事件，但这一阶段美国一直保持着竞技体育强国的地位。此外，美国积极申办奥运会，从表3-6可以看出，20世纪初至冷战结束，这段时间美国共举办了6届奥运会。1904年，美国圣路易斯取代芝加哥承办了第3届夏季奥运会，成为美国第一个举办奥运会的城市。1932年，美国洛杉矶主办了第10届夏季奥运会；同年，普莱西德湖举办了第3届冬季奥运会。1980年，普莱西德湖主办了第13届冬季奥运会。1984年，洛杉矶举办了第23届夏季奥运会，奥委

[①] 钟秉枢. 职业体育——理论与实践[M]. 北京：北京体育大学出版社，2006：63.
[②] 杜利军. 美国职业体育的发展趋势[J]. 国外体育动态，1995（2）：12-17.

会主席彼得·尤伯罗斯（Peter V. Ueberroth）对这届奥运会实施商业化运作并取得了巨大成功，为奥运会的商业性发展道路奠定了基础。此外，美国积极组织各类大型体育赛事，1978年，美国奥委会举办了体育节，规定除奥运年外，体育节每年举办一次。体育节中有33个竞技比赛项目，成为美国奥委会选拔奥运选手的途径。此外，美国奥委会还在奥运周期内投入了大量经费支持竞技体育发展（表3-7），大力发展田径、游泳和球类等传统优势竞技体育项目，从20世纪六七十年代开始，游泳、田径、篮球等项目在历届奥运会中多名列第一。

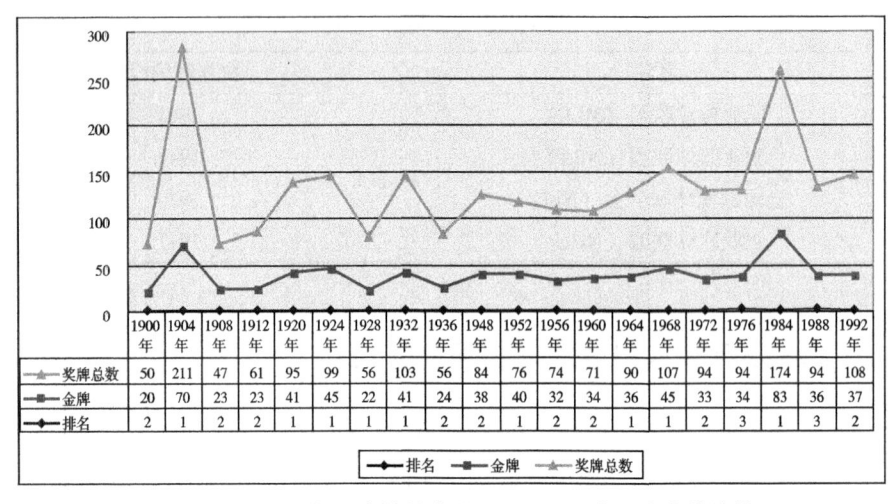

	1900年	1904年	1908年	1912年	1920年	1924年	1928年	1932年	1936年	1948年	1952年	1956年	1960年	1964年	1968年	1972年	1976年	1984年	1988年	1992年
奖牌总数	50	211	47	61	95	99	56	103	56	84	76	74	71	90	107	94	94	174	94	108
金牌	20	70	23	23	41	45	22	41	24	38	40	32	34	36	45	33	34	83	36	37
排名	2	1	2	2	1	1	1	1	2	2	1	2	2	1	1	2	3	1	3	2

图3-4 20世纪初至冷战结束美国历届夏季奥运会成绩趋势

	1924年	1928年	1932年	1936年	1948年	1952年	1956年	1960年	1964年	1968年	1972年	1976年	1980年	1984年	1988年	1992年
排名	5	2	1	8	4	2	6	3	8	8	5	3	3	3	9	5
奖牌总数	4	6	12	4	9	11	7	10	6	6	8	10	12	8	3	11
金牌	1	2	6	1	3	4	2	3	1	1	3	3	6	4	2	5

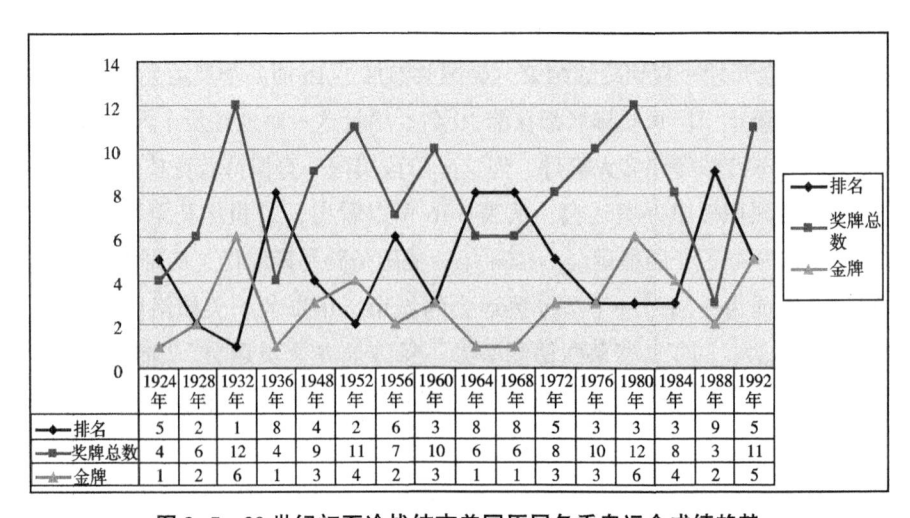

图3-5 20世纪初至冷战结束美国历届冬季奥运会成绩趋势

表 3-6 20 世纪初至冷战结束美国举办的奥运会

时间/年	届数	举办地	奖牌数量/枚	金牌总数/枚	名次
1904	第 3 届夏奥会	圣路易斯	211	70	1
1932	第 3 届冬奥会	普莱西德湖	12	6	1
1932	第 10 届夏奥会	洛杉矶	103	41	1
1960	第 8 届冬奥会	斯阔谷	10	3	3
1980	第 13 届冬奥会	普莱西德湖	12	6	3
1984	第 23 届夏奥会	洛杉矶	174	83	1

表 3-7 美国奥委会在四个奥运周期内投入的经费预算[①]

奥运周期/年	投入额度/美元
1973—1976	1.48 万
1977—1980	5.49 万
1985—1988	12.42 万
1988—1992	2.5 亿

六、竞技体育相关法律政策逐步完善

"二战"后，美国职业体育发展迅猛，一些职业俱乐部赛事行为违反了美国的反托拉斯法，如"集中打包出售比赛转播权"等行为不利于职业联盟的健康发展。美国国会为了支持职业体育，1961 年出台了《体育转播法》（*Sports Broadcasting Act*，SBA），支持篮球、棒球、橄榄球、高尔夫等项目的发展，尤其支持四大职业体育联盟，给予其相关反托拉斯法下的特殊待遇。20 世纪中期，美国还出台了调整职业体育劳资关系的法规，如"非法定劳工豁免"和"法定劳工豁免"等，解决了美国反托拉斯法和劳工法的冲突，确保了职业体育运动员工会"集体谈判"的合法性，维护了职业体育劳资关系的发展和对职业体育运动员权益的保护。此外，美国税法、版权法、博彩法和劳工法等都从不同层面对职业体育的成长进行了调控。博彩法方面，1988 年颁布第一个联邦法案——《印第安游戏管理法案》，成为体育博彩业不断拓展的催化剂，该法案不允许在大学和职业体育中赌博，规范了体育竞赛表演业的发展。税法方面，通过取消购买职业运动队股份的税务优惠，州政府和地方机构通过税收政策鼓励私人资金投入公共场馆建设。体育经纪人相关法

[①] 郭李亮. 浅析美国体育的发展基因 [J]. 山东体育科技，1996（4）：62.

规方面，20世纪60年代，体育经纪的迅猛发展、美国劳工法的完善和职业体育项目的"反垄断豁免"推动了体育经纪业迅速发展；20世纪70年代后，四大职业体育联盟开始开放运动员的自由转会制度。总之，这一时期相关职业体育制度政策的完善，为美国竞技体育强国的成长提供了良好的制度环境。

第三节　美国的竞技体育强国强盛期（冷战后至今）

一、成长的社会环境

1991年苏联解体，长达50年的美苏争霸结束，美国进入世界独霸时代，经济和平转向，实现了连续增长112个月的繁荣，直到2000年末结束（图3-6），迎来了国家快速成长的新时代。10年间，国内GDP增长了69%，标准普尔500指数增长超过3倍，通货膨胀温和，失业率不到5%[1]。这一时期互联网技术广泛应用，经济的繁荣也给美国提供了政治上强硬的资本。美国在世界秩序中处于中心地位，政治进入了新一轮的扩张期。随着国家实力的增强，美国开始实行全球对外战略，在政治上扮演"世界警察"的角色，通过"武装进攻"和"和平演变"等手段不断进行意识形态扩张，从而影响了世界的政治局势。可以说，冷战结束成为美国国家成长的转折点，从此美国开始按照自己的方式影响国际秩序。

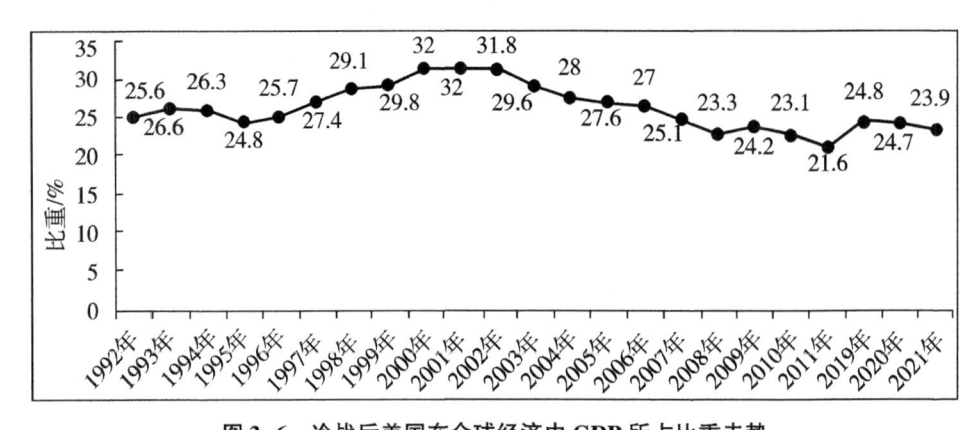

图3-6　冷战后美国在全球经济中GDP所占比重走势

（资料来源：颜鹏. 新"美国衰落论"析论[D]. 北京：外交学院，2013：21.）

---

[1]刘绪贻，杨生茂. 美国通史（第六卷）：战后美国史1945—2000[M]. 北京：人民出版社，2008：605-612.

第三章 美国的竞技体育强国成长历程及特征

这一时期竞技体育成长的社会环境主要体现在以下四个方面。首先，政府支持。美国政府通过给予职业体育"反垄断豁免"保护职业体育的整体经济利益，实施职业体育版权保护政策和经济资助政策，利用税收政策鼓励建设体育场馆，鼓励开发体育无形资产，鼓励市民参与和观看职业体育。其次，人口的增长与构成。20世纪60年代的婴儿潮为冷战后的美国提供了大量的青壮年人口，为竞技体育的发展提供了充分的人力保障。再次，阳光地带的兴起与市郊化的发展。伴随美国城市结构的改变，大量的职业运动队由城市向郊区发展，郊区为职业体育的发展提供了大量广阔的场地资源。最后，产业结构的调整。20世纪90年代后，受美国科技革命的影响，第三产业迅速发展，知识、信息和专业人员的重要性与日俱增，消费税膨胀，消费结构发生变化，社会完全进入了福利化社会阶段，社会产品丰富，技术领先，交通发达，随着个人收入和闲暇时间的增多，社会民众越来越重视精神消费，促使文化、娱乐、体育活动场地迅速增加。经济的发展使更多的人有钱又有闲，体育产业发展驶入快车道，到1994年美国休闲体育产业排行第十一位[1]。这一时期，以四大职业体育联盟为首的职业体育发展迅猛，以职业体育为主体的竞赛产业很好地带动了整个竞技体育的快速发展。

"二战"后，美苏两大军事政治集团在军事、政治、经济、文化、体育等多个领域展开了冷战，国家政治意识形态的竞争推动了竞技体育的发展，加速了美国竞技体育"霸主"地位的形成。从表3-8可以看出，从1952年第15届奥运会到1991年冷战结束，共举办了10届奥运会，其中苏联获得了6次金牌第一，奖牌总数有1010枚；而美国只获得了4次金牌第一，奖牌总数为874枚，远低于苏联。随着1991年冷战结束，奥运会上两大阵营对峙的格局消失，美国竞技体育进入新的发展阶段，在随后的第26届、第27届、第28届连续3届奥运会中，美国都获得奖牌总排名第一的好成绩，美国的竞技体育强国的成长进入了强盛期。

表3-8 第15~24届（1952—1988年）奥运会美苏成绩

国家	金牌第一的次数/次	金牌总数/枚	奖牌总数/枚
苏联	6	395	1010
美国	4	373	874

---

[1]RICHARD KRAUS. Leisure in a Changing America: Trends and Issues for the 21 st Century [M]. Boston: Allyn&Bacon, 2000: 2.

二、奥运会成绩持续保持世界排名第一集团

奥运会是世界规模最大的综合性体育盛会,一个国家在奥运会上获取的成绩是评价其竞技体育实力的重要依据。美国之所以被认为是世界竞技体育强国,与它在多届奥运奖牌榜上的排名密切相关。美国一贯重视在奥运赛场上的表现,以突显其强大的体育实力。并且,美国国民、企业、俱乐部对奥运会支持的热情高涨,美国在奥运会等世界大赛上的战略目标也一直是争先。1991年,随着冷战结束,美国成为唯一的世界强国,在世界竞技体育领域处于领先地位,优异的奥运成绩是美国竞技体育实力的最好体现。从图3-7可以看出,在冷战后的8届夏季奥运会中,美国取得了6次第一名,两次第二名,并且每届获得金牌数量都在35枚以上,尤其是进入21世纪后金牌数量一直呈上升趋势,2012年伦敦奥运会拿到了46枚金牌,所获奖牌总数除2000年外都在100枚以上。此外,美国积极参与冬季奥运会,从历届冬季奥运会奖牌总数与金牌数量来看,从1992年第16届冬季奥运会开始,美国奖牌数量与金牌数量整体上呈稳定上升趋势,并且成绩较为稳定(图3-8)。在历届奥运会获得金牌的项目分布上,美国竞技体育的强项主要集中在游泳和田径等项目。此外,为推动竞技体育的持续发展,美国奥委会制订了金牌行动计划,给预备参加奥运会的运动员提供服务保障,以便他们有足够的精力参与训练和比赛。例如,1996年奥运会前的强化训练计划——奥运主队计划;1997年,美国还推出了"奥委会社会发展计划",在奥运会等大型体育赛事战略筹划上体现出了强烈的国家意志。

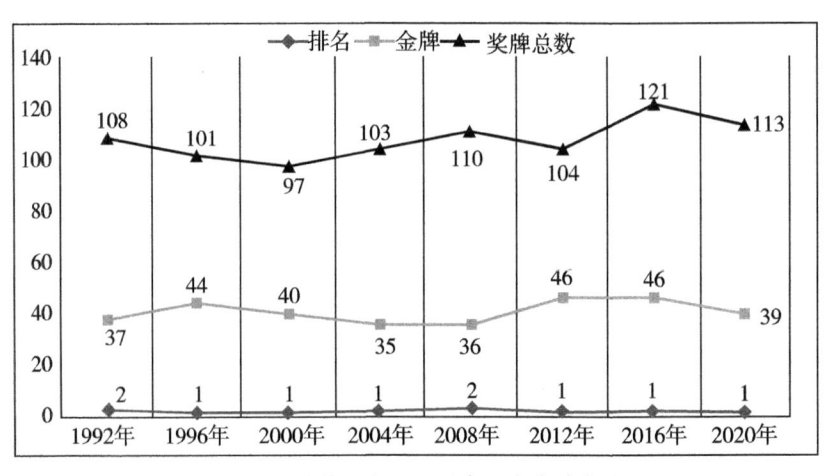

图3-7 冷战后美国夏季奥运会成绩走势

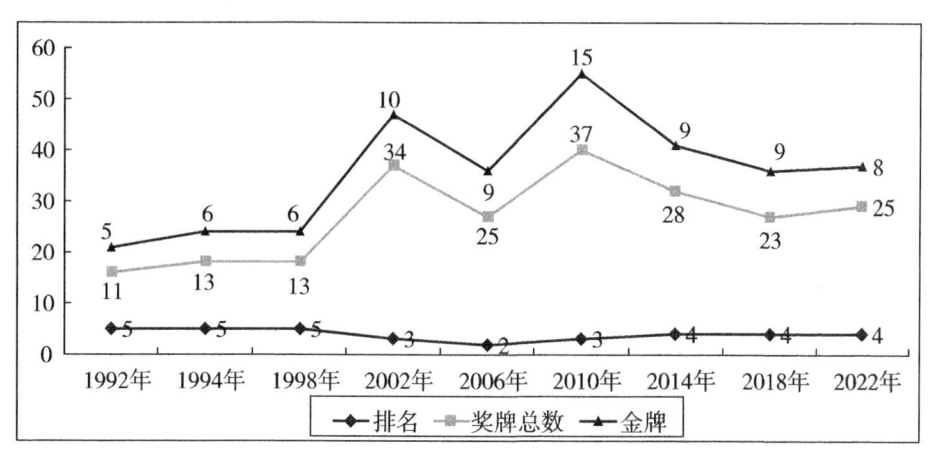

图 3-8　冷战后美国冬季奥运会成绩走势

三、竞技体育竞赛推动了美国文化的全球化

1989年开始是体育全球化的全面深化阶段。冷战结束后，世界各国为了谋求和平与发展，在体育领域的合作越来越多，以体育竞赛为传播主题的全球化得以快速发展。美国是推动现代体育传播的重要国家之一，这一时期，美国实行全球的对外战略和安全战略，积极输出美国文化价值观，把体育纳入国家发展战略以扩大世界影响力，推动美国文化的全球化进程。从20世纪90年代开始，以NBA为首的美国四大职业体育联赛进行全球化战略推广，大量的高水平职业运动员走向世界各地。2011年在欧洲篮球锦标赛上，有28名NBA球员征战赛场（表3-9），法国和西班牙16名NBA级别的球员争冠，欧洲篮坛几乎成了NBA的小翻版，24支球队中有15支球队至少拥有1名美国NBA球员，西班牙队高达6名NBA球员，美国NBA赛场成为世界篮球职业联赛模仿的对象，NBA赛制文化的流动成为推进体育全球化进程的一大标志。在美国NBA赛制文化中，它推向世界的不仅是体育，还有集聚美国文化特质的自由、民主、人权等理念，以及背后的消费主义和个人主义。美国竞技体育对世界的影响深远，如每年的NFL"超级碗"不但是美国最大的体育节，也是世界最大的体育节目，2012年，全球超过10亿观众收看第45届超级碗赛事[1]。可以看出，美国的职业体育赛事已经

---

[1] RICHARD. Sport and Globalization：Transnational Dimensions [J]. Global Networks, 2007（2）：1-5.

影响世界的每个角落,美国竞技运动的通俗文化基调具有强势的文化势能,且影响着全球体育的发展。

表 3-9 2011 年欧锦赛 NBA 球员名单

效力国家	球员姓名	效力国家	球员姓名
德国	德克·诺维茨基、卡曼	法国	塞拉芬、帕克、迪奥、诺阿、巴图姆
比利时	D.J.姆本加	俄罗斯	基里连科、莫兹戈夫
意大利	巴格纳尼、达尼罗·加里纳利、马科·贝里内利、约纳斯·瓦兰丘纳斯、达柳斯·桑盖拉	土耳其	坎特、特克格鲁、阿西克、伊利亚索瓦
		英国	洛尔·邓
立陶宛	鲁迪·费尔南德斯、加索尔兄弟、卡尔德隆、	希腊	库佛斯
西班牙	卢比奥、伊巴卡		
乌克兰	费申科		

资料来源:网易体育零角度 310 期。

四、职业联赛引领着世界职业体育发展潮流

20 世纪 90 年代后,世界属于政治多极化和经济一体化的时期,职业体育逐渐得到国际社会和各国政府的普遍认可,成为世界竞技体育发展的主流。美国作为世界头号竞技体育强国和商业化最为发达的国家,其职业体育的运作模式引领着世界职业体育的发展潮流。1975 年,美国职业体育联盟中有 73 支球队,主要组织以美国职业足球大联盟(MLS)、MLB、NBA、NFL、NHL 为中心的联盟赛事;到了 2000 年,为了兑现美国联盟宣称的发展计划,五大联盟队伍总数扩充到了 131 个,联盟队数在 20 世纪最后的 20 多年里翻了近一倍,其他小联盟组织也得到了快速发展。2007 年,美国四大职业体育联盟均达到 30 支球队(表 3-10)。据 1997 年《体育市场》报道,到 20 世纪末,美国已有近 800 个职业体育队伍[1]。21 世纪初,美国的篮球、冰球、棒球、橄榄球、网球、自行车、拳击等 20 个项目的 140 多个运动队进入市场,走上了职业化和商业化道路[2],竞技体育所提供

---

[1] 国家体育总局政策法规司. 美国体育管理理论与实践 [Z]. 2002:59-60.
[2] 赵云宏,张秀华. 美国竞技体育"霸主"地位之透析 [J]. 中国体育科技,2003(10):60-64.

的商业赞助等不断扩大，职业体育联盟为主体的美国职业体育产业缔造了世界上最为发达的体育产业大国。20世纪80年代，美国职业体育的总体收入约30亿美元，而10年后突破了70亿美元。2006年《福布斯》杂志（FORBES）统计，美国四大职业体育联盟总收入达到了148.3亿美元。美国竞技体育的职业化运作取得了巨大成功。对美国职业体育来说，20世纪90年代可称为各项目联合会不断"扩张"的时期。这一时期，奥运会逐步对职业运动员开放，世界范围内的职业体育竞赛大力开展，美国NBA成为世界职业篮球的成功典范。1988—1989年，职业篮联所拥有的球队由23队增加到27队。1995年，NBA增加了两支非美国球队。1996年，联盟创设了女子NBA，即国家女子篮球联盟（WNBA），并于2001年开始运作比赛。20世纪90年代，NFL增加到了30支球队；2000年，职业冰联拥有的球队增至28支，于2002年将AFC和NFC吞并重新结盟，组成了32支球队，NFL成为全美职业联盟中最盈利的组织[1]。同时，职业体育极大地促进了体育场馆的发展，社会投入美国体育场馆的比例不断提升（表3-11）。在社会的广泛参与下，美国创办了诸多有全球影响力的职业体育联赛，造就了国内和全球范围内日益增加的球迷市场，不断把职业体育市场推向世界。

表3-10 美国四大职业体育联盟的数量变化

名称	1960年	1990年	1999年	2007年	2012年
职业棒球联盟（MLB）	16	28	30	30	32
职业篮球联盟（NBA）	8	26	29	30	30
全国橄榄球联合会（NFL）	13	28	31	32	30
职业冰球联盟（NHL）	6	21	27	30	30

表3-11 美国职业体育场（馆）公、私部门各时期投资比例

时期	体育场/% 公共投入	体育场/% 私人投入	体育馆/% 公共投入	体育馆/% 私人投入	投入合计/% 公共投入	投入合计/% 私人投入
酝酿阶段（1961—1969年）	82	18	100	0	88	12
公共资助阶段（1970—1984年）	89	11	100	0	93	7

---

[1] 池建. 竞技体育发展之路——走进美国 [M]. 北京：人民体育出版社，2009：202-205.

续表

时期	体育场/% 公共投入	体育场/% 私人投入	体育馆/% 公共投入	体育馆/% 私人投入	投入合计/% 公共投入	投入合计/% 私人投入
过渡阶段 (1985—1994年)	85	15	49	51	64	36
公私联合阶段 (1995—2003年)	62	38	39	61	51	49

资料来源：DAVID SWINDELL. Sports Stadiums Can be Privately Financed [R]. The Buckeye Institute for Public Solutions, Ohio, 1995.

五、竞技体育治理提升了美国奥委会国际形象

为更好地发展美国竞技体育，提高其在国际体育舞台上的地位，美国奥委会不断调整发展战略，积极推动职业运动员参与奥运会。1992年开始，棒球、篮球、足球、自行车等项目的职业运动员被允许参加奥运会，从而推动了美国竞技体育的发展。进入21世纪后，随着世界竞技体育水平的不断提高和奥委会自身问题的凸显，美国奥委会进行了改革，精减委员会、董事会机构和政策法规，从而提高工作效率。具体体现在：第一，2006年，美国奥委会重新确定了自己的义务，积极参与国际体育运动。美国奥委会成立了国际关系部（International Relations Division），并开展了一系列的竞技项目国际推广活动，邀请超过了3000名来自不同国家的运动员和教练员到美国奥林匹克训练中心进行训练和比赛。第二，美国奥委会与国际单项运动协会合作。一方面，多次举办国际体育比赛和会议，通过参与大型国际体育赛事活动等方式，改变自身形象；另一方面，规范奥运资金使用方式，美国奥委会每年为40多个单项运动协会投入5千万美元，以帮助选手夺取奥运奖牌，同时，加强经费使用规范，规定各单项协会需严格按照首席执行官斯科特·布莱克姆（Scott Blackmun）倡导的"投入与成绩挂钩"的模式进行，要求单项运动协会必须合理使用这笔资金，将潜在奖牌转变为实际奖牌。第三，美国奥委会改革单项运动协会管理体系，把提高单项运动协会运行效率作为战略目标。2005年，美国奥委会通过了单项运动协会治理办法，为良好的组织治理结构制定了标准。第四，推进美国奥运选手和年轻选手的反兴奋剂治理工作。2008年，美国奥委会发起的一项全新计划，名为"为了干净的比赛，让我们一起来合作"（Partnership for Clean Competition，PPC）。同年，联合国教科文组织

接受了美国为体育反兴奋剂国际公约方①。第五，强化美国青少年的奥林匹克理想教育。美国奥委会的教育计划在多个重要的项目推广中开始实施，包括美国奥林匹克大使计划、奥运机遇基金、奥林匹克周、青少年奥林匹克技能大赛、残奥会学院、奥委会社区合作伙伴计划等。

第四节 美国的竞技体育强国成长特征

一、美国的竞技体育强国成长要素特征

（一）社会化的分权管理模式是实现美国竞技体育成长的基础

美国是联邦制国家，国家事务采取分权治理，各个州、市的制度不一样，本着"小政府"的治理理念，联邦政府没有设立直接管理竞技体育的机构，国家体育事业交由社会，由社会民间体育组织具体负责，从而形成了社会化的竞技体育管理模式。当前，国内外诸多学者把美国竞技体育的成功归结于其社会化管理模式，把社会组织多元主体的协同共管作为保障竞技体育制度活力的基础。围绕美国竞技体育的社会化管理模式，一些学者通过对以竞技体育三大组织——美国奥委会、美国大学生体育联合会与美国单项体育联合会为主体的竞技体育管理模式进行了对比，通过分析不同组织在竞技体育管理中的作用，提出了美国竞技体育保持强势的体制特征。代表性观点体现在四个方面：一是社会化管理模式的分权特征，美国竞技体育管理体制由三大竞技体育组织构成，且三大组织具有不同的职能，由三大组织统辖的各类社会体育组织共同对竞技体育进行分权管理；二是社会化管理的相互制衡特征，以三大竞技体育组织为核心的管理主体之间相互牵制、相互协作，如同美国的三权分立政治体制，在合作与制约中促进了竞技体育的持续成长；三是《业余体育法》是美国竞技体育实施社会化管理的纲领性文件，对各个竞技体育组织的运作进行宏观调控，是联系不同组织的制度纽带，从而保障了竞技体育业余组织的社会属性；四是竞技体育组织与美国职业体育紧密衔接，社会化的竞技体育组织具有很强的自我调控能力和完善的法律法规体系。也有学者从不同视角来印证美国社会化的竞技体育管理体制，把社会化进程中美国强劲发展的市场经济与竞技体育体制的形成与发展结合起来，认为美国竞

---

①池建. 竞技体育发展之路——走进美国 [M]. 北京：人民体育出版社，2009.

技体育管理体制的特点在于满足国家和各级经济实体的市场利益需求,美国竞技体育管理体制的形成带有浓厚的经济色彩,是一种国家行政协调与社会自我协调相结合的体制,具有业余性、营利性、社会性、职业性等多元特征。

美国作为世界竞技体育强国之一,从1896年开始就一直雄踞夏季奥运会总奖牌榜前3名,在200多年的时间中,美国竞技体育已经形成了适合其自身生存和发展的管理体制和运行模式,且取得了巨大成功。美国竞技体育成功的关键在于社会化管理体制的选择,联邦政府并没有设立专门负责竞技体育管理的机构,政府不制定体育政策,很少对竞技体育直接资助,真正管理竞技体育的是名目繁多的社会组织。社会市场机制的调节是促进美国竞技体育发展的根本动力,社会市场功效发挥在竞技体育组织管理、机制运行、经费募集、训练体系等多个方面,政府的作用被限定在最小的范围内,从而淡化了美国政府在竞技体育发展过程中的作用。另外,美国竞技体育推行政府、社会、市场、体育组织等组成的多元主体联动治理,科学规范的学校体育制度为美国竞技体育系统的可持续发展奠定了基础。同时,我们也要明确,美国竞技体育的成功绝不是完全依赖于社会市场,联邦政府在竞技体育发展中同样担当着重要角色,政府通过政策、法规的制定,从宏观上对竞技体育实施调控。所以,我们不能简单地把美国竞技体育定义为社会管理型或政府管理型,其实美国竞技体育体制是国家行政协调与社会自我协调相结合的体制,是一种社会管理为主导、政府管理为辅的合作体制。

(二)"体教结合"的人才培养机制是维持美国竞技体育持续成长的通道

竞技体育的发展离不开教育,美国体育的本质归属于教育。美国大学生体育协会作为独立的自治组织,坚持学术独立和制度自治,将治理理念嫁接于大学教育制度基础之上,始终遵循学校教育的制度治理框架,强调运动员首先是学生,其次才是运动员,最大特征是把体育与教育融合在一起,把体育作为一种教育方式,按照教育规律治理竞技体育。后备人才梯队是保障美国竞技体育可持续发展的根源,美国竞技体育之所以长盛不衰,与其合理、高效、实用的人才培养模式密不可分。客观而言,学校教育在美国竞技体育成长中占有重要位置,体教结合是竞技体育后备人才培养的主要模式。美国竞技体育以学校为中心,从幼儿园到大学,青少年都有参加体育运动的机会,中学是青少年后备人才培养的摇篮,大学是成就高水平运动员的高级阶段。为了更形象地体现美国体育后备人才培养体制,有学者把美国竞技体育看作一座金字塔,"塔基"是中小学竞技运动,"塔身"是整个大学运动竞技,"塔尖"则是由大学运动竞技的一部分和职业体育共同构成。可以说,美国竞技体育人才培养实际形成了一种从小学到大学的一条龙的培养机制,采取的是一条"学院化之路",这种独具特征的竞技人才培养模式得益于自由教育理念与职业体育、业余体育精神价值观。有学者专门对这种人才培养理念做了探讨,认为美国竞技体育人才培养体系实行的是以教育为依托,从小学、中学到大学密切衔接的"科训一体化"人才培育模式。这种模式的形成并非偶然,而是美国职业体育价值理念与自由教育观长期互动的产物,具有管理模式社会化、培养模式学校化、治理模式法治化、基础网络多元化等特征。也有学者从教育的视角,提出了美国竞技体育以学校为中心,贯彻小学—中学—大学的教育与体育相融合的管理机制,小学开展早期兴趣训练,中学进行等级选拔,大学进入培养优秀运动员的高级阶段。

此外,高校竞技体育在美国竞技体育系统中占主导地位,在美国整个竞技体育体系中起到了承上启下的作用。美国是一个普及大学教育的国家,美国竞技体育中绝大多数优秀运动员都是由高校竞技体育系统培养和选拔的,大学竞技体育在培养高质量后备人才、服务于美国职业体育方面发挥了巨大作用。美国大学竞技体育既是后备人才培养的高级阶段,也是美国职业体育发展的摇篮,是运动员攀登世界体育高峰的必由之路。美国大学竞技体育不仅是高水平竞技体育人才培养的重要途径,而且是实现大学体育与高等教育有机结合的重要载体。大学生体育协会作为美国竞技体育发展的基础,其具有非政府性、公益性、自治性、非营利性、业余性等多个特征,从而实现了学校体育与职业体育的对接。大学生体育协会的宗旨在于促进比赛公平、公正,实现运动精神的塑造,把运动员的运动能力与学术水平一起融入美国教育体系,以平衡和协调参与者的学术能力、运动体验与社会适应能力,实现体育精神与大学精神的融合,在业余理念下推动竞技体育与教育宗旨的最大契合。

美国竞技体育人才培养体系以教育为依托,走的是小学—中学—大学密切衔接的"学院式"人才培育路径。完善的竞技体育人才培养模式是保障美国竞技体育可持续成长的基础,业余性是美国竞技体育的本质属性,美国竞技体育以"体教结合"为中心、以人的全面成长为指导思想、以个性化教育为理念,始终遵循"教体融合"的制度治理观念,把运动竞赛作为教育方式,以保障学生的竞技能力、思想品德、学术素养等多个方面协调发展。并且,美国多元的社会体育组织、俱乐部为竞技体育后备人才培养提供了支撑,社会俱乐部与学校运动队相结合，保障了体育后备人才的培养规模。美国遵循竞技成绩与学术水平等同的业余主义治理原则，依托学校培养后备人才。学校对学生运动员的教育与训练进行管理，注重体育兴趣培养和运动个性挖掘。青少年对体育的强烈兴趣促进了竞技体育水平的持续提高。通过把运动员的运动能力、教育与学术水平一起融入教育体系，平衡和协调参与者的学术能力、运动体验与社会适应能力，促进了竞技体育后备人才文化素质与运动成绩的全面发展，从而实现了体育精神与教育文化的融合。

（三）职业体育价值观念与自由教育理念的融合是美国竞技体育成长的根本

任何一种竞技体育发展模式的形成都不是偶然的，都深深地根植于国家的社会、教育和文化观念之中，美国竞技体育的成长体现得尤为突出。美国竞技体育在成长过程中分化为两种完全不同的发展方向：一是业余竞技体育；二是职业体育。两种形式的竞技体育有着本质的区别，业余竞技体育不以营利为目的，主要是与教育相结合，以大学竞技体育为主体，而大学竞技体育同时也是美国竞技体育的主体，由学生体育协会（如 NCAA、NFHS 等）负责管理；职业体育是高级别的竞技体育活动，一般以营利为目的，由职业俱乐部和职业联盟负责管理。两种竞技体育形式虽然有着本质的不同，但关系密切，在竞技体育的发展过程中两者间形成了有机衔接的长效机制。

美国竞技体育是职业体育价值观与自由教育理念长期互动融合的产物，其成功的最重要原因在于有着完善的后备人才培养体制。这种体制遵循"学院式"的人才培养模式，最大特点是把体育和教育有机融合在一起，强调体育的教育价值，使运动员在体育和人生上同时获得成功，把培养全面发展的人作为竞技体育的终极目标。从图 3-9 可以看出，美国竞技体育人才培养机制把文化教育和训练与竞赛融入从小学到大学的整个过程，从小学的基础体育训练，发展到中学运动队一直到大学竞技体育协会，是一种承上启下的后备人才培养方式。其特征体现在三个方面：第一，竞技体育人才培养模式是美国自由教育理念的诠释，正是因为长期受到自由教育理念的影响，业余体育精神才被纳入美国竞技体育，美国竞技体育才与学校教育产生了不解之缘。美国竞技体育以教育体系为依托，中小学体育成为其不可分割的一部分，体教结合的"学院式"人才培养模式构成了美国竞技体育人才培养的基石。第二，在自由教育理念下，美国竞技体育强调后备人才首先是学生，其次才是运动员，其人才培养路径合理、高效、实用，极大地促进了青少年体育的蓬勃开展，学校教育在竞技体育人才成长的每个阶段都起到了至关重要的作用。第三，职业体育价值观念的注入又提升了美国竞技体育的层次，职业体育作为一种新兴产业，为美国竞技体育提供了旺盛的生命力。美国实用主义文化传统为竞技体育的产业化发展提供了可能，在职业价值观念的影响下，美国竞技体育走上了职业化和市场化道路，建立了完善的市场机制，因此竞技体育产业成为美国经济的重要组成。总之，职业体育价值观与自由教育理念的融合使美国竞技体育既有教育元素又有职业元素，教育元素成就了竞技体育持续发展的人才基础，职业元素促成了竞技体育发展的经济基础，使竞技体育运动员既有职业选手的技术素养，又有较高的文化素养，从而推动了美国竞技体育的可持续成长。

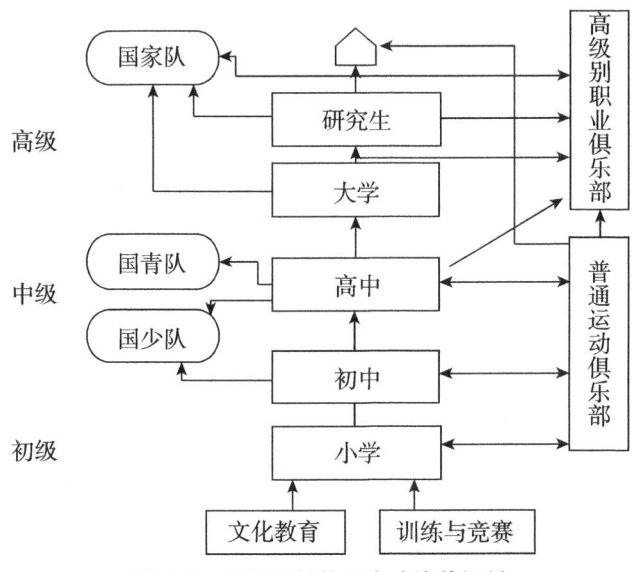

图 3-9 美国竞技体育人才培养机制

（四）有效发挥多元主体协同共管共治是美国竞技体育成长活力的保障

合理的竞技体育管理体制是推动竞技体育成长的基础。有效发挥多元主体协同共管共治的管理模式是美国竞技体育制度的重要特征，很好地保障了竞技体育持续成长的制度活力。

美国的竞技体育体制具有深厚的社会文化背景，是资本主义市场经济长期发展的产物，带有浓厚的市场经济色彩。这种体育体制通过高水平竞赛获得经济效益，以满足国家和社会各级经济文化需求，具有很强的自我协调能力。如图 3-10 所示，美国竞技体育管理体制特征明显：第一，从体制运行机制来看。美国竞技体育管理体制依附于学校教育,通过学生的业余训练来提高运动技能,始终与教育相结合。同时,训练体系完全依靠市场化的机制来组织,以业余训练为主,利用市场机制与其他社会经济活动建立了互利互惠的关系。第二,从政府职能来看。充分利用社会市场机制的调节作用进行管理,政府不设立体育管理机构,主要通过法律或经济的手段对竞技体育进行间接调控,政府的作用被限定在最小范围内。竞技体育的具体事务主要由各种社会体育组织进行管理,主要包括组织管理、竞赛训练、经费投入、组织运转等多个领域。其中,学校开展的竞技体育属于业余竞技体育范畴,由中学体育联盟和大学生体育协会进行管理;职业体育则由职业联盟和俱乐部负责管理。第三,从体制运行效率来看。竞技体育协会和联盟的自由度大,不轻易受政府干预,可完全遵循市场经济规律进行运作。并且,注重发挥社会体育组织、俱乐部和职业联盟的协调管理作用,依靠体育组织的自治,使竞技体育可不轻易受政府的影响,有利于发挥社会各个领域的积极性。第四,具有分权治理的特点。在管理主体上,美国竞技体育组织主要包括美国奥委会、大学生体育协会和单项体育协会,这三大组织机构在竞技体育管理中具有不同职能,既相互依存又相互牵制,在竞技体育组织管理、组织职能的发挥,以及运动员的选派等方面都存在合作与制衡的关系,共同促进了美国竞技体育的发展。

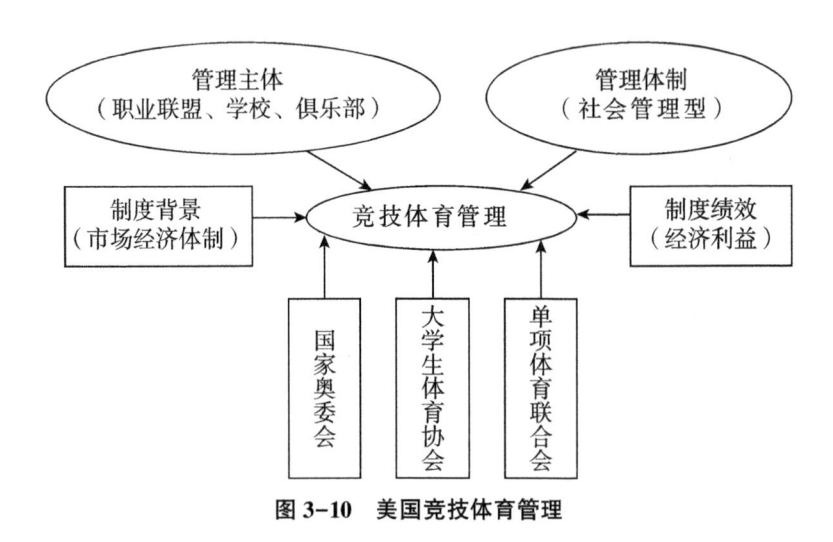

图 3-10 美国竞技体育管理

(五) 职业体育联盟体制的战略顶层设计是美国竞技体育成长的动力

职业体育是美国社会的一个缩影,同时又是美国体育的一道风景。脱胎于英

第三章 美国的竞技体育强国成长历程及特征

国俱乐部的联盟体制是美国职业体育组织的基本形式。美国率先在职业体育领域建立了联盟体制，如四大职业联盟（NFL、MLB、NBA、NHL）是美国职业体育的成功典范。美国职业体育联盟体制的制度安排主要包括职业体育与法律法规的结合、职业体育联盟管理模式、职业体育赛事转播制度、职业体育联盟的劳资关系、职业体育反垄断豁免制度、职业体育联盟的产业体制、职业体育仲裁制度、职业体育政府规制等多个方面。在运行结构上，美国职业体育由全国单项运动协会（NGB）、职业体育联盟和职业体育俱乐部组成，是一种"三级管理"体制，三者之间是一种和谐的"伙伴"关系，彼此间既相互依存，又相互独立，共同促进了竞技体育的稳定发展。主要体现在三个方面：第一，职业体育联盟作为现代体育成熟的组织形式，主要在于其管理的合理性，是一种典型的"商业卡特尔"，联盟体制的核心是经营权和所有权的分离，法律制度的创新是美国职业体育发展迅猛的关键，其中关于保留条款、自由转会、选秀制度、收入分配、工资帽与奢侈税、联盟球队最佳数量等方面的制度设计是美国职业体育制度创新的体现。第二，美国职业体育联盟是自然垄断者，职业球队市场成本和需求是职业体育联盟间竞争的缘由，职业体育联盟的存在有利于消除球队间的市场垄断。职业体育联盟本质上属于公司法人，其中职业球队的所有者为了实现利益最大化，成立职业体育联盟，并组成董事会，委托一些职业经理人对联盟进行管理。为了最大限度地得到利益，各联盟不断对经营手段、所有权、俱乐部布局、电视转播、比赛规则等进行市场化的适应性改革，从而更好地推进职业体育联盟和各职业球队的健康发展。第三，美国职业体育联盟与法律环境关系密切。美国职业体育在实践中涉及法律的领域广泛，促进联盟竞争均衡的制度安排是美国职业体育制度的核心。美国职业体育联盟涉及的法律问题主要集中在反垄断法、合同法、劳动法与代理法等方面。职业体育联盟在发展过程中，通过完备的法律和规章体系，依据现代企业的制度形成了成熟的管理模式和运行机制，从而成为当前职业体育组织管理商业运作的范例。

在美国职业体育联盟的发展过程中，反垄断法和违纪处罚程序发挥了重要作用。其中，反垄断法渗透到职业体育的各个领域，尤其对职业体育联盟中各俱乐部管理者、球员、工会，以及由于运动员年薪、转会权、商业广告的分成等问题引发的纠纷等方面发挥了重要作用。在联盟违纪处罚方面，根据违纪程度决定处罚权力，受处罚的行为主要包括服用兴奋剂、贿赂、赌球、骚乱、行为不检点等；处罚手段主要包括有期限禁赛、终身禁赛、终止合同、罚款、开除等。美国职业体育联盟凭借其健全的制度安排和活跃的市场化经营模式不断进行自我完善，为美国竞技体育成长提供了源源不断的活力。

(六) 社会、精神、宗教、种族等因素是推动美国竞技体育成长的文化基因

竞技体育的发展水平是一个国家文明程度的重要体现。作为世界竞技体育强国之一，美国竞技体育在成长中形成了适合其自身生存的发展模式。影响美国竞技体育成长的因素是多方面的，其中既有政治、经济、文化、社会因素，也有制度、体制、教育、种族、价值观念等因素。美国的社会、文化、精神、种族等因素是影响其竞技体育成长的"外环境"。第一，美国文化精神是竞技体育发展的基石。个人主义、创新精神、开拓进取、积极行动、注重实效等文化背景，为竞技体育的产生和发展奠定了思想土壤和理论基调。文化多样性所塑造的民主、独立、自由、法治、平等的美国精神，推动了竞技体育精神的形成。第二，雄厚的经济实力、社会需要、市场化、商业化、大众传媒、政府行为、世界政治格局、西方文化、黑人作用，是美国竞技体育强势发展的社会学因素。其中，世界政治格局变化是美国竞技体育快速发展的催化剂；西方文化精神是美国竞技体育崛起的土壤；社会分层和黑人的先天优势是美国竞技体育人才培养的资源。第三，竞技体育的强盛与美国的发展休戚相关。19世纪50年代末至20世纪初是美国体育活动的大变革时期。这一时期，竞技体育发展的根本原因在于城市化、工业化和科技发展的冲击。美国竞技体育从殖民地时期非正式的民间游戏向现代高度组织的体育形式演进中，社会等级分层、性别、种族、城市出现、乡村生活变迁、经济发展和现代思想的形成等均影响了竞技体育的发展。第四，美国的文化，不论是粗俗还是高雅的，均具有强烈的向外散射的特征。美国在软实力方面占尽良机，美国人"敢为天下先"的精神品质和魅力，成就了竞技体育软实力的优势和影响力。女性在美国竞技体育成长过程中发挥了重要作用，妇女体育一定程度上反映了美国竞技体育的发展程度，随着女权运动的发展，1972年《教育法修正案》第九条为女性提供了与男性公平参与竞技体育的机会，女性运动员的数量持续增长，进而提高了美国竞技体育的整体实力。各观点虽然选取的视角不同，但得出的结论都客观地概括了美国竞技体育成长的原因，包括美国独特的国民性和价值观与竞技体育精神价值的吻合；西方文化元素、雄厚经济实力、体育市场化、商业化、大众传媒、政治环境、社会分层、种族、城市的出现、经济的发展，以及女性的助力等，多重因素的深度融合共同推动了美国竞技体育的持续成长。

二、美国的竞技体育强国成长历程与国家生命周期的关系

如图 3-11 所示,美国的竞技体育强国的成长是一部伴随国家政治、经济、文化、社会不断振兴和发展的历史,是依托不同时期经济社会发展环境,利用不同成长方式完成的历史跨越,体现了与国家生命周期关系密切的显著特征。

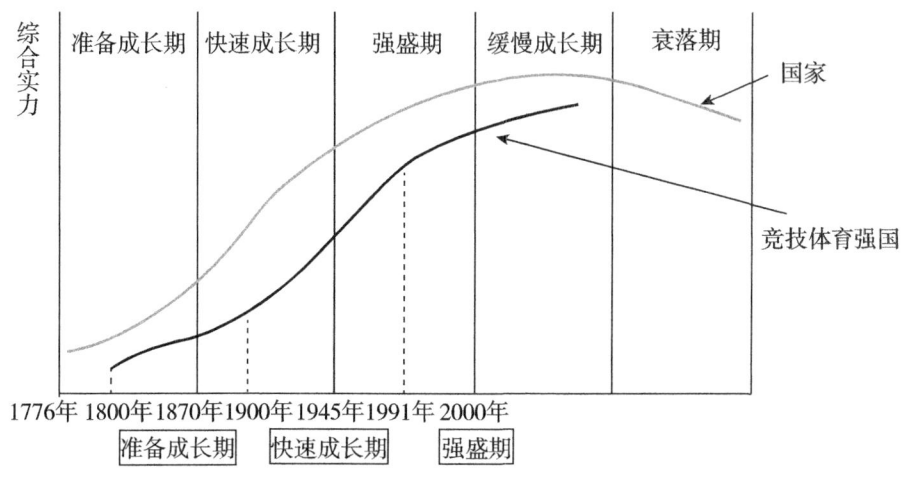

图 3-11 美国的竞技体育强国成长历程与国家生命周期的关系

第一,美国的竞技体育强国的成长趋势与国家成长趋势具有趋同性。国家成长过程中伴随着竞技体育的成长,从美国竞技体育强国成长的三个阶段来看,每个阶段的成长起点都晚于国家的成长,如美国国家成长始于 1776 年,而竞技体育萌芽于 19 世纪初;美国在 1870 年工业产值超过英国,成为世界第一大工业强国后进入快速成长期,而美国竞技体育在 20 世纪初进入快速成长期。可以说明,国家成长与竞技体育强国成长的交界点都在国家每个成长周期开始后的 30 年左右,体现出美国的竞技体育强国的成长建立在国家成长之上,国家成长带动了竞技体育强国的成长,凸显出竞技体育强国成长与国家成长密切相关,成长轨迹具有较大的趋同性。美国国家综合国力的提升伴随竞技体育强国实力的不断上升,或者说国家综合国力的提升催生了竞技体育实力的增长。

第二,竞技体育发展程度是美国国家崛起的重要信号。美国的竞技体育强国的成长始于国家的准备成长期,快速成长始于国家生命周期的快速成长期。1945 年"二战"结束,美国进入强盛期,随着冷战后美国成长为综合实力最强的世界大

国，竞技体育也顺应国家成长趋势进入强盛期。美国的竞技体育强国成长的每个阶段都与国家成长的相应阶段对应，这说明美国的竞技体育强国的成长与国家成长的生命周期具有一定的协同性。美国竞技体育的发展出现在国家综合国力发展最快的时期，因此可以把竞技体育发展程度作为美国国家崛起的重要信号。国家在快速成长期和强盛期内最具有发展活力，国民社会心态和国家政治诉求为竞技体育的成长提供了保障。具体表现在：作为综合国力处于世界第一的现代化强国，国民的替代性满足对竞技体育在国际舞台上争金夺银会表露出极大的热情，国民期望通过借助国际赛场上的竞技实力排名把国家的综合实力表达出来，这间接促进了竞技体育强国的快速成长。

第三，美国的竞技体育强国的成长具有一定惯性。美国竞技体育进入强盛期后，其综合实力长期维持在较高水平而不会轻易下降。从国家成长的先后顺序来看，美国的竞技体育强国的准备成长期要晚于国家的准备成长期，在国家的快速成长期内完成准备成长，在国家的快速成长期内进入快速成长期，竞技体育强国的快速成长期结束于国家的强盛期，竞技体育强国的强盛期始于国家的强盛期。每个阶段中，竞技体育强国的成长历程都要长于其所对应的国家成长周期。2001年"9·11"事件后，美国进入缓慢成长期，其竞技体育实力却依然处于强盛期，在其后的每届夏季奥运会美国都处于第一名（除北京2008年奥运会），竞技体育保持超强的综合实力。这说明随着美国的竞技体育强国的不断成长，竞技的水平不会轻易下降，竞技体育强国的成长具有一定的持续性。美国体育竞技体育强国的成长呈现出"惯性"特征。在这种"惯性"的带动下，其竞技体育实力能够保持一定的时期，不会因为国家成长的缓慢而放慢步伐。

第四，美国的竞技体育强国可能在2090年左右进入缓慢成长期。从美国竞技体育强国成长跨度的一致性趋势推测，美国的竞技体育强国一般要经历近100年的时间来完成一个成长时期跨度。由此可以大致推断，美国的竞技体育强国的强盛期可能会保持一个世纪，即从1991年冷战结束美国的竞技体育强国进入强盛期，其竞技体育实力可能保持到2090年左右。导致美国的竞技体育强国衰落的原因多元，根据近年来美国国家发展的特征，我们推测如下：一是可能与美国社会经济实力的下降有关。2001年"9·11"事件后，恐怖主义对美国社会经济发展有着持续性冲击，并且近年来，美国对外继续拓展"霸权"政策，军费透支严重，国家经济是竞技体育发展的基础，经济衰退必然影响竞技体育的发展。二是可能与国民社会心态对竞技体育的影响有关。竞技体育成绩是国家政治、经济、社会和文化发展的需要，是国家综合实力和国家形象的体现。多年来，美国超强的竞技体育实力已经很好地满足了国民社会心态的政治诉求，再依靠竞技体育证明国家强大的社会愿望可能下降，且在一定程度上也可能会减缓竞技体育的发展。三是可能与美国老龄化社会对竞技体育的冲击有关。老龄化是美国面临的主要社会问题，老龄化人群更加趋向于保守型的体育活动，如休闲体育、大众体育和观赏性体育等，老龄化人群增多的同时，参与竞技体育尤其是职业体育的社会群体必然会减少，从而影响竞技体育的参与性。

第四章
美国的大众体育强国成长历程及特征

大众体育是美国民众生活的重要组成部分。大众体育内涵丰富，通常认为休闲体育是美国大众体育的核心内容，休闲活动主要包括户外运动、身体锻炼，以及旅行与旅游三个大类。大众体育的成长主要体现在体育运动项目、体育人口数量、体育场馆设施、大众体育法规、体育经费投入，以及群众对体育的需求等方面的变化。

从图4-1、表4-1可以看出，美国的大众体育强国经历了四个成长阶段：南北战争前至1865年的准备成长期、1865—1945年的快速成长期、1945年至20世纪90年代末的强盛期、21世纪后的缓慢成长期。其中，重要的时间节点是1865年南北战争结束和1945年"二战"结束。1865年美国南北战争结束，全国得以统一，工业化、城市化及科技发展使美国体育走上现代化的快速轨道。城市化进程不仅在器物层面为体育活动的开展提供了环境基础，而且在制度层面为大众体育成长的职业化、商业化、专业化和制度化提供了可能。1865年后，城市工人参与的一些体育活动开始出现，政府开始组织一些大众体育活动。因此，1865年南北战争结束可以作为美国的大众体育强国进入快速成长期的起点。进入20世纪后，城市化和工业化发展为大众体育的成长提供了充足的给养，不断提升的社会交流体系影响着现代体育组织的发展。伴随现代大众文化的形成，美国体育逐步走向了现代化发展之路，并成为美国文化的重要组成部分。20世纪40年代兴起的第三次科技革命极大地改变了社会生产，科技革命使人们的生活方式发生了变化，尤其是1945年"二战"结束后，美国处于战后的高速发展期，社会稳定，生产率提高，人们的生活质量提升，"越来越多的家庭开始增加娱乐和旅行消费，人们逐步向身心休闲娱乐领域发展，对休闲的需求日益提高，娱乐和消费成为这个时代的主要潮流"①。1945年后,美国开始有了真正的休闲运动②。因此,1945年作为美国的大众体育强国进入强盛期的起点。20世纪90年代后,美国完全进入福利化社会,科技先进、经济富裕、社会产品丰富,休闲成为普遍的社会行为③,大众体育强国也成长到了鼎盛时期。2001年后,美国进入缓慢成长期,随着政府赤字、社会动荡、失业率骤增、经济减退,以及老龄化社会的加重,大众体育活动深受影响,于是美国的大众体育强国进入了缓慢成长期。

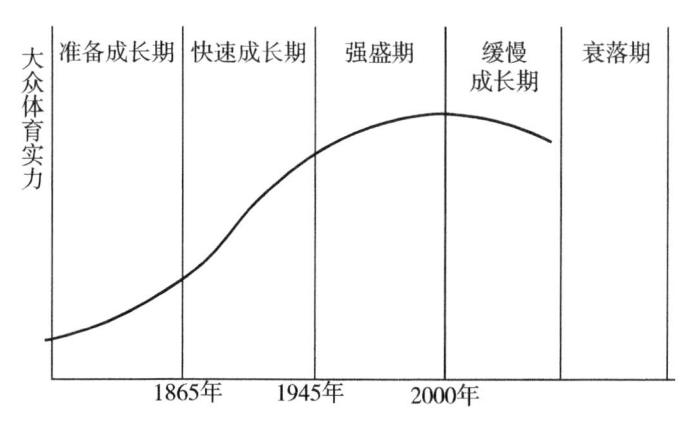

图 4-1 美国的大众体育强国成长趋势

表 4-1 美国的大众体育强国成长历程

阶段	时间
准备成长期	南北战争前至1865年
快速成长期	1865—1945年
强盛期	1945年至20世纪90年代末
缓慢成长期	21世纪初至今
衰落期	—

---

①王庆安. "伟大社会改革"——20世纪60年代美国社会改革及启示[M]. 北京:新华出版社,2008:14.
②RICHARD KRAUS. Leisure in a Changing America: Trends and Issues for the 21 st Century [M]. Boston: Allyn&Bacon, 2000:12.
③RICHARD KRAUS. Leisure in a Changing America: Trends and Issues for the 21 st Century [M]. Boston: Allyn&Bacon, 2000:39.

第一节　美国的大众体育强国准备成长期
（南北战争前至1865年）

美国大众体育有着悠久的发展历史，依托于早期美国的历史文化和社会传统，大众体育在社会文化、宗教、政治、经济的融合中不断发展。在早期的殖民地时期，美国就有了自己的体育及其文化，西欧各国的入侵间接地提升了美国体育发展的多样性。整体而言，这一时期美国还没有形成完整的现代体育形式，多是在对欧洲体育的引进与本土改造中自由演进，不断探索适合美国本土的大众体育形式，经历了"从自发到自由再到自觉"的成长历程。

一、美国大众体育的自发成长

南北战争以前，美国大众体育主要经历了自由发展的时期，美国早期的体育项目主要是从欧洲引入的，美国的原始居民为北美洲的印第安人，西欧各国相继入侵北美洲，在北美大西洋沿岸建立了13块殖民地。殖民者到新大陆定居后发现当地的原始居民有着丰富的生活方式，他们靠打猎、捕鱼、划船、追逐等身体活动来获取食物或与其他部落交往。早期移民带来了各具特色的体育项目，南北战争前，美国大众体育具有鲜明的多元文化特征。主要表现在四个方面：第一，美国当地的印第安人创造了与其生活和生产相适应的体育运动，如狩猎、捕鱼、独木舟、射箭、兜网球等，并且这种土生土长的"游戏"没有受到新移民的影响，在美国成立后的很长时间里，印第安人继续玩着那些世代流传、已融入他们生活的"游戏"。1800年启蒙运动结束后，北美部分地区的许多游戏和体育运动开始形成今天我们熟悉的体育形式[1]。第二，随着大量的非洲黑奴被贩运到美国，富有野蛮、激情、以及节奏明快的非洲舞蹈体育也传到了美国，这种弥漫着非洲文化气息的体育元素成为美国体育的重要形式。早期移民的宗教仪式中也有形式多样的身体活动，如年轻的男子必须要通过一系列具有挑战性的身体考验才能成为勇士。此外，将运动、舞蹈、表演融入节日庆祝仪式中，也是人们日常放松的方式。第三，英国户外运动随着早期移民带入美国，狩猎这一古老运动项目在绅士中较为普遍，英国移民在集会和集市贸易时进行赛跑、跳跃、拳斗、斗鸡

---

[1] RICHARD KRAUS. Leisure in a Changing America: Trends and Issues for the 21 st Century [M]. Boston: Allyn & Bacon, 2000: 6.

和赛马。而荷兰移民经常在冬季进行滑冰和雪橇运动，夏天则经常进行滚球游戏，表现出了多元文化特色。体育在这一时期起着非常重要的作用，很多部落间用竞技运动来代替部落和村落的战争，并且体育可以提升族群的身份地位，能使个人得到他人认可。第四，各个国家殖民者的入侵间接带来了多样的体育运动。殖民者除了日常的工作外，多会用体育活动进行消遣娱乐，由于这些殖民者的民俗传统、宗教信仰等方面存在差异，他们的活动形式也会有所不同，从而使体育活动具有多样性。南北战争前，参与体育活动的成员多限于城市里的贵族阶级，体育俱乐部基本是上层人士的活动，如赛马是绅士专享的娱乐活动，体现着英国"绅士体育"的文化气息。

二、美国大众体育的自由成长

工业革命早期，除了非常富有的社会阶层外，人们很难参加游戏和体育活动。一方面，在农场和工厂工作的群众几乎没有空闲。另一方面，人们没有可用于体育活动的空地。在工厂和城市发展的计划中，生产要优于娱乐，那时还没有公园，而且工人禁止在工厂外大规模集会。当权者认为集会是危险的，不仅浪费了本可用于工作的时间，而且给工人提供了组织起来的机会。1820年美国工业革命后，人们的生活在一定程度上得以改善，城市工人参与的一些体育活动开始出现，但一般仅限于像保龄球和台球这样的活动，而且多数是男人玩的。工作的限制和物质资料的匮乏使群众阶层难以从事正规的游戏和体育活动，这一时期的美国大众体育内容单调，具有鲜明的地方性特点，组织形式松散。早期的美国体育未能在学校开展，它只是人们辛苦工作后的一种调节方式，能够促进人们进行社交活动的机会，此时的体育更多的是带有娱乐性质的比赛和运动。

美国近代大众体育的正式萌动时间是1820年至南北战争。作为一个新兴的移民国家，各类移民可以任意地将母邦体育进行引进和改造，大众体育呈现出自由的发展状态。其中，体操成为体育项目的主体，欧式体操与宗教文化融合后流入美洲，催生了当时美国独具的"肌肉崇拜"文化。这一时期，主要引入了德国和瑞典体系的体操，将体操作为学校教育的重要内容，并且创立了美国体育体系。一些著名的体育先驱者如康涅狄格州哈特福德神学院的凯瑟琳·比彻（Catherine Beecher）、哈佛医学院的沃伦（J. C Warren）等，呼吁人们重视体育，强调运动的必要性，提出女性也要参与运动的观点①。1830年，沃伦在哈佛大学体育馆做了"体育教育的重要性"演讲，第一次用了"体育"一词，倡导在教育中引入体育，并创造了比体操更加轻盈的体育体系——健美操。1839年，棒球运动在纽约出现，随后开始迅速蔓延到纽约的其他地区。19世纪中期，美国开始使用身体锻炼（Physical Training）这个用语②。

三、美国大众体育的自觉成长

19世纪中期，随着工业化和西进运动的大规模发展，美国城市化进入鼎盛时期。城市化进程在器物层面为大众体育的发展提供了环境基础，大众体育活动开始不断自主发展。这个时期，美国许多地区开始"关心"工人的身体健康，这种"关心"是建立在认识到工人是被剥削的人群基础上的，因为体弱多病的工人会降低生产效率。随着社会的稳定，以及一些宗教禁忌的解除，更多的人开始参与运动，骑马、步行、划船、棒球等运动深受人们喜爱。社会上出现了一些公共体育活动场地并提供"健康"的闲暇活动，体育运动参与开始逐步深入人心，健身操、体操和户外运动得到重视。1861—1865年的南北战争解放了黑奴，使4500万被解放的黑奴参与多种多样的体育活动成为可能。同时，正式组织的竞技体育比赛开始出现，这要求有更多的自由和健康的闲暇活动，不断建立社会群体体育组织。美国在华盛顿的领导下取得了独立战争的胜利，在这一时期人们对教育的重视程度增加，从而出现了很多学校，体育也开始融入学校课程。与此同时，有组织的体育竞赛活动十分丰富，妇女体育也开始萌芽。康涅狄格州哈特福德神学院（该学院是为年轻女性设立的高等教育学府）在教育科目中，开设了一些能提高学生健康和活力的运动，为学生成为家庭主妇和母亲做准备，如随着音乐跳的健美操。1845年，一些青年人成立了纽约人棒球俱乐部，制定了棒球规则，开始举行棒球比赛。1848年，美国第一个群众性体育组织由德国移民在俄亥俄州辛辛那提市创建，于是开启了其后一个半世纪美国社会体育组织发展的先驱行动。1858年，芝加哥34个职业棒球队合并成立了全国棒球运动员联合

---

①龚正伟，肖焕禹，盖洋．美国体育政策的演进［J］．上海体育学院学报，2014（1）：18-24．
②马良．美国近代体育发展研究［J］．体育文化导刊，2010（5）：157．

会，并开始组织全国性的棒球比赛①。早期的校际橄榄球比赛，吸引了社会各阶层的群众参与其中，尤其是南北战争结束后，大量的群众开始投入体育领域，从而出现了以体育为职业的运动员。一些学校建立了体育场馆并向人们开放，增加了人们参与运动的机会。体育逐渐的组织化，以及校园内体育设施的普及，使人们参与运动成为一种趋势，社会也开始重视体育的作用，现代有组织的竞赛活动也不断发展，为美国的大众体育强国的成长奠定了基础。

第二节　美国的大众体育强国快速成长期
（南北战争后至1945年）

南北战争后到"二战"结束是美国大众体育发展的重要时期。1865年南北战争结束后，受工业革命与第二次工业革命的推动，1860—1894年美国国民生产总值提升了四倍②，19世纪末，美国成为世界第一经济大国。随着经济的迅速发展、外来人口的骤增和城市化进程的加快，一系列社会问题开始出现。到1885年，体育运动被纳入国民教育系统，从此大众体育开启了规范化成长，体育以教育的名义步入现代化和标准化阶段。到1920年末，伴随城市化进程的加快和资本主义市场的成熟，大众体育在职业体育的带动下进入了快速成长期，最大特征是体育运动普及与提高，体育活动开展广泛，社会体育运行日趋组织化，为大众体育强国在这一时期的快速成长提供了特殊的社会环境。

第一，19世纪末的美国社会是一个躁动不安的时代。随着城市化推进，城市人口空前膨胀，新的移民潮和农业人口不断涌入加剧了城市的负担。面对不断变化的社会环境，人们普遍感到孤独，心理紧张感加剧，城市犯罪率持续上升，人们难以在城市中找到能够松弛一下神经的休闲体育场所，并且此时城市里充斥着大量不健康的商业娱乐活动。以休闲为核心的大众体育正好迎合了社会状态，因此，休闲运动的产生是与社会、经济发展同步的，大众体育作为增进社会群体休闲娱乐的方式得到了快速发展。

第二，工业化进程使社会自然资源遭受破坏，环境污染危害着人们的健康。

---

①GARY S. CROSS. A Social History of Leisure Since 1600 [M]. State College, Pennsylvania: Venture Publishing, Inc, 1990: 96.
②刘绪贻，杨生茂. 美国通史（第五卷）：富兰克林·D. 罗斯福时代1929—1945 [M]. 北京：人民出版社，2008.

工业化使社会产业类型发生了转变，工人从劳动密集型向知识密集型转化，机械化的生产线代替了手工操作，工人的劳动显得机械、单调、乏味，由于身体活动强度的下降，工人需要通过体育活动来提高身体素质，需要健康的体育休闲活动进行积极的休息并缓解各种心理压力，从而使自己充满活力与创造性。资本家认为对工人赋予适当的休闲活动是对工作的补偿，有利于促使工人创造更多的利润。基于社会的转型及人们观念的转变，面对多重的社会问题和群众日益增长的休闲活动需求，大众体育迎合了时代的呼唤，受到了社会的重视并得以快速发展。

第三，随着移民潮的涌进和城市化进程的加速，移民的到来推动了美国城市的布局，同时也为大众体育发展提供了基础。首先，新移民把世界各地的体育文化带到了美国，为大众体育的发展提供了新鲜血液，如爱尔兰、英格兰带来的板球、拳击等项目逐渐演进为美国的体育项目。其次，移民是美国体育的积极参与者。以黑人运动员为例，20世纪初，美国各大职业俱乐部中，有超过50名黑人职业棒球选手，当时芝加哥黑人组成的巨人队（Chicago's Leland Giants）获得了诸多优异成绩。在拳击尚未获得合法化前，爱尔兰人占据了美国拳坛，如约翰·L.沙利文等[1]。最后，1945年前，美国人口统计报告显示，超过2/3的民众年龄在35岁左右，平均年龄为25岁，这种年龄结构为大众体育的发展提供了基础。此外，1920年后，美国宪法通过了第十九条修正案（Nineteenth Amendment），女性取得了合法权益。1924年，美国业余体育联合会（Amateur Athletic Union，AAU）为妇女举办了首次全国田径和篮球比赛，从此，妇女成为美国大众体育的重要组成部分。

一、社会休闲运动的兴起助推大众体育成长

受英国休闲体育的影响，1885年，美国学者玛丽博士倡导马萨诸塞州健康计划协会在波士顿建立沙滩公园，从此开辟了美国休闲体育的起点[2]。1892年，纽约建成模型游戏场（Model Playground），并得到迅速推广。20世纪初，芝加哥建成公园与游戏场系统（Park and Playground System），这种社区休闲公园适应了

---

[1] AILEENE S. LOCKHART. History of Sport and Physical Education in the United States [M]. New York: Wm. C. Brown Company Publishers, 1988: 12.
[2] 程遂营. 北美休闲研究：学术思想的视角 [M]. 北京：社会科学文献出版社，2009：19.

第四章 美国的大众体育强国成长历程及特征

人们广泛的休闲需要。1933—1934年,在居民休闲时间利用的调研中,纽约市民认为工作时间的缩短是休闲体育普及的条件。与此同时,政府逐步开始关注儿童青少年、城市老年人、无业流动人口的休闲需求,开始从开辟休闲体育公园、修建娱乐设施等多个方面满足市民逐渐增长的休闲需求。休闲体育的兴起对大众体育的发展意义重大。第一,为人们从事体育活动提供了大量的休闲场地与设施,带动了社会体育协会组织的兴起。1906年,美国休闲和娱乐协会(American Association for Leisure and Recreation,AARL)、美国男孩俱乐部(Boys' Clubs of America)和基督教女青年会(Young Women's Christian Association)成立;1910年,少年萤火团(Camp Fire Girls)成立。1912年,女孩俱乐部(Girls'clubs of America)成立[1]。其中,美国休闲和娱乐协会的成立,成为休闲运动的划时代事件,该协会通过组织探索有关运动场知识,激发国民的运动兴趣,在社区建立运动场等活动,得到了美国政府的认同,并在群众休闲场地与设施建设上得到了来自政府的资金与政策支持。第二,休闲体育成为美国社会团体、政府、学校、宗教组织等积极参与的运动,体育社会组织的大量出现标志着美国大众体育的逐步成熟。美国各级政府都在大众体育场地设施的服务上投入了大量精力,受休闲运动的影响,美国的大众体育具有明显的休闲娱乐特征,各类非营利性休闲组织及各个项目的休闲体育社会团体不断涌现,以大众体育赛事为中心的休闲体育产业成为带动经济发展的重要组成。

二、大众体育项目实现不断规范与创新推广

大众体育强国成长的显著特征之一是对体育项目的创新。一些体育项目不断被发明或改进,如1887年,垒球在芝加哥发明;1891年,詹姆斯·奈史密斯(James Naismith)发明了篮球;1896年,韦廉姆·G.摩根(William G. Morgan)发明了排球等[2]。并且,早期欧洲引进的体育项目大多进行了美国化改造,推进了大众体育项目规范化发展。

南北战争以后,体育运动项目得到迅速发展,城市中的体育不仅成为一种娱乐消费,而且吸引了越来越多的民众投身体育活动。19世纪70年代开始,英国的户外运动逐渐向世界传播,以竞技性游戏、游戏场运动、旅游和野营为基本内

---

[1]程遂营.北美休闲研究:学术思想的视角[M].北京:社会科学文献出版社,2009:21-22.
[2]龚正伟,肖焕禹,盖洋.美国体育政策的演进[J].上海体育学院学报,2014(1):18-24.

容的户外运动受到重视。美国户外休闲专家卢瑟·克利克认为,户外运动不仅有助于健康,而且具有教育效果。在其倡导下,各州不断加强对户外休闲的投入,创办了带有特殊设备的游戏场和协会,并受到了法律保护。1888年,纽约通过了第一个户外运动保护法案,从此各种户外活动组织、机构纷纷成立,如美国游戏场联盟、游戏旅行委员会等,开展的项目多以英国盛行的户外运动为主,如射箭、骑马、板球等。德国体操开展广泛,得到了不同社会群体如基督教青年的大力倡导,并在学校中全面开展。19世纪60—70年代,田径得到田径俱乐部的大力推动,并逐步发展成为美国最具优势的运动项目;上层社会的马背体育如骑马、赛马、狩猎、马球等十分流行;游泳得到了很好的发展;自行车俱乐部则在周末的乡间大道上举行自行车赛,使自行车运动广泛流行起来;滑冰在北部各州得到美国人的青睐;划船运动及其他源于英国的运动项目在东部得到发展;草地保龄球等娱乐项目深受大众的喜爱。"一战"后,美国大众体育项目设置更加规范,运动技术得到提高,竞赛规则、场地器材设备也日益完善。到20世纪初,英式户外运动、美国的球类运动逐渐取代欧洲体操成为社会的主流运动。各种竞赛活动和社会体育组织数量不断增多,不同项目比赛迅速越出学校和上层社会的圈子,遍及社会各个阶层。

三、社会对大众体育价值的认识发生了转变

1865—1900年,美国体育的特点是有着各种不同的体系或办法,这些体系有的是从欧洲输入的、有的是本国发展起来的,它们都坚持促进健康这一目标。此外,有些体系还有更远大的目标,如卫生目标、教育目标、修整目标和矫正目标等。美国先驱体育家沙金特博士(Dr. D. Sargent)在1883年提出肌肉活动的目的不仅在于获得肌体的健康与优美,更重要的是驱除意志消沉的阴影,消除病态的心理倾向,使身体保持精神的安定[1]。他还强调,要适当地组织和管理竞赛活动,认为从教育的眼光看,一切肌肉活动的总目标是改进行为与培养品德。体育参与的根本目标和最高理想是个人结构和功能两个方面的改进,并不认为优美的体格本身就是有价值的体育目标。这种思想鼓励人们以正确的方式参与体育,从而保证适应性的最优美身体状况——对日常工作的适应性。基督教青年会不断发挥体

---

[1]范达冷 D B, 本奈特 B L. 美国的体育[M]. 张泳, 译. 北京:人民体育出版社, 1991:43.

育的价值功能，根据体育的发展制定了自己的一套体系，把体育的目的定位于发展全面的人格，这种全面发展的人身体健康、强壮、均衡。青年会把德、智、体品质融合在青少年身上。1893年，美国健康教育专家伍德博士（Dr. T. D. Wood）在全国教育学会上宣称，"体育的伟大理想不仅限于身体方面的锻炼，更重要的是体育锻炼与全民教育的关系，而后使身体能在个人生活的环境方面、训练方面或文化方面充分发挥作用"[1]。可以看出，体育的功能在这里得到了充分的扩展，对于鼓舞人们参与体育活动发挥了重要作用，有助于大众体育的广泛推广。

四、政府和社会上层阶级对大众体育的支持

19世纪后期，政府和社会上层发动了各种旨在促进公众休闲娱乐的公共活动，帮助老人、儿童、穷人、残疾人等弱势群体参与大众体育，目的在于通过社会调节改善他们的健康和生活质量。随着体育活动的深入开展，人们逐渐认识到参与体育的重要性，不仅将体育作为娱乐性的活动，而且逐渐把参加体育运动和经济生产率、对国家的忠诚及道德教化联系起来，尤其是男性更是如此。上层阶级把有组织的体育活动作为训练忠诚和辛勤工人的工具，认为体育能够促进良好品质的发展，可利用有组织的体育活动尤其是团队活动来驯化年轻人和下层社会的男性，以改变他们身上存在的显而易见的野性、无组织纪律性等特点，目标是塑造守秩序的市民和有合作精神的工人，并以此赋予意义和加强组织。有组织的体育活动主要通过"美国化"的体育活动来实现，如美式橄榄球、篮球、冰球、棒球等。

政府对大众体育表现出大力支持，特别是两次世界大战期间，政府对美国军人的身体状况尤其关注，使体育为军队服务，因此体育教育与休闲体育得到了政府的高度重视。一些特殊的军队服务机构，如红十字会、联合服务组织等，会向军队和群众提供参加体育活动的机会。在两次世界大战之间，美国政府制订了许多有关休闲体育的紧急工作计划。例如，20世纪30年代美国政府的工程兴办署（Works Progress Administration）曾一次雇用5万多人修建和管理公园、游戏场、运动场与游泳池。1932—1937年，联邦政府总计投资15亿美元用于开发野营地、旅行与自行车运动线路及其他休闲体育设施，使体育设施与体育活动的规模得到了明显扩大。政府和社会上层阶级对大众体育运动的支持，加速了大众体育强国的成长。

---

[1] 范达冷 D B，本奈特 B L. 美国的体育 [M]. 张泳，译. 北京：人民体育出版社，1991：44.

五、有组织的大众体育活动开展得如火如荼

早在1858年就有最早的全国性棒球比赛和大学校际橄榄球比赛,南北战争结束后,随着社会城市化的推进,有组织的体育比赛活动开展得十分活跃。1869年举办了第一次有记录的民间橄榄球比赛,1878年哈佛大学与耶鲁大学间的橄榄球比赛吸引了4000多名观众,10年后的橄榄球比赛吸引了40000多名观众[1]。与此同时,以俱乐部为核心的体育组织发展迅猛,广泛地进入了人们的社会生活,1860—1890年被称为美国体育史上的"体育俱乐部时代"。在俱乐部和休闲运动的推动下,全国性的体育组织得到了迅速发展。至20世纪初,"YMCA会员已达100万人,美国YWCA会员人数达60万人。到1962年,美国男童子军会员人数达62.5万人,另有18.9万的体育指导者和官员"[2]。可以说,在20世纪初,美国大众体育组织化程度已达到了较高水平。1902年,美国在近800个城市中组建公园管理系统,通过建立城市公园、社区公园等来保障大众体育活动的开展。1916年,国家公园服务部成立,负责全美15个国家公园和21个纪念馆的管理[3],从此美国有了专门的大众体育服务机构。到1927年,全国近1700个城市建立了公园管理系统,形成了遍布全国各地的休闲公园,公园总面积达到25万英亩(1英亩约为4046.86平方米)[4]。到"二战"结束时,又有大批的社区公园、游泳池及其他休闲机构建立起来。同时,大众体育活动进一步得到了政府支持,联邦政府的安全机构建立了休闲处(Recreation Division)以支持社区的体育活动。此外,美国社会成立了大量的大众体育组织,如社区体育俱乐部、体育活动中心、体育公园协会、各种健身活动组织、游戏场联盟等,各类单项全国性体育协会也陆续出现。这些体育组织的成立,使原来仅限于学校或俱乐部水平的体育比赛活动逐步升级,体育在社会多个领域开始广泛传播,大众体育呈现出普及化、多样化和生活化的发展趋势,各种群众性体育组织为美国的大众体育强国的成长起到了推动和保障的作用。

---

[1] 杨华. 美国大学生体育联合会(NCAA)的制度演进[M]. 北京:北京体育大学出版社,2012:39-44.
[2] MARY A. HUMS. Governance and Policy in Sport Organization [M]. New York: Holcomb Hathaway Publishers, 2013: 12-18.
[3] 程遂营. 北美休闲研究:回顾与展望[J]. 旅游学刊,2009(10):87-92.
[4] 美国国家娱乐与公园协会(NRPA)[EB/OL]. http://www.nrpa.org.

六、学校体育发展为大众体育的成长推波助澜

南北战争后,以体操为主要项目的各种身体锻炼形式在校园快速发展。1866年,北美体操联盟师范学校成立,第二年,美国148个体操协会的成员人数达到10200人[1]。1880年,瑞典体操传到美国,并专门成立了陆军莫里斯霍曼斯波士顿体操师范学校(1889年)和波士顿体操师范学校(1889年),为体操的社会传播起到了推动作用。当时,美国体育以体操为身体锻炼的主要形式,主要在于增强体力和促进健康,体育逐渐成为学校教育的手段之一。从1880年开始,学校体育开始逐渐向社会扩展。1885年,体育被纳入国民教育体系,并逐步发展为大众体育的重要方式。1885年,YMCA成立了基督教勤劳者学校,提出"将身体性娱乐引入YMCA"的宗旨,开始开展体育教育,并把其影响扩散到社会之中。1887年,YMCA设立体育部,并采取在邻近的体育公园开展大众体育大会等组织方式,为大众体育的发展发挥了重要作用。进入20世纪后,体育成为美国大部分学校尤其是大学的必修课,美国多数地区都把体育作为正规科目,体育在美国的教育体系开始稳定扎根,并形成了完整的体系和形态。一些课余体育组织开始出现,如NCAA和全国大学校际体育协会(NAIA)等,通过举办各类业余体育活动,不仅呈现了高级别的体育赛事,而且对大众体育的发展起到了很好的带动作用。

第三节 美国的大众体育强国强盛期("二战"后至20世纪90年代末)

"二战"后,美国确立了世界霸主地位,经济获得了长足发展,国家进入了强盛期,社会也正式跨入了福利型资本主义社会。随着经济发展和城市化进程的加快,大众体育从中受到了滋润。国家的强盛为大众体育发展带来了契机:一是人们余暇时间增多;二是社会对休闲的需求膨胀。首先,人们的生活观念发生了转变,休闲生活方式逐渐被社会接受,社会休闲与娱乐进入了快速推进时期。其次,人们物质与精神生活的提高为大众体育活动的广泛开展及健身娱乐手段的现

---

[1] POPE S W. The New American Sport History: Recent Approaches and Perspectives [M]. Urbana and Chicago: University of Illinois Press, 1997: 16.

代化创造了条件,人们的体育活动投入不断增多。最后,到了20世纪中后期,美国社会进入了福利型发展阶段,经济飞速发展,社会相对稳定,人们不再只满足于物质享受,而是开始拓展生活方式,不断趋向于休闲娱乐领域,社会休闲需求高涨。20世纪60年代后,随着社会产业技术的发展,大众体育参与浪潮在美国勃然兴起。

这一时期,联邦政府主要运用法律手段对业余体育进行管理。1978年《业余体育法》的颁布确立了体育的业余属性。1979年开始,美国从国家层面关注国民健康,颁布了《健康公民：美国卫生署关于健康促进和疾病预防报告》,推出了《健康公民1990》,并规定每隔10年推出新的健康公民计划。20世纪80—90年代,健康与公共服务部颁布了《1990年国民健康目标中期回顾》《健康公民2000》等大众体育健康促进计划,保障了美国大众体育强国成长的制度基础。

1985年,国际奥委会成立了"大众体育委员会",成为管理大众体育活动开展的统一组织,为大众体育的发展提供了良好的社会组织基础。美国在迈向现代化大国的同时,大众体育也进入了"黄金时代"。美国的大众体育强国的强盛主要体现在体育人口的数量上,20世纪50年代以后,经常参与体育的人口一直呈上升趋势,到1981年占到了总人口的50%,到1995年上升到56%。1996年,美国公共体育场馆数量居世界前列,当时人均体育场馆面积为14平方米,体育人口占到总人口的64%,平均每天有7000多个场馆有体育比赛,有2560万人下班后去健身锻炼[1]。"二战"后至20世纪90年代末,美国体育人口总体呈不断上升趋势,各类大众体育组织的成立、体育场馆设施的增多,以及市民对体育运动热情的高涨等,充分显示了美国的大众体育强国进入了强盛期。

一、社会休闲运动蓬勃发展

美国真正的休闲运动从"二战"后开始发展起来。"二战"后至20世纪80年代是北美经济发展的黄金时期,随着经济发展和人们余暇时间的增多,社会休闲需求膨胀,联邦政府不断增加休闲体育资源建设,主要体现在：1955年,加利福尼亚州迪士尼乐园(Disneyland)开园,标志着美国第一个休闲主题公园的诞生；1956年,国家公园服务部开始实施旨在提升国家公园建设的"使命66"

---

[1] RICHARD KRAUS. Leisure in a Changing America: Trends and Issues for the 21 st Century [M]. Boston: Allyn&Bacon, 2000: 42.

计划；1962年，联邦政府成立户外娱乐部，负责专门的资助、协调和管理群众休闲娱乐活动；在休闲体育设施上投入大量的经费资助，1978年，投资12亿美元用于城市和国家公园建设，以响应国家公园与娱乐行动的开展[①]。到20世纪90年代，每个州都设立了以户外休闲服务为任务的专门机构，每个州都开展过大众休闲相关的活动，州政府和地方休闲服务机构不断向民众提供娱乐服务[②]。大量的城市社区公园不断兴起，这些社区公园的面积和数量庞大，如斯泰特科利奇中心区公园与社区公园多达42处，另有3个球场、2个公共游泳池、2处草场、1处湿地、1处大型自然生态保护区和1个老年活动中心，共有52处公园、娱乐休闲场地，服务于地区38.7万居民[③]。此外，为了迎合休闲娱乐趋势的发展，政府注重于社会休闲服务组织建设，通过社会力量引导休闲运动的开展，形成了政府和社会相互联系的休闲体育服务体系（表4-2）。一些非政府组织机构也加入了社会休闲运动的推广，如国家娱乐与公园协会（NRPA）、AARL、美国休闲科学研究院（Academy），以及各地方非营利性休闲体育组织，从而形成了多样性的社会休闲体育服务体系。政府和社会形成的休闲体育服务组织多达70多个，担负着不同的休闲体育服务工作，上至联邦政府，下至各个营利或非营利性体育组织，不同组织间职责明确。通过各类组织的良好服务来吸引更多民众参与休闲体育，倡导积极的生活方式。20世纪90年代后，美国完全进入福利化社会，科技先进、经济富裕、社会产品丰富，休闲成为普遍的社会行为[④]。

表4-2 美国各层次的休闲体育服务组织

服务组织名称	主要职责
联邦政府休闲体育组织	发布信息，制定法律法规，联络各类组织；对休闲活动场地进行规划，合理配置自然资源；提供社会福利，财政支持，开发休闲项目
州政府休闲体育组织	制定从业人员评价标准，颁发证书；休闲体育从业人员的教育；维护州内娱乐资源，开发户外休闲资源

[①] 杰弗瑞·戈比. 你生命中的休闲 [M]. 康筝，因松，译. 昆明：云南出版社，2000：96.
[②] GEOFFREY GODBEY. Leisure in Your Life: An Exploration [M]. Washington: Venture Publishing, Inc, 1999：369.
[③] 斯泰特考利奇"中心区公园与娱乐部" [EB/OL]. http://www.crpr.crg.
[④] RICHARD KRAUS. Leisure in a Changing America: Trends and Issues for the 21 st Century [M]. Boston: Allyn&Bacon, 2000：39.

续表

服务组织名称	主要职责
地方政府休闲体育组织	维护休闲场地设施，提供休闲活动资源；协助州政府管理休闲公园等
非营利性休闲体育组织	提供职业培训；指导特殊人群的休闲体育活动；为休闲体育活动提供志愿者服务；培养青少年个性，为青少年服务
营利性休闲体育组织	负责各类休闲俱乐部的经营管理；运营户外休闲体育活动运动，收取费用

资料来源：彭国强，舒盛芳. 美国大学休闲体育专业的发展及启示[J]. 南京体育学院学报（社科版），2015（2）：83-88.

二、高校休闲体育专业大规模兴起

美国高校休闲、娱乐与公园专业源自19世纪后期，随着大量城市公园的建立和社会休闲需求的膨胀，现代休闲教育也随之出现。1911—1913年，美国部分大学开设了游戏、室外运动等课程。1918年，"休闲"被联邦教育局列为高中教育的必修内容。当时社会的教育理念是："休闲教育要面向全体社会人员，每位公民都有权享受休闲教育，通过教育的方式引导公民参与休闲，使其合理利用个人的余暇时间，扩大余暇时间的创造力，提高生活质量，从而能更好地履行公民的社会职责。"[①] 1926年，国家娱乐协会（NRA）建立起一所国家娱乐学院，为学生提供休闲服务和培训，以满足日益增长的公共娱乐机构对休闲人才的需求；1956年，宾夕法尼亚大学开始开设娱乐相关课程；1932年，伊利诺伊大学开设了娱乐活动（Recreational Activities）课程；1937年，美国第一次全国性的高等休闲课程教学研讨会（Fist National Curriculum Conference）召开；1940年，伊利诺伊大学颁布了第一个休闲专业的学士学位[②]。此外，美国大学休闲教育迅速扩展，一些正式的休闲专业、系科如雨后春笋般涌现。"二战"后，随着社会对休闲的需求迅速膨胀，休闲教育的范畴不断拓展。休闲教育逐步改善课程体

[①] 彭国强，舒盛芳. 美国大学休闲体育专业的发展及启示[J]. 南京体育学院学报（社科版），2015（2）：83-88.

[②] RICHARD KRAUS. Leisure in a Changing America：Trends and Issues for the 21 st century[M]. Boston：Allyn&Bacon，2000：57.

系，增加了硕士、博士等高学历教育，科研成果迅速涌现，教育资源日益丰富，提出了终身休闲技能等休闲教育的新理念。美国政府借助多种方式鼓励休闲教育发展。第一，在高校大规模设立休闲专业。到20世纪90年代初，大多数公立、私立大学都设立了与休闲相关的专业。第二，提升休闲体育教育质量。20世纪70年代以前，大多数美国高校只有娱乐与休闲专业的本科学历教育，到了20世纪90年代初，多数大学都开始了硕士教育，同时一些名校如宾州大学、北卡罗来纳大学、印第安纳州立大学、犹他大学等设立了休闲博士专业。第三，调整大学休闲课程专业目标的定位，在本科和研究生专业上设置了休闲管理、医疗休闲、户外休闲与资料管理、旅游管理等多个方向，从而保障了不同领域的复合应用型人才培养。可以说，美国高校的休闲体育专业是时代发展的产物，是为迎合社会进步带来的休闲体育需求的背景下发展起来的，是美国社会进步的必然产物。

三、大众体育领域的研究成果大量涌现

休闲的兴盛作为一种新的社会现象，在"二战"后相当长的时间内，美国大众体育领域涌现了大量的研究成果，相关成果主要围绕休闲而展开。"二战"后至20世纪70年代中期，美国大众体育领域的研究成果主要刊登在《休闲研究杂志》。从表4-3可以看出，大众体育研究主题主要集中于城市或郊区休闲、工作阶层、志愿者组织、郊区休闲、户外娱乐活动等领域。20世纪七八十年代后，随着现代社会的进步，通过休闲方式获得身心健康逐渐成为人们的一种生活追求。随着人们对体育休闲需求的高涨，到20世纪80年代后期，相关成果逐渐从社会学视角的休闲理论研究，转向对户外旅游、休闲娱乐、公园和休闲活动服务与管理等领域的应用研究，商业性娱乐、休闲与生活等方面的研究著作不断增多，从而诞生了一些影响较大的休闲体育研究专著。例如，布莱特比尔和迈耶（Brightbill、Meyer）的《娱乐》、德欧和菲茨杰拉德（Doell、Fitzgerald）的《美国公园和娱乐简史》、拉若比和梅尔森（Larrabee、Meyersohn）的《大众休闲》、梅和伯根（May、Petgen）的《休闲及其应用》，以及布莱特比尔（Brightbill）的《休闲的挑战》与《人与休闲》等，多数都涉及公园、娱乐、旅游等应用休闲的内容。可以说，休闲体育研究成果的大量涌现是美国社会领域注重大众体育发展的重要体现，为美国的大众体育强国的成长提供了理论素材。

表4-3 "二战"后至20世纪70年代中期美国大众体育领域的研究成果

成果研究领域	成果数量/种
休闲参考文献综述（Bibliography of Leisure）	4
一般性休闲著作、休闲文集和休闲理论探讨（General Work；Collections & Anthologies；Theoretical Discussions）	65
经济研究（Economic Studies）	26
社会身份与地位（Socio-professional Status）	13
工作阶层（Working Class）	13
儿童/成人与家庭（Child；Adults；Family）	9
老人（The Aged）	15
城市/郊区休闲（Urban and Suburban Leisure）	8
志愿者组织、宗教与成人教育（Voluntary Organizations；Religion；Adult Education）	15
大众娱乐活动（Mass Entertainment Activities）	23
户外娱乐（包括旅行）[Outdoor Recreation (Including Travel)]	38

资料来源：HERRONEOUS, N. L. The leisure Literature：A Guide to Source in Leisure Studies, Fitness, Sports, and Travels [M]. Englewood, Colorado：Libraries Unlimited, Inc, 1992.

四、青少年体质成为大众体育的关注重点

"二战"后，青少年体质成为社会关注的重点。1953年，美国健康、体育与休闲娱乐协会（AAHPER）发表《肌肉健康与体质》，指出青少年存在体力劳动的缺乏。1956年，库克斯·韦伯（Kraus-Weber）体质测试表明，美国青少年的健康水平要低于欧洲。1958年，AAHPER指出，美国儿童与欧洲同龄相比更不健康。为此，艾森豪威尔总统专门成立了"总统青少年体质委员会"，来干预青少年体质健康。肯尼迪总统时期，面对冷战对公民身心素质的要求，大力推动大众体育的开展，将"总统健康委员会"定位于提高全体国民的健康。1961年，肯尼迪总统在《软弱的美国人》中提出，通过体育活动来促进民众身体健康永远是美国的基本政策[①]。1958年，联邦颁布了《国防教育法案》，为学校体育开

[①] JAMES RIORDAN, ARND KRUGER. The International Politics of Sport in the Twentieth Century [M]. New York：Routledge, 1999：167.

展增加教育经费投入。在政府的支持下，美国终身体育基金会（Lifetime Sports Foundation）、美国业余体育联合会（AAU）、NCAA，以及全美健康、体育、休闲与舞蹈协会（AAHPERD）等团体纷纷成立。到1980年，社会形成了学校提供体育课程项目，学生自我选修内容的状况。在政府的大力推进下，一些学校不再以传统的健身或竞技性体育活动为主，而提供了如背包旅游、壁球、有氧舞蹈等休闲类课程。到20世纪80年代，"新游戏"课程出现，强调不仅通过体育提高身体素质，而且在课程中突出合作而不是竞争，从而培养了青少年良好的大众体育参与意识。并且，学校体育不断扩大教育范围，逐步把体质健康教育渗透到社会群体中，逐步实现了从"以学生健康为中心"到"培养身心健康的完整的人"的转变。

五、户外休闲运动发展迅猛

户外运动（Outdoor Recreation）是美国大众体育内容的主体，能够有效地促进国民的身心健康，调节生活压力，是美国经济发展的重要支柱产业。户外运动项目主要包括钓鱼、狩猎、水上项目（滑水、潜水、水上滑板等）、冬季运动等。"二战"后，美国户外运动获得了快速发展，其主要原因在于政府的大力支持，表现在政府重视户外运动场所的规划与建设；重视培育和发挥非政府组织的作用；重视打造户外运动平台。20世纪50年代后，美国政府更为注重户外运动的开展，1956—1966年，美国国家公园服务部和森林服务部通过了"第66号命令"（Mission66），向人们提供了大量的国家公园和森林中的休闲场地与设施。然而，面对当时休闲需求的异常高涨，即使国家提供公园和森林休闲场地也无法满足人们的体育需要。1965年，联邦颁布《土地与水资源保护基金法》，公国设立土地与水资源保护基金（Land and Water Conservation Fund），资助州政府、地方政府购买土地、水源及其他环境保护设施，向各州与地方社区的户外运动提供财政支持，用于满足人们休闲游憩的需要，这项基金极大地刺激了各州对户外运动的规划[1]。在法案的推动下，美国各级政府在户外休闲娱乐设施建设上投入了大量资金，尤其对城市中心附近的休闲设施的规划。尼克松总统时期，采取体育事业税收优惠政策，增加户外运动设施经费投入，鼓励企业修建运动娱乐设施。

---

[1] 杰弗瑞·戈比.你生命中的休闲[M].康筝，因松，译.昆明：云南人民出版社，2000：32.

1977—1981年，土地与水资源保护基金增加了3倍，民众参与体育活动广泛而不断普及①。1982年里根执政时，大幅度削减保护基金，但对原有的国家公园和休闲场所进行修整。此外，对户外运动产生重大影响的政府行为还包括1978年《业余体育法》、体育税收优惠法令、残疾人康复法、暴力行为法规、体育新闻广播电视法令，以及20世纪70年代以来的《健康公民》系列政策等，保证了户外体育运动得以持续稳定发展，美国大众参与的户外运动项目不断增长。

六、妇女、黑人、残疾人等的体育参与权得到保障

"二战"后，美国社会在大力发展休闲体育和户外运动的同时，也开始扩大关注范围，逐渐渗透到社会的各个群体。其中，黑人和妇女体育的发展得到了特别的重视。由于相关福利性政策的调整，黑人开始参与社会体育活动，一些社会组织开始为黑人儿童提供体育运动项目。1946年，职业棒球率先吸纳了黑人运动员，杰基（Jackie）成为第一个黑人职业棒球运动员，为有色人种平等参与体育铺平了道路②。1954年，最高法院决议：在公立学校中，黑人具有平等的体育参与权利。20世纪50—60年代，黑人运动员获得了一系列优异的成绩，如1956年法网公开赛中，黑人运动员吉布森获得冠军，并在1957年与1958年蝉联③。20世纪60年代的民权运动让少数民族有机会参与体育，1964年《民权法案》颁布并规定禁止种族、性别歧视④。美国黑人开始占领篮球和橄榄球界，随着少数民族进入中产阶级，他们开始涉及以往只有白种人参与的项目，如网球、游泳、高尔夫等。不仅美国政府在为消除体育中的种族歧视而努力，大量的社会组织也为此奔波，如1990—1996年，波士顿体育社会学研究中心实施"团队工作"计划，旨在改善社区中的种族关系，规定不同种族的运动员能进入学校，该计划在近13万名学生中实施，产生了很好的效果⑤。一些州颁布《平等权利修正案》，反对体育领域中的性别歧视。1973年，国会通过了《康复法案》，以支

---

①郭李亮.浅析美国体育的发展基因[J].山东体育科技，1996（4）：61-64.
②ANGELA LUMPKIN, SHARON KAY STOLL, JENNIFER M. BELLER. Sport Ethics: Applications for Fair Play [M]. New York: McGraw-Hill, 1988: 166.
③JAMES RIORDAN, ARND KRUGER. The International Politics of Sport in the Twentieth Century [M]. New York: Routledge, 1999: 166.
④龚正伟，肖焕禹，盖洋.美国体育政策的演进[J].上海体育学院学报，2014，38（1）：18-24.
⑤周传志.当代美国体育发展的特点及其启示[J].体育文化导刊，2006（4）：78-80.

持残疾人机会平等；1975年的《残疾人全员教育法案》，保障了残疾人的公立教育权力；1997年的《残疾人教育法案》，为残疾儿童的体育教育提供了保障。20世纪50—60年代的社会变革改变了妇女体育，60年代的女权运动，以及美国妇女组织、妇女行动小组等一起推动了男女平等运动的开展。美国妇女参与体育有了很大的改进，女权运动在社会各个领域推动了妇女地位的提高。1972年，由国会通过了《教育法修正案》第九条，其中规定"任何人都不应在联邦资助的教育项目或活动中因为性别而被拒绝参与，被剥夺收益的机会或遭受歧视"[①]。20世纪80年代和90年代初，不仅妇女权益实现了大幅提高，而且社会对女性运动员也给予了肯定，妇女可以通过体育改进自身形象，促进身体健康。这一时期，妇女与有色人种获得了参与体育的合法权益，美国女性参与奥运会的人数整体呈上升趋势（图4-2），加速了美国的大众体育强国的迅速成长。

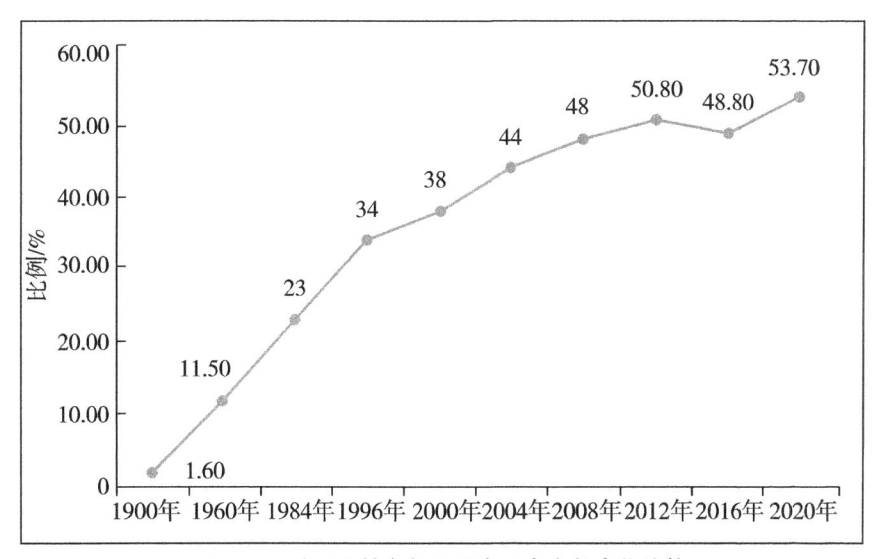

图4-2 美国女性参与夏季奥运会人数变化趋势

（资料来源：罗纳德·B. 伍兹. 体育运动中的社会学问题 [M]. 田慧，译. 北京：人民体育出版社，2011：200.）

七、大众体育的经济功能被不断开发

随着冷战的结束和经济社会的飞快发展，体育所蕴含的政治意寓被社会经济

---

①罗纳德·B. 伍兹. 体育运动中的社会学问题 [M]. 田慧，译. 北京：人民体育出版社，2011：198.

需求取代，以满足群众休闲为中心的体育产业和商业体育发展迅速，体育消费和以休闲娱乐为中心的体育文化盛行。伴随休闲娱乐产业、体育用品制造业和体育赛事产业的兴盛，大众体育的经济功能被不断挖掘。美国在注重大众体育休闲活动开展的同时，开始引导民众的体育消费。公共体育设施通过收取使用费，以支付经营成本。同时，体育俱乐部和其他商业体育设施也会向休闲娱乐活动的参与者收取使用费，高尔夫球场、健身俱乐部、射击场、游泳池、溜冰场和乡村俱乐部等用在休闲体育上的费用要以百万计。休闲体育的支出不断上升，费用主要消费在为参加休闲体育的民众提供设施和服务。并且，大众体育通常被一些企业作为向外营销的工具，通过假借体育的商品广告和产品的冠名权等途径扩大影响，推销产品，从而获得市场。美国体育消费市场异常火爆，体育休闲娱乐业和体育竞赛表演业成为体育产业的支柱，从1995年开始，美国体育所支撑的经济活动不断增多（表4-4），体育产值以每年9.9%的速度发展，1997年美国体育消费产业产值约为2125.3亿美元[1]。此外，社会对体育场馆的投入不断增多，美国体育场馆融资中私人资本呈现不断上升趋势（表4-5）。可以说，体育经济价值的开发为美国的大众体育强国的成长提供了物质保障。

表4-4　1995年美国体育所支撑的经济活动

项目	间接经济活动	直接经济活动	共计
家庭收入/亿美元	752	521	1273
体育活动/亿美元	2589	1429	4018
就业人口/人	2331933	2317218	4649151

资料来源：徐云，王德喜. 美国体育产业特点给我们的启示 [J]. 湖州师范学院学报，2006（2）：61-63.

表4-5　美国体育场馆融资中私人资本变化趋势

时间/年	私人资本占比/%
1973	16.2
1980	19.0
1987	19.3
1990	20.0

---

[1] JANET B. PARK, JEROME QUARTERAN, LUCIE THIBAULT. Contemporary Sport Management [M]. IL: Human Kinetics, 2006: 231.

续表

时间/年	私人资本占比/%
1995	28.6
1998	35.0
2002	37.8

资料来源：DIONG, RYLEE. Competitive sport as Leisure in later Life: Negotiations, Discourse, and Aging [J]. Leisure Sciences, 2006 (28): 181-196.

第四节 美国的大众体育强国缓慢成长期（21世纪初至今）

2001年，"9·11"恐怖事件的发生给美国经济带来了巨大创伤，成为美国国力减弱的转折点[1]。2003年后，美国陷入战争泥潭，国内的结构性问题严重。2008年金融危机爆发，导致了债务危机，美国政府债务大量增加。2000年，美国债务是3.395万亿美元，2009年增长到7.561万亿美元，2010年突破了13万亿美元[2]。如表4-6所示，2000—2013年，美国在世界GDP中的份额变化为-32%，2001—2006年的年均GDP增速只有2.2%，美国经济发展陷入缓慢发展期，这一时期大众体育的发展受到严重影响，大众体育随着美国经济发展一起步入了缓慢成长期，原因体现在三个方面。

表4-6 美国在世界GDP中的份额趋势（世界比重）

国家	1990年/%	2000年/%	2006年/%	2008年/%	2013年/%	2000—2013年GDP变化	1993—2000年年均GDP增速/%	2001—2006年年均GDP增速/%
美国	26	31	28	23	21	-32	3.7	2.2
中国	2	4	6	7	9	+144	10.6	10.1
日本	14	15	9	8	7	-55	1.1	1.5
英国	5	5	5	5	4	-9.0	3.2	2.4

资料来源：Robert A. Rape. EMPIRE falls, The National Interest 2009, 22.

---

[1]伊曼纽尔·沃勒斯坦. 美国实力的衰落 [M]. 谭荣根，译. 北京：社会科学文献出版社，2007：2-7.
[2]伊曼纽尔·沃勒斯坦. 美国实力的衰落 [M]. 谭荣根，译. 北京：社会科学文献出版社，2007：2-7.

一、老龄化社会的影响

美国老龄化人口增加,人们更加倾向于消极的休闲方式。"婴儿潮"(1946—1964年)出生的人口到21世纪后陆续迈入退休者行列,越来越多的民众单靠养老金为生,美国老龄化不断加剧,由于平均年龄增大,参与体育的人数逐渐减少。并且,老年人是美国贫困人口的组成部分之一,从1990年开始美国超过65岁的老龄人口数量不断上升,到2000年达到了3500万,占到了美国总人口的12.4%[1],预计到2030年将达到7210万(图4-3)。人口的老龄化,除了因缺少子女照顾而使老年人感到孤寂并加深"代沟"外,还产生了越来越多靠养老金为生的人。随着老龄化的到来,有关生活质量、医疗保健和退休后如何有效利用闲暇时间等成为社会的顽疾。老龄人口由于不具备工作能力,他们中有超过60%的人年收入不到1000美元,有25%的人年收入不到580美元,刚好达到社会最低限度廉价食品标准,并且这些费用还要用于房租、购买生活用品等[2]。生活的压力使老年群体没有多余的资金和精力参与大众体育活动。美国《2010年健康大众:了解和改善健康》中提出:"随着年龄的增长,民众参与体育活动的比率降低,其中,75岁年龄段人群中,有超过1/2的妇女和1/3的男性不参加体育活动。"[3] 此外,老年人又是疾病发生率最高的人群,老年人因病卧床的时间比其他人群多,从而减少了参与体育活动的时间。近年来,美国消费品价格、医疗费用开销等不断上升。随着老龄化的到来,美国政府不得不投入大量的医疗服务、养老保险、失业、住房等保障费用,负债累累的国家经济雪上加霜,因此国家投入大众休闲与保健领域的资金减少。大多数年龄段缺乏运动的人口比例出现增长,而65岁以上年龄层缺乏运动的比例急速增加(图4-4)。另外,年龄的增加使人们更加倾向于消极的休闲方式,更多的时间用于待在家中,观看体育比赛或从事一些简单的体育活动。

---

[1] 刘绪贻,杨生茂. 美国通史(第六卷):战后美国史1945—2000 [M]. 北京:人民出版社,2008:601.
[2] 迈克尔·哈林顿. 另一个美国:美国的贫困 [M]. 北京:世界知识出版社,1963:51.
[3] Untied States Department of Health and Human Service. Healthy People 2010: Understanding and improving health [R]. Washington, D.C.: US Government Printing Office, 2000.

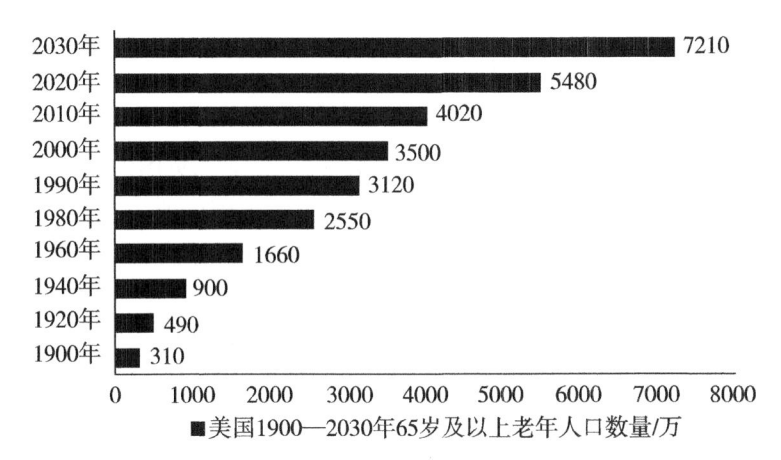

第四章　美国的大众体育强国成长历程及特征

图 4-3　美国 1900—2030 年 65 岁及以上老年人口数量变化趋势

（资料来源：汪颖. 美国老年人体育现状与政策 [J]. 国（境）外大众体育信息，2014（4）：11-15.）

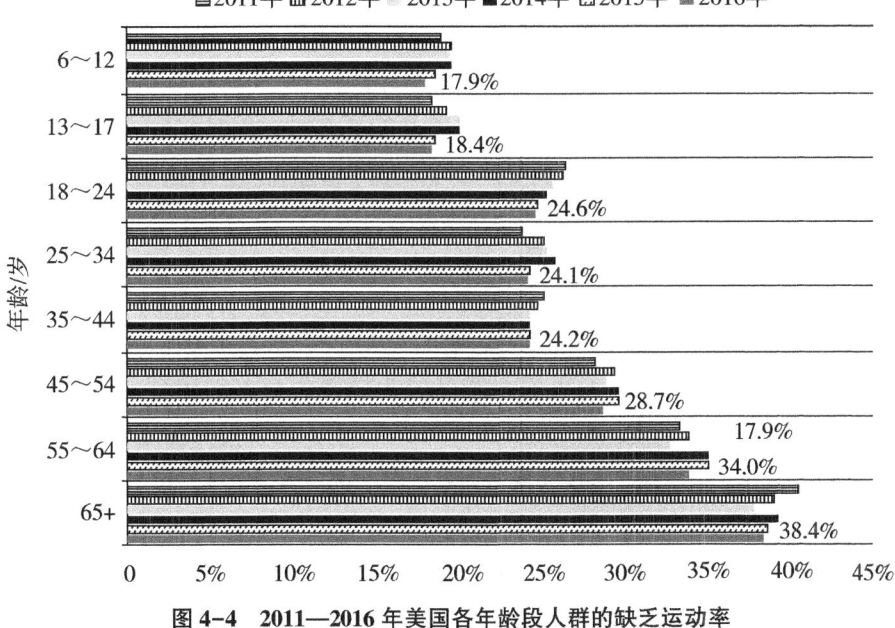

图 4-4　2011—2016 年美国各年龄段人群的缺乏运动率

（资料来源：汪颖. 美国发布《体育参与报告（2017 年版）》[J]. 体育用品信息，2017（10）.）

二、民众经济上的贫困

受美国经济衰退及社会政治发展的影响,社区失业和贫困人口增多,民众奔波于生计,无暇顾及大众体育的参与。2000年后,美国失业率总体呈上升趋势,无就业增长问题成为美国社会阶层分化和政治态度极端化的因素之一。2008年,美国经济遭遇了20世纪30年代大萧条以来最严重的危机,受此影响,到2009年美国失业率高达9.6%。高失业率使美国的贫富差距加大,工人忙于寻找工作与维持生计,没有余暇时间和精力参与体育活动。研究表明,美国人的休闲时间已经减少了40%,由20世纪中期的每周26个小时,降低到了每周17个小时,人们无暇再投入时间与金钱参与体育活动,尤其是一些需要付费的体育运动,参与人数不断下降。受此影响,少年儿童参与体育运动的水平也呈下降趋势,美国联合媒介公司的一项调查表明,46%的青少年不经常性地参加体育锻炼[1]。相关调查表明,大多数美国人并不参与体育活动,而且参与的人数也在下降。美国一家著名的调查机构曾经在1983年进行过一项调查,发现66%的美国人每周连一次个人体育活动也不参加;82%的美国人每周参加不了一次集体体育活动[2]。1993年,美国总统健康运动理事会资助进行了一项调查,发现进入20世纪90年代以来,这方面的比例并没有明显变化,甚至发现25%的美国成年人从不参加任何体育活动[3]。

三、大众体育环境的缺乏

"9·11"恐怖事件后,人们生活在防恐的生活状态之中,参加体育活动(特别是户外活动)时产生的不安全感等成为妨碍群众参加体育活动的重要原因。"9·11"事件后,美国社会恐怖事件多有发生,并且世界各地恐怖组织不断挑起恐怖事件,使人们参与体育或观看体育比赛时无忧无虑的心情大打折扣。"9·11"事件后,在美国举行的国际大赛都如临大敌,大力加强安检工作,就连美国国内的棒球、橄榄球赛事也丝毫不敢疏忽。以往人们观看比赛往往是以悠闲的心态,然而,"9·11"事件后人们已经不是排队购买爆米花和热狗,而是排队等待接受搜查和扫描。比赛场地周围到处是水泥路障,军用直升机盘旋在体育场上

---

[1] 石磊. 美国大众体育运动概况 [J]. 国外体育动态, 1998 (13): 2-5.
[2] 石磊. 美国大众体育运动概况 [J]. 国外体育动态, 1998 (13): 2-5.
[3] 石磊. 美国大众体育运动概况 [J]. 国外体育动态, 1998 (13): 2-5.

空,赛场灯塔上埋伏着狙击手,国民警卫队及武装部队的成员几乎与观众一样多,从前美国人观看体育比赛是一种逃避社会现实的方式,然而,"9·11"的余波已经给人们的生活带来了负担,从某种意义上讲,这种负担就是更加的烦躁。"9·11"事件后,美国各大职业联盟为了加强对运动员和球迷的保护,每年都要耗资上百万美元,这成为赛事组织的沉重负担,一些小型的体育赛事便不能举行,影响了大众体育活动的顺利开展。

总之,21世纪后美国经济的衰退、社区失业和贫困人口增多、老龄化的不断加剧,以及"9·11"恐怖事件等都影响了大众体育强国的成长。在多重因素的制约下,美国缺乏运动的人口整体呈上升趋势。缺乏运动率指不参与通常涉及的120多项体育运动的人口占美国总人口(6岁及以上)的比率[①]。美国体育运动理事会(Physical Activity Council)每年都会发布体育参与报告,主要包括各项活动的参与水平、发展趋势、消费习惯、体育教育的效果、不参与运动者的兴趣等。根据美国体育运动理事会发布的数据,2011—2016年,美国"缺乏运动"的人口数量一直呈上升态势,运动缺乏率也基本呈上升趋势。运动人口方面,2011年缺乏运动人口占总数的27.6%,到2014年美国缺乏运动人口达到了8270万,创下历史新高,达到28.3%。2014年,美国缺乏运动的人口比例在最近七年内达到最高值,随着经济的衰退,有更多人选择其他活动而非体育运动。2016年,27.5%的美国居民缺乏运动(即一年中没有进行任何体育运动),总数为8140万人(图4-5)。美国《体育参与报告(2017年版)》通过对120余项体育、健身和休闲活动的追踪调查,在最新发布的报告中,美国6岁以上缺乏运动的人口比例从27.6%增至28.3%。缺乏运动的状况在年轻人群体中没有变化,但是缺乏运动的65岁以上老年人数量急剧增长。如图4-6所示,2008—2012年美国全年龄段团体运动参与者人数呈下降趋势。从表4-7可以看出,美国缺乏运动人群最想尝试的运动项目是露营,年轻人更喜爱集体项目,老年人似乎更倾向于户外运动,如骑自行车等。户外项目和个人项目的参与者以年轻人为主,随着年龄的增长,参与率下降,总的来看,大部分年龄段缺乏运动群体的比例都在增长。近年来,美国非常积极锻炼的人群(一年锻炼151次及以上)总人数年均减少0.6%,美国人不像过去那样经常参加体育运动,这充分说明了一个事实,即美国大众体育强国进入了缓慢成长期。

[①] 汪颖. 美国老年人体育现状与政策 [J]. 国(境)外大众体育信息, 2014 (4): 11-15.

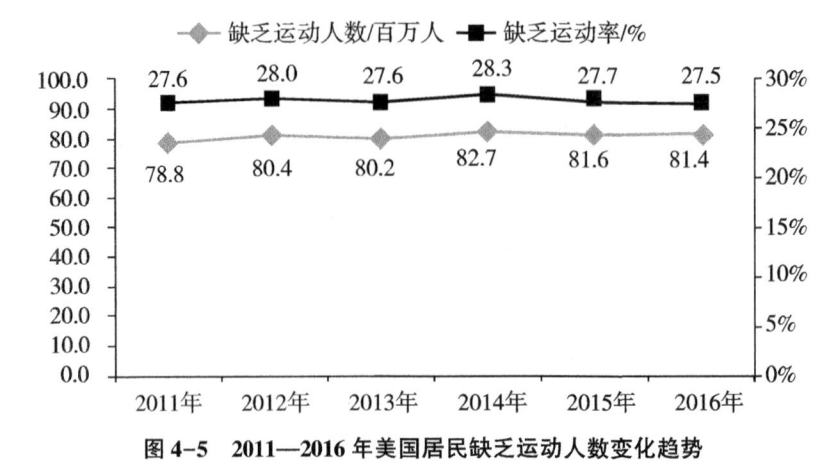

图 4-5 2011—2016 年美国居民缺乏运动人数变化趋势

（资料来源：汪颖. 美国发布《体育参与报告（2017 年版）》[J]. 体育用品信息，2017（10）.）

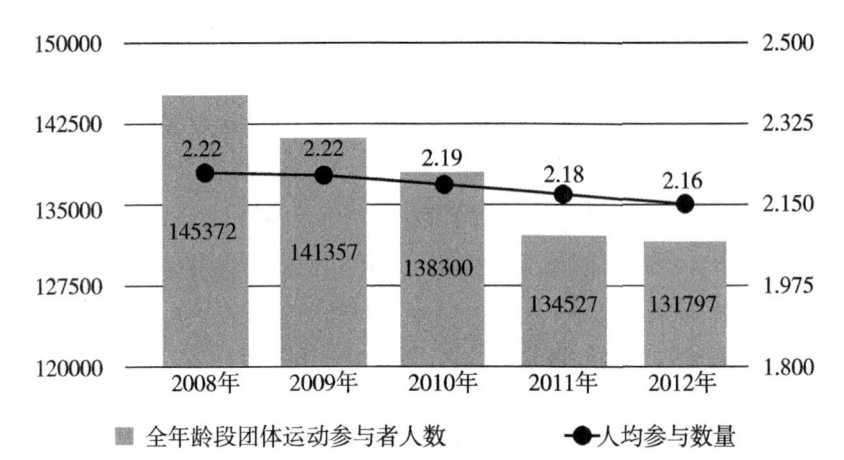

图 4-6 美国参与集体性体育项目的人口趋势

（资料来源：2013 年美国集体运动项目趋势报告 [R]. 2013 美国体育和健身产业协会报告，2017.）

表 4-7 美国不同年龄段缺乏运动人群感兴趣的运动项目

感兴趣程度（1~10）	6~12岁	13~17岁	18~24岁	25~34岁	35~44岁	45~54岁	55~64岁	65岁以上
1	露营	露营	露营	健身游泳	露营	露营	露营	野外观察动物
2	篮球	健身游泳	骑自行车	露营	骑自行车	骑自行车	骑自行车	钓鱼

续表

感兴趣程度(1~10)	6~12岁	13~17岁	18~24岁	25~34岁	35~44岁	45~54岁	55~64岁	65岁以上
3	钓鱼	跑步	背包旅行	骑自行车	健身游泳	钓鱼	野外观察动物	健身游泳
4	足球	钓鱼	武术	跑步	远足	远足	钓鱼	器械训练
5	健身游泳	骑自行车	登山	远足	举重训练	健身游泳	健身游泳	骑自行车
6	骑自行车	器械训练	举重训练	背包旅行	钓鱼	野外观察动物	远足	远足
7	跑步	远足	远足	划艇	跑步	皮艇	器械训练	露营
8	橄榄球	篮球	健身游泳	钓鱼	器械训练	器械训练	皮艇	举重训练
9	集体游泳	橄榄球	器械训练	器械训练	皮艇	举重训练	举重训练	健身课程
10	武术	武术	皮艇	举重训练	背包旅行	背包旅行	背包旅行	高尔夫

资料来源：汪颖．美国发布《体育参与报告（2017年版）》[J]．体育用品信息，2017（10）．

第五节　美国的大众体育强国成长特征

一、美国的大众体育强国成长要素特征

（一）有限政府的分权治理提升了大众体育的成长活性

在美国固有的政治文化和社会管理体制的作用下，美国政府内部没有专门的体育管理机构，对体育事务不直接干预。大众体育的治理体制属于社会分权型，通过不同主体的共同介入，实施政府机构、社会组织、协会和市场等多元主体的协同治理。

美国政府体育管理的主要职责是为大众提供较为充足的体育场地设施，将与运动休闲相关的大众健身公共服务管理交由非营利组织和私营企业负责，这样就形成了鲜明的政府与社会联合管理大众健身公共服务的特点。在美国政治、文化及社会管理体制的影响下，美国虽没有设立明确的体育管理部门，但联邦政府却

有12个部门参与体育事务管理。这12部门分别是总统体质与体育委员会、卫生与社会福利部、劳工部、商务部、内政部、国防部（军事工程部）、司法部（联邦商务委员会）、农业部、教育部、交通部、环保署、房产与城市事务部（表4-8）。在政府架构中，不设立专门的体育管理机构，本着"小政府"的治理理念，联邦政府把权力交由地方和社会组织机构。在整个大众体育的治理过程中，政府通过制定相关制度、提供经费支持、修建体育设施等方式实施间接治理。美国是社会组织高度发达的国家，大众体育主要由地方政府体育管理机构和社会组织负责管理。美国联邦宪法规定"社会组织的自由经营和自我管理具有无上权威"。20世纪80年代后，美国的"第三部门"即非营利组织迅速发展起来，当时被称为"全球社团革命"。"第三部门"的出现提高了美国公共服务的供给效率，弥补了政府提供公共服务的不足。作为有限政府，美国在大众体育领域的制度治理主要体现在通过限制政府的直接权力，扩大市场和社会组织的权力实现。美国大众体育注重多元主体协同治理，治理主体主要有美国奥委会、31个体育休闲委员会、21个全国学术团、大学生体育协会，以及一些非营利志愿组织等。其中，美国奥委会是最主要的治理主体，包括100个单项体育组织和5000个俱乐部。通过大众体育多元主体的沟通、协作，达成利益诉求，构成了政府主导、部门协同、社会组织共同参与的多元主体协同治理体系，提升了大众体育成长的活力。

表4-8 美国政府机构参与大众体育治理的职能

政府机构	大众体育领域的治理职能
总统体质与体育委员会	为群众提供政策咨询与健康指导服务，大型活动的宣传与组织等
卫生与社会福利部	制定大众健康政策、大众体育活动标准；定期发布大众健身指导方案，负责健身指导培训
教育部	向大众开放学校场馆；组织残疾人的体育教育与休闲、社区比赛等
内政部	管理户外运动休闲场地，提供户外娱乐场所用地等
司法部	批准俱乐部的合并与收购，调解社会体育纠纷，制定体育政策等
劳工部	主要提供资金，支持体育活动和各种大众体育项目发展
国防部	管理大众水上娱乐设施场所，开展军队体育比赛等
商务部	体育专利审批，处理体育垄断方面的法律事务等
农业部	对各州农业部门提出运动休闲土地使用的建议等

续表

政府机构	大众体育领域的治理职能
交通部	提供到郊区参加户外休闲运动的交通条件等
环保署	对老年人体育锻炼提供服务，资助"老龄化健康社区"项目等
房产与城市事务部	向把体育休闲设施作为建设内容的城市提供资助，提供资金修建体育娱乐设施

(二) 多元社会组织的直接参与增强了大众体育的成长动力

美国大众体育的成长动力来源于多元的社会组织和市场。美国是社会组织高度发达的国家，尤其是一些非营利性社会体育组织，在推动大众体育成长中扮演了重要角色。美国联邦政府主要通过一些与大众体育相关的组织机构间接参与大众体育管理，通过多个政府机构的"参与式治理"，从不同领域规范大众体育的发展。参与美国大众体育事务管理的主体具有多样性，实施政府、市场、社会组织构成的"多中心"网络治理机制，强调多中心治理和多元主体协同治理，多个治理主体在相互联系、相互配合的联动关系中，促进了大众体育的健康发展。其中，美国的社会体育组织具有很强的自治能力，承担了体育资源配置、体育政策制定，以及具体治理事务执行等多个领域的事务。参与美国大众体育治理的社会组织多是一些非营利性组织，各单项体育协会独立自治，负责协调国内业余体育活动，奥委会无权干涉。大学生体育协会负责治理业余体育的运作，与美国健康、体育、娱乐和舞蹈协会一起规范青少年体育活动的开展。非营利性组织与政府部门、社会组织、营利组织具有很好的互动关系。同时，非营利性体育组织与政府间职责、权限的划分明确，既接受政府与社会的监督，又配合政府和社会组织执行相关制度。通常，营利性体育组织侧重商业化的大众体育竞赛治理，非营利性体育组织则在大众体育咨询、指导，以及提供场馆设施、志愿服务等方面发挥作用。在实践中，非营利性体育组织与营利性体育组织形成了共赢治理机制，协同政府机构和地方组织共同推动大众体育发展。此外，一些社会志愿组织也加入了大众体育事务治理，如美国女孩俱乐部、美国男孩俱乐部、美国少女营火团、男童子军营、女童子军营等。在公园娱乐部的主导下，一些社会志愿组织共同推动了大众体育发展，提升了公共体育与娱乐服务的质量。在具体的大众体育事务治理中，社会组织不断与商业组织和志愿者组织合作，共同推出了一系列促进大众体育活动开展的治理举措，主要体现在负责地方用于休闲活动的土地和水资源治理；提供用于大众体育活动的赞助、捐款、礼品等；健全地方扶持政策组织，开展大众体育活动；协调地方社区体育服务组织，引导社区开展体育活动；动员社会体育资源，向社区所有成员提供平等的体育休闲计划；向地方政府提供用于对场地设施进行规划和开发的拨款等。通过多个组织的协同合作，美国为大众体育成长提供源源不断的资源支持。

(三) 健全的制度体系保障了大众体育成长的法治环境

美国政府充分运用制度手段保障大众体育的健康成长，通过不断制定政策、法规实现对大众体育的调控，"法治"理念贯穿于大众体育成长的整个过程。美国大众体育政策主要集中于增强青少年体质和改善全体社会成员健康水平方面。美国大众体育政策发展之初的目标人群就是青少年，当时美国青少年身体素质不佳，与欧洲国家青少年身体素质相比有较大差距，促使了美国大众体育政策的产生。美国大众体育政策率先在美国公立学校中得以实行，为大众体育的发展奠定了基础。

美国大众体育受到多个基础性法律的约束，包括保护体育参与权的拉纳姆法、联邦劳动法、联邦和州的相关民权法；限制体育竞赛垄断行为的《克莱顿法》《谢尔曼法》；有关赛场侵权的契约法、合同法、机构法、判例法、公共管理法、劳资法、平等权利保护法；保障个人体育参与权利的平等报酬法、教育法修正案、人权法、个人隐私保护法、反对性别歧视法等。重要的是，美国将健康促进作为大众体育成长的重要价值定位，早在1935年，联邦就颁布了《社会保障法（SSA）》，将体育作为美国人享受健康的基本权利。20世纪80年代后，提出构建"更加健康美国（Healthier US）"的倡议，把体育健康促进纳入"预防优先政策（Prevention Priority）"，通过不断颁布制度，促进体育融入国民健康生活方式，形成持续的制度体系。从艾森豪威尔总统创建的青少年体适能委员会到奥巴马总统的健身、运动和营养总统委员会，青少年体质始终是委员会关注的重点。在"美国身体活动指南"和"健康公民"系列政策中，同样可以看到青少年体质所占据的重要位置。此外，美国大众体育政策发展还致力于改善全体社会成员的健康水平。1980年，美国联邦政府单独成立教育部，原卫生、福利与教育部更名为卫生与公共事业部。由于美国采用大部制管理方式，卫生与公共事业部由疾病预防控制中心（包括卫生署）、老龄署、国家健康研究所、食品药品管理局、医疗保险与医疗补助中心等10个部门组成，其中前3个部门参与大众健康政策的制定。美国卫生与公共事业部负责医学和社会科学研究、保证食品和药品安全、制定大众体育政策与目标。如表4-9所示，自1980年，美国卫生与公共服务部相继推出《健康公民1990》《健康公民2000》《健康公民2010》《健康公民2020》系列制度，目的在于通过制度引导，规范国民的体育活动参与方式，强调运用体力活动矫正公民行为，塑造良好的生活方式，让所有美国人动起来。美国总统体质健康委员会等部门，以及"美国身体活动指南""健康公民"等系列制度，一直致力于促进包括青少年群体、残疾人群体、老年人群体、女性群体在内的社会群体的健康水平，从内容上来看，包括日常身体活动、健身、竞技及营养等全方位改善健康水平的措施。此外，美国卫生与公共服务部制定了统一的执行框架，这个框架被称为MAP-IT，由动员（Mobilize）、评估（Assess）、计划（Plan）、实施（Implement）、追踪（Track）五个步骤组成，注重健康政策目标执行的有效性与评估的科学性。可以看出，美国相关法规制度的针对性强，从多个领域打造了美国大众体育制度的基础性和普适性，保障了不同时期美国大众体育的健康成长。

表4-9 美国四代"健康公民"系列制度

项目	《健康公民2020》	《健康公民2010》	《健康公民2000》	《健康公民1990》
颁布时间	2010年	2000年	1990年	1980年
总体目标	消除层次健康差异，实现健康公平；构建全民健康的社会环境；改善各年龄段健康行为；满足高质量生活方式，疾病预防，降低死亡率	帮助各年龄段国民提高生活质量，延长健康状态和寿命；消除不同层次人群健康差异	减少因年龄、性别、种族、地域等造成的健康差异；增加健康生命年限；提高预防性健康服务供给	消除健康差异，提高国民生活质量；实施合理的体力活动，提升健康水平
健康领域	42个健康领域	28个健康领域	22个健康领域	15个健康领域
健康目标	接近600个健康促进目标	467个健康促进目标	319个健康促进目标	226个健康促进目标
健康指标	12个健康指标	10个健康指标	无	无
领导部门	联邦机构工作组（FIW）、HHS	HHS	HHS	HHS
策略标准	4个基础卫生策略标准	无	无	无

续表

项目	《健康公民2020》	《健康公民2010》	《健康公民2000》	《健康公民1990》
实施框架	MAP-IT	无	无	无
宣传方式	门户网站、新闻发布、社区宣传、社交网络等	门户网站、社区宣传、新闻发布	社区宣传、新闻发布	宣传手册、新闻发布

(四) 公共体育场馆设施的有效供给成为大众体育成长的物质基石

完善的体育场地设施是大众体育成长的重要物质基础。美国政府支持大众体育发展的重要方式是保障体育活动开展的物质条件，强调在大众体育领域提供多样性的公共服务，把体育参与机会和健身休闲资源供给作为治理绩效。为保障民众获得更多优质的体育设施，联邦政府从多个方面加强了制度规制。美国政府负责场地的建设、保养、维护和管理，注重社区公共体育场馆建设，其最显著的特征是在社区中设置休闲公园，几乎每个社区都有自己的社区活动中心或体育中心，提供具有多种功能的体育设施，供人们随时进行体育活动。同时，为保障不同人群参与大众体育，美国各级政府从多个方面实施了专门策略，为大众提供多样性的体育场地供给。美国大众体育参与的体育场地设施主要有以下三种：

一是各级政府提供的公共休闲与体育健身场所。美国多数州政府通过立法授权地方政府承担娱乐和公园服务，帮助地方建立公园和娱乐治理部门。例如，1985年，美国联邦、州、地方政府总共拥有3.92亿英亩土地可用于公共休闲场所的开发，在3.92亿英亩土地中，公园及其他指定的休闲区占6%、钓鱼与游戏区占10%、自然保护区占9%，人们在这些区域可进行滑雪、野营、冲浪、滑翔、摩托车、打猎、钓鱼、登山、独木舟、帆船、游泳、慢跑、徒步旅行等休闲和健身活动。20世纪80年代后，美国实行旨在保障民权、提高生活质量的"伟大社会计划"，联邦政府投入约6.5亿美元修建城市公园体育场所，供群众免费使用。联邦政府还专门颁布《联邦政府规划休闲法》《联邦水上娱乐法案》《土地与水资源基金法》《土地与水资源保护法》《野外风景区法案》《国家探险路径法》等政策，规定每年拨款7.8亿美元用于大众体育设施，并运用专门的税收制度扶持公共体育设施建设。州政府则通过举办定期培训等方式，对从事娱乐和公园服务的人员进行技术指导，给熟练的专业人员颁发证书，以此推动地方休闲场所建设。

二是功能多元、体育设施配备齐全的公园系统。美国的公园系统包括国家公园、州公园、社区公园、街道公园和小型公园。其中，社区公园是最为普及的形式，1956—1966年，美国森林服务部和国家公园服务部共同通过"第66号命令"（Mission 66），对社区公园体育配套设施的标准作出了详细的规定。1965年起，联邦政府每年拨款7.8亿美元用于大众体育设施建设与维护。美国几乎每个社区都有自己的社区体育中心，配备了适合各年龄群体的健身设施，包括儿童游乐设施，以及中老年人慢跑或健身走的小径和中老年人健身设施。这些中心一般既有多功能的体育馆、游泳池、健身房等室内设施，又有网球场、高尔夫球场、钓鱼池、游泳池、野营地等户外设施。并且，一般的公共场地设施都是免费或低价向社区居民开放的。此外，社区中心配有更衣室、游戏室、俱乐部会议室、阅览室等附属机构。

三是私人和社会团体的体育健身设施。美国注册的私人健身俱乐部有近2.1万个，这些私人健身俱乐部往往靠近城市，主要通过"以营利为目的进行开发与运营服务于股东，非营利性开放服务于俱乐部会员，公司企业无偿向雇员开放"等形式进行开发和管理，并提供休闲场地使用的技术支持，帮助地方购买和开发空地，这些休闲与健身资源对大众健身事业的发展发挥了重要作用。此外，美国政府还促使各种学校的体育场地设施在放学后、周末及假期对公众开放，以弥补公共体育设施的不足。美国的中小学拥有近2万套综合性体育设施、3万个体育馆，这些体育设施无疑是公共体育设施的有力补充，为美国大众健身公共服务体系的形成奠定了充分的硬件基础。

二、美国的大众体育强国成长历程与国家生命周期的关系

如图4-7所示，美国的大众体育强国成长走向与美国国家成长的关系密切，大众体育强国的成长历程跨越了四个阶段。根据美国国家成长的生命周期和大众体育强国成长历程的时期跨度，得出美国的大众体育强国的成长具有以下四个显著特征。

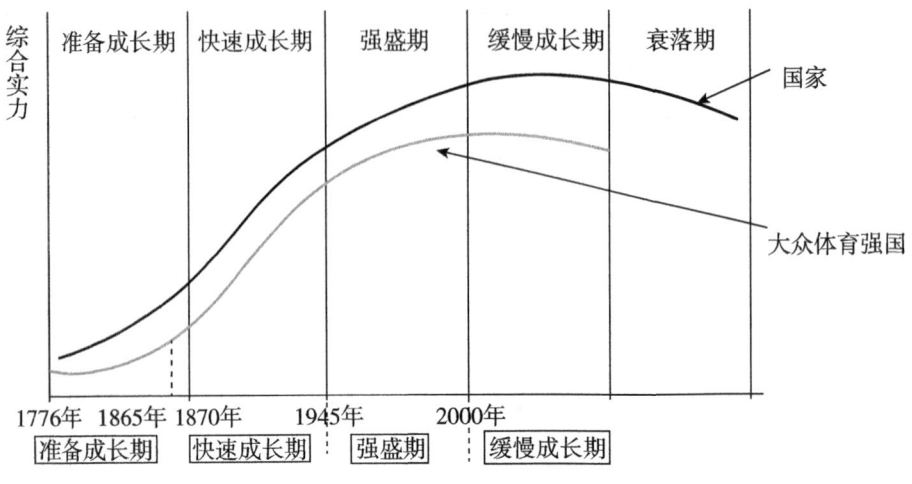

图 4-7　美国大众体育强国成长周期与国家生命周期的关系

第一，美国大众体育强国的成长建立在国家成长之上，大国的成长过程中伴随大众体育强国的成长。大众体育强国的准备成长期起始于南北战争前的很长一段时间，并早于美国国家成长的起点，但是，早期的大众体育多是移民带来的世界多种体育形式的混合体，处于民间散乱发展的状态。直到19世纪中期，也就是美国国家统一后，大众体育才得以成立正规的体育形式或体育组织，一直演变到后来出现的竞技体育、体育产业、学校体育等。这说明，大众体育的发展不能脱离国家的统一，大众体育的成长必须要建立在国家的健康成长之上。此外，美国大众体育在1865年南北战争结束和第二次工业革命后随着工业化和城市化的进程进入快速成长期，这说明大众体育的快速成长必须要具备一定的国力基础，要具备社会生产力的提高、经济的进步、人们余暇时间的增多和城市化进程的推进等多个要素。国家实力是大众体育发展的保障，国家的成长为大众体育强国的成长提供了基础，或者说国家综合国力的提升催生了大众体育强国的成长。

第二，美国大众体育强国的成长趋势与国家的成长趋势总体上具有一定的协同性。这种协同性体现在大众体育随着国家成长速度的加快而加快，随着国家成长速度的减慢而减慢。从大众体育强国成长的四个阶段来看，美国大众体育强国的快速成长始于国家的准备成长期，大众体育强国的快速成长期与国家生命周期的快速成长期基本一致，大众体育强国在国家进入强盛期后也步入强盛期，大众体育强国随着美国成长的衰退而进入缓慢成长期。除了大众体育强国的快速成长期稍早于国家的快速成长期外，其他每个阶段的成长起点都与国家的成长起点一致，大众体育强国的成长轨迹基本与国家成长的轨迹相对应，这说明美国大众体育强国的成长历程与美国国家成长的生命周期具有一定的协同性，大众体育强国的成长与美国的国家成长存在相辅相成的密切关系，可以说大众体育的成长助推了国家的成长，国家的成长也带动了大众体育的成长。

第三，大众体育的发展程度是检验国家生命力的敏感指标，是国家崛起与衰落的重要信号。1945年，美国进入强盛期，大众体育强国也随着国家的成长进入了强盛期，并一直持续到2000年。2001年后，美国进入缓慢成长期，大众体育实力也随着国家的衰退而下降。大众体育强国在美国国家生命力最旺盛的时候实现了快速成长，伴随国家的衰退而进入缓慢成长期，这说明一定程度上大众体育的发展水平可以作为检验国家生命力的指标之一。美国大众体育强国成长的交界点与国家成长的交界点基本一致，其原因可能是多重的，但我们能肯定的一点是，国家在快速成长期和强盛期内最具有生命活力，这个时期是国家的经济、科技、文化、社会、政治、教育等全面发展的时期，国家综合实力不断上升，为大众体育的发展提供了保障。物质的丰盈与闲暇时间的增多促使人们参与各类休闲活动，这些因素都间接地促进了美国大众体育强国的快速成长。

第四，美国的大众体育强国最终会随着国家成长的衰弱进入衰退期。事物的发展是有规律的，美国作为世界大国必然遵循大国成长的生命周期规律，会经历一个从"准备—成长—强盛—衰落"的生命周期。大众体育作为国家的组成部分，它的发展也必然会遵循事物发展的普遍规律。在国家社会、政治、经济、文化等综合因素的影响下，终究有一天，大众体育强国会随着国家成长的衰弱而进入衰退期，这符合亘古不变的生命规律。

第五章
CHAPTER 05
美国的体育产业强国成长历程及特征

体育产业是体育的物质产品、精神产品,以及提供体育服务的各行业总和。体育产业在世界各地呈现快速发展之势,被称为"永远的朝阳产业"[1]。美国作为世界第一经济体,其体育产业发展规模与水平也一直处于世界领先地位。美国体育产业包括职业体育产业、健身娱乐业、竞赛表演业、体育用品制造业等多个门类。在美国,政府对体育基本没有直接资金支持,体育通常被当作具有较高利润率的产业经营。多年来,美国体育产业长盛不衰,其产业结构合理、业态结构丰富,形成了一套成熟的管理体系和运行机制,推动着体育产业的持续成长。

从图5-1、表5-1可以看出,美国体育产业强国经历了三个成长阶段:19世纪初至20世纪初的准备成长期、20世纪初至20世纪50年代末的快速成长期,以及20世纪60年代后的强盛期。美国体育产业产生于19世纪初,为缓解俱乐部经营资金短缺,纽约的考德沃德·克尔顿向社会出售1万美元的俱乐部股份,对俱乐部赛事实行商业化运作,开辟了体育产业的先河。到20世纪初,美国的体育产业进入快速成长期,期间跨度近一个世纪。从快速成长期到20世纪60年代进入强盛期,也跨越了近一个世纪。其中,在准备成长期主要经历了美国南北战争、城市化进程、西进运动和第二次工业革命等多个重要的历史阶段,工业化和城市化建设为体育产业的发展提供了环境基础,为职业体育成长的商业化、专业化和制度化提供了可能。20世纪初,美国完成了城市化和工业化建设进入现代化时期[2],体育产业也进入快速成长期。随着城市化进程的加速,美国产业结构发生了变化,服务业成为城市发展的引擎,各类职业俱乐部不断涌现,

---

[1] 高和. 美国体育产业进入整合期[N]. 国际商报,2005-11-09(6).
[2] WAYNE J. URBAN, JENNINGS L. WAGONER, J R. American Education: A History [M]. New York: McGraw-Hill Companies, 2004: 222.

现代化的公共集体体育设施开始出现，推动了体育产业的快速成长。20世纪60年代，美国进入消费型社会，人们的消费形态发生了变化，体育产业政策法规日益完善，体育产品制造业和零售商开始并购，体育产业自我免疫力及产业集群不断形成，体育产业的国际化进程加速，美国体育产业强国伴随体育的现代化和职业化发展经历了半个多世纪的成长后进入强盛期。

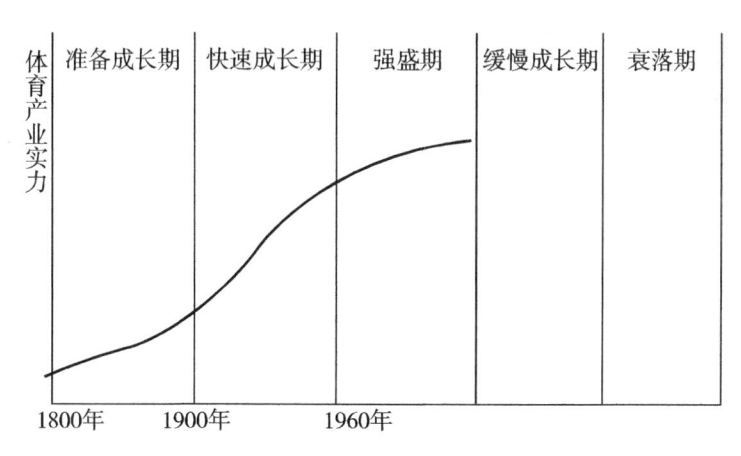

图 5-1 美国的体育产业强国成长趋势

表 5-1 美国的体育产业强国成长历程

阶段	时间
准备成长期	19 世纪初至 20 世纪初
快速成长期	20 世纪初至 20 世纪 50 年代末
强盛期	20 世纪 60 年代至今
缓慢成长期	—
衰落期	—

第一节　美国的体育产业强国准备成长期（19 世纪初至 20 世纪初）

美国体育产业是工业革命和社会进步的产物，工业革命为社会发展奠定了物质基础。19 世纪初至 20 世纪初这段时期是美国历史上的独立、初步繁荣的镀金时期，体育产业在这种社会环境中开始萌芽。

一、美国体育产业的成长具备了经济社会基础

第一,工业革命为体育产业的发展提供了经济基础。1814年12月,美国取得第二次对英战争胜利,成为具有独立民族主权的国家,为国内社会经济发展提供了稳定环境。这一时期,体育伴随早期英国殖民主义的扩张传入美国,尤其是赛马俱乐部的商业化运作开启了体育的产业化先河。经过1861—1865年的南北战争,美国完成了资产阶级革命,成为后起的资本主义国家。经历了国家统一战争,美国进入稳定和平的工业化和城市化建设时期,大量的体育协会、联盟纷纷成立,为体育产业奠定了商业基础,这一时期的美国体育产业随着国家社会的进步开始萌芽。到19世纪50年代,北方工业革命完成,生产力高速发展,使美国成为世界第四工业强国。19世纪70年代开始的第二次工业革命,使科学技术得到广泛应用。美国在1894年经济实力超过英国,成为世界第一经济大国。美国经济发展为体育产业的成长奠定了良好的社会经济基础。

第二,西进运动和城市化进程为体育产业强国的成长提供了环境保障。19世纪初至20世纪初,美国城市化进程经历了1820—1870年的"步行城市"(Walking City)阶段和1870年后的"工业化辐射城市"(Industrial Radial City)阶段,工业化城市激增,现代化的体育场馆率先在城市中兴起,职业俱乐部相继出现,为体育城市的出现提供了可能。西进运动为美国社会发展创造了巨大的物质财富,促进了商业和交通运输业的发展,推动了美国城市化进程。城市化打破了以人力、畜力为主的农业生产模式,改变了人们的生活方式。单一的乡村生活向多元的城市生活方式过渡,生活方式的改变对体育产业的成长具有重要作用。随着工业化的迅猛发展,美国城市化进入鼎盛时期,从1860年开始,美国城市居民人口成倍增长,到19世纪末,城市人口已达总人口的50%[1]。全国初步形成以城市为中心的经济体系,随着城市的大量出现,一些有组织的体育比赛不断涌现。此外,第二次工业革命给体育竞赛和体育大众媒介的传播带来了变革。19世纪末无线电技术的出现,20世纪初电视广播的产生,均革命性地改变了人们的信息交流方式,为体育产业的成长提供了物质环境,这一时期,美国体育产业强国经历了从萌芽到初步发展的成长历程。

---

[1] 刘绪贻,杨生茂. 美国通史(第四卷):美国内战与镀金时代[M]. 北京:人民出版社,2008:25-31.

二、运动项目的引入为体育的产业化运作提供了载体

随着英国殖民主义扩张和移民的涌入,各类体育项目在美国落户。足球、拳击、户外运动、橄榄球、高尔夫球及德国体操等项目先后传播到美国,并在美国推行英国式的体育俱乐部体制。英式俱乐部模式经历了初期的"水土不服"后逐步成型。例如,1828年,纽约赛马俱乐部为解决资金问题,提出向观众出售赛马门票,取得了良好效果,初创了美国体育的商业化模式。19世纪初,随着美国社会大众文化的兴起和发展,人们的体育需求不断增长,社会出现了以营利为目的、专门的竞技体育组织。在上层社会,赛马、骑马打猎、马球等"马背体育"流行。1750年,英国成立了最早的"赛马俱乐部",早期移民将这种形式的体育带到了美国。19世纪初,社会上层开始建立有组织的体育俱乐部,以动员人们参与体育并对其控制。19世纪初,"赛马俱乐部"模式开始在美国流行,1820年前后出现的双人马车俱乐部是应大众娱乐健身需求而产生的体育企业,是美国体育产业的发端[1]。1820—1830年,纽约赛马协会首先改进赛马制度,为解决资金问题,提出采用门票收入和在俱乐部内部出售股份,激发了参赛选手和赛事组织者的参赛热情和竞争意识,促进了比赛水平的迅速提高,开创了体育商业化的先河。工业革命前,参与竞技体育组织的成员多限于城市里的贵族阶级,体育俱乐部基本上是上层人士的活动,如赛马是绅士专享的娱乐活动,体现着英国"绅士体育"的文化气息。工人阶级很少参与商业性体育活动,除非作为观众观看新形势的商业体育竞赛。然而,随着俱乐部竞赛体制的完善,社会各阶层的群众不断参与其中,尤其城市化进程中,群众开始投入体育竞赛领域,出现了以体育为职业的运动员。这一时期发展最快的是棒球运动,各种不同水平的棒球联合会纷纷成立。1858年,22支纽约的业余棒球队组成了美国历史上第一支业余棒球联盟,职业棒球成为第一个开始面向市场收费的体育联赛[2]。1858年,成立了第一个运动员工会——国家棒球运动员协会(National Association of Baseball Players),确立了协会的职业性质,金钱成为俱乐部协会发展的重要因素。协会模糊了业余运动员和职业运动员的区别,开始制定协会制度以规范俱乐部和运动

---

[1]国家体育总局政策法规司. 美国体育管理理论与实践[Z]. 2002:3.
[2]POPE S W. The new American Sport History: Recent Approaches and Perspectives[M]. Urbana and Chicago: University of Illinois Press, 1997.

员，以吸引更多的参加者和获得更高的收入①。19 世纪初至 20 世纪初美国体育产业成长中的重要事件如表 5-2 所示。

表 5-2 19 世纪初至 20 世纪初美国体育产业成长中的重要事件

时间/年	标志事件	意义
1820	双人马车俱乐部	标志着美国体育产业的开端
1852	哈佛和耶鲁两校举行大学生体育史上第一次体育赛事	开辟了体育比赛与商业的相互依存，奠定了美国大学体育商业化的特点
1858	第一支业余棒球联盟	第一个开始面向市场收费的体育联赛
1869	第一个职业运动队（辛辛那提红袜棒球队）成立	成为美国最早的支付给运动员和管理人员工资的职业运动队
1870	棒球最先推出具有营利性质的联赛体系	棒球成为美国成功运用联赛体制进行管理的第一运动
1876	棒球全国职业联盟成立	俱乐部所有者控制的第一个职业意义体育联盟
1886	第一份体育新闻报刊（The Sporting News）面世	体育媒体和体育赛事互相合作的处女作
1894	美国奥委会成立	第 1 届现代奥林匹克奥运会在希腊雅典举行
1898	高尔夫球发明	成为职业体育赛事的重要内容
1898	职业篮球联盟（NBL）成立	成为美国四大职业联盟赛事的组成部分
1903	美国职业棒球大联盟（MLB）成立	开启职业体育赛事新纪元
1904	美国举办第 3 届奥运会	圣路易斯成为第一个举办奥运会的城市
1908	体育博彩概念出现	体育博彩引入赛马赛事（Kentucky Derby）
1910	全美大学体育协会（NCAA）成立	对业余体育的开展、职业体育的人才培养起到了重要作用
1917	国家冰球联盟（NHL）成立	成为美国四大职业联盟赛事的组成部分

三、运动项目协会化进程推动了体育的职业化发展

19 世纪 50 年代后，美国出现了商业性体育赛事，有组织的竞技体育活动（包括学校竞技体育、私人俱乐部竞技体育和职业体育）开始出现②。1852 年

---

① MORGAN, WILLIAM J. Ethic in Sport [M]. Champaign：IL：Human Kinetics, 2007：416-420.
② 杜利军. 美国竞技体育发展现状 [J]. 国外体育动态, 1991（33）：261-262.

8月,哈佛和耶鲁两校运动员在新罕布什尔州(New Hampshire)举行了美国体育史上第一次体育赛事。比赛由波士顿一家铁路公司赞助,开辟了体育比赛与商业相互依存的局面,奠定了大学体育商业化的特点。1858年,第一支业余棒球联盟成立,成为第一个开始面向市场收费的体育联盟[1]。南北战争以后,各类俱乐部发展迅猛,广泛地进入了美国的社会活动。在城市中,体育不仅成为一种娱乐消费,同时也吸引了许多民众投身体育活动。1869年,第一个职业运动队(辛辛那提红袜棒球队)成立,成为美国最早的职业运动队。1870年,棒球成为美国运用联赛体制进行管理的第一运动,并最先推出具有盈利性质的联赛体系;1871年,全国职业棒球运动协会成立;1876年,棒球全国职业联盟成立,由俱乐部所有者控制管理,替代了由运动员控制的联盟,成为第一个真正具有职业意义的体育联盟。19世纪末,美国职业体育已初具规模,到1890年全国成立了100个职业棒球俱乐部,1860—1890年被称为美国体育史上的"体育俱乐部时代"[2]。以营利为导向的职业联赛逐步得到公众的认可,为美国体育产业强国的成长提供了基础。此外,这一时期还出现了规制职业体育俱乐部发展的法律政策,保障了职业俱乐部的良性运营,提高了观赏性体育赛事的质量。从1888年开始,联邦政府注重俱乐部的垄断问题。1890年,《谢尔曼法》颁布,从此职业体育的成长受到法律的关注[3]。此外,在职业体育领域出现了"联邦联盟"诉"国家联盟"案和"美国职业棒球俱乐部联盟"诉"Chase"案等,最终棒球获得了反垄断豁免权,代表以职业体育为中心的体育产业成长受到了国家制度支持。

四、工业化、城市化进程推动了体育的商业化运作

到20世纪初,美国完成了城市化和工业化建设,进入了现代化时期。经济社会的持续繁荣是推动美国体育产业成长的根基,随着工业化和城市化的推进,大量以营利为目的的体育赛事不断涌现。例如,1851年美国费城首次举办全国体操比赛,1852年首次举行大学间的竞技比赛。赛事的举办带动了大众参与,其中棒球特别受推崇,1858年业余棒球联盟成立,并举办收费性质的棒球联赛。

---

[1] POPE S W. The New American Sport History: Recent Approaches and Perspectives [M]. Urbana and Chicago: University of Illinois Press, 1997: 27.
[2] POPE S W. The New American Sport History: Recent Approaches and Perspectives [M]. Urbana and Chicago: University of Illinois Press, 1997: 41.
[3] 龚正伟,肖焕禹,盖洋. 美国体育政策的演进 [J]. 上海体育学院学报, 2014, 38 (1): 18-24.

自1865年美国进入工业化开始，社会生产力提高了近30%，民众逐步从繁重的体力劳动中解放，第二次工业革命为体育产业成长提供了契机。1880年，美国超越英国成为世界经济最发达的国家，经济繁荣推动了体育产业成长，美国通过不断夺取海外市场，扩大国内消费，为职业体育俱乐部的成立提供了经济基础。1870—1920年是美国走向世界的时代，经历了"繁荣的10年"后，社会经济快速发展，生产力的提高使人们有余暇时间观看体育赛事，人们有闲更有钱进行体育消费。工业机器在19世纪末20世纪初打造了一个现代城市化的社会，人们余暇时间增多，民众消费意识日益增强，促成了休闲、娱乐、旅游、度假、赛事观摩等消费文化的形成[1]。此外，20世纪初，现代样式的公共集体体育设施伴随职业体育的繁荣而发展起来，开放的体育场所为人们观看体育赛事提供了保障[2]。并且，1908年，体育博彩诞生并成功引入赛马赛事（Kentucky Derby）。四大职业联赛（NBL、NHL、MLB、NBA）也在19世纪末20世纪初相继成立，为美国体育产业强国的快速成长奠定了基础。各类运动项目协会陆续成立，推动了体育的职业化发展。1869年，美国出现了完全职业化的棒球俱乐部；1871年，全美棒球协会成立；1880年，美国草地网球协会成立；1887年，垒球诞生于芝加哥；1891年，奈史密斯发明了篮球；1894年，美国高尔夫球协会成立；1895年，美国保龄球协会成立。1890年《谢尔曼法》颁布，职业体育受到法律保护。总之，这一时期美国体育产业借助工业化和城市化开启了商业化、市场化之路，体育产业随着国家经济社会的发展逐步出现，并构建了体育产业成长的雏形，政府对体育产业相关事务的态度由放任逐步转变为关注和保护，形成了较好的群众基础与经济环境。

第二节 美国的体育产业强国快速成长期（20世纪初至20世纪50年代末）

随着城市化和工业化进程的加速，美国在20世纪初崛起成为世界第一经济体。受经济发展水平和社会环境的影响，体育消费行为开始逐步增加，社会逐渐形成了具有一定规模的体育消费市场。1920年后，体育泛化为集政治、经济、教育等多元文化的组成部分。体育资源不断增多，体育相关产业和政府主办的体

---

[1] 王雪峰. 美国观赏性体育的演变 [J]. 体育文化导刊, 2007（5）：34.
[2] 国家体育总局政策法规司. 美国体育管理理论与实践 [Z]. 2002：102.

育赛事得到了迅猛发展。并且，与体育和美国社会相联系的主流文化在20世纪20年代建立起来，消费型社会促成了职业化的高级别观赏性体育赛事文化的发展。美国体育顺应时代潮流，通过生产体育产品，不断满足人们日益高涨的体育消费需求。这一时期体育产业强国的快速成长主要体现在四个方面。

一、职业体育及其产品推动了体育产业快速发展

进入20世纪后，美国对外奉行门罗主义，实行扩张政策，借助第一次世界大战大发横财，对内通过建立《公平交易法案》推动资本家与劳工和解，扩张经济。工业化进程降低了美国人的劳动强度，人们的剩余资本和闲暇时间增多，更多人开始关注体育消费和赛事的休闲娱乐价值，竞赛表演产业成为民众的休闲消费方式。1901—1979年，历经了第一次世界大战、经济危机和第二次世界大战，在动荡局势下体育产业几经波折。但整体来看，这一时期美国体育产业实现了快速成长，职业赛事联盟基本框架定型，四大体育联盟相继成立，政府干预下的大众体育蓬勃发展，技术革新下的体育传媒与体育用品行业实现了新突破，为体育产业集聚了成长的内生动力。20世纪后，美国注重职业体育的发展，不断建立和完善职业体育联盟体制，20世纪20年代，体育活动中出现了现代体育的萌芽，职业体育的基本结构已建立起来[1]，各类体育协会组织、联盟、俱乐部等纷纷成立。到1920年，已有11个职业运动队，美国职业橄榄球联合会（APFA）成立，到1970年与NFL联盟合并，改名为全国橄榄球联合会（NFL）。1903年，美国成立了第一个全国性职业冰球联盟；1917年，北美职业冰球联盟（NHL）成立；高水平冰球职业队在1924年后陆续成立。1946年，美国篮球协会（BAA）成立，到1949年与NBL合并为NBA。各大职业体育联盟成立后，实行经营权与所有权的管理体制，按照法人管理模式（Corporate Governance Model）来经营和运作，遵循现代企业制度成为经济上的合资企业，利用市场的垄断运作获取利润，被美国商界称为"体育卡特尔"[2]。此外，美国出台法律支持职业体育发展，使部分职业联盟获得了反垄断豁免权，促进了职业体育的产业利润最大化，催发了高度商业化的体育产业强国快速成长。

---

[1] JAY J. Coakley. Sport in Society: Issues and Controversies [M]. New York: McGraw-Hill Companies, 1998: 95-96.
[2] 钟秉枢. 职业体育——理论与实证 [M]. 北京：北京体育大学出版社，2006：72.

二、体育的商业化运作带动了体育赛事行业发展

1935 年,美国颁布的《社会保障法》将体育作为美国人享受健康的基本权利加以保障。1939 年,美国广播唱片公司(RCA)推出投入商业化生产的电视机,电视媒体进入了美国千家万户,体育赛事转播推动了职业棒球发展,美国职业棒球大联盟(MLB)波士顿勇士队成为首个在赛事转播权中取得收益的职业球队。现代体育具有组织性和竞争性,保持了与商业利益的整体联系并强调取胜的重要性,将体育视作一种竞争性活动,关注竞技运动的参与和观赏的娱乐,运动的组织形式和竞赛活动形成了一个广泛的范围。有组织的体育活动成为融商业、娱乐、教育、道德培养、技术改变、身份象征及对国家忠诚为一体的活动。可以说,有组织的体育活动及体育城市的出现为体育产业的成长提供了物质环境。20 世纪初,高端的体育协会和运动场馆在城市和郊区不断建立。城市不仅修建了大量的体育设施,而且扶持资本家建立职业俱乐部,使其通过参加比赛而为城市争光。城市融合体育的发展战略涉及娱乐、商业、交通、文化、购物、房地产等多个领域,一些大型城市通过建立体育城市吸引全球的注意,如洛杉矶将体育、商业与娱乐结合在一起,通过举办 1932 年奥运会吸引外界投资,成为城市与体育营销相结合的典范。体育城市的出现为美国体育产业强国的成长提供了社会基础。

三、新兴媒体的出现推动了体育赛事转播业发展

1901—1928 年,美国政治稳定,借助第一次世界大战夺取的海外市场扩大了国内消费。1901 年,美国棒球联盟(AL)成立,职业棒球赛事开始大量出现,随后美国职业棒球大联盟(MLB)成立,商业化赛制奠定了四大联赛的发展基础。1917 年,美国职业冰球联盟(NHL)成立,1921 年美国职业橄榄球联盟(NFL)成立,1925 年美国开创了体育赞助与体育营销模式,在体育赛事中进行品牌赞助营销,带动了体育传媒业发展。1920 年是美国文化的分水岭,这一年中,日益高涨的消费伦理、余暇生活方式的导向和社会名流的狂热参与,使体育发展进入了鼎盛阶段,观赏性体育开始进入人们的视野,体育成为一个巨大的商业。各地建立了许多运动场地以吸引球队和供人们进行赛事观赏,一些私人俱乐部的价值超过百万美元,并且从赛事中获得巨大的商业利益。这一时期最显著的变化是对重要体育比赛电视转播的出现,20 世纪 30—40 年代,电视开始介入体

育赛事的转播，给受众带来了全新的视觉冲击。卫星技术出现后，极大地方便了大型体育赛事的传播，电视合同带来了数百万美元，甚至数亿美元的收入。媒体进一步影响了体育比赛的精彩程度，报纸媒体大肆渲染轰动性的体育赛事来推动其传播；广播电台将体育带入人们的家庭生活，以保持观众对城市和乡村体育赛事的兴趣，专业频道大量涌现，电视媒介与体育共生共荣。新兴媒体的出现加速了体育产业强国的成长，体育产业发展成体育产品与服务良性流通的商业网络，成为体育服务提供者、体育产品、体育消费者交流的平台。

四、城市产业结构的调整带动了体育服务业发展

如表 5-3 所示，随着城市化进程的加速，美国的城市化程度由 1860 年的 19.8% 发展到了 1960 年的 69.9%。同时，产业结构也发生了变化，服务业成为城市发展的引擎，比重不断增大，上升幅度远高于工业，而农业却急剧锐减。就业结构方面，1860 年，美国的农业就业结构占到了 57%，到了 1960 年只占到 7%；与此同时，工业和服务业的就业结构不断上升，其中服务业就业结构上升幅度高于工业，到 1960 年服务业就业结构上升到了 59%[1]。这说明，随着城市化进程的加速，美国产业结构发生调整，服务业对城市发展的贡献不断增加，并且已经超过了工业。体育产业属于第三产业中的服务型产业，城市产业结构的调整促进了美国体育产业的发展，体育产业成为第三产业中一个新兴的盈利点。美国体育用品销售在 1929 年达到了惊人的 3800 万美元[2]。四大职业联赛成为世界顶级赛事联盟，奠定了体育作为服务业的重要地位，尤其是"二战"后，城市化、消费文化和三大产业结合，构成了这一时期体育的繁荣。美国职业冰球联盟和职业棒球联盟逐渐发展成为世界顶级职业联盟；美国职业橄榄球联盟塑造了在社会文化产业中的重要角色；美国职业篮球联盟实施高度商业化运作，通过"造星运动"吸引民众眼球，不断利用体育明星进行商业营销，迅速垄断了国际篮球市场，通过开启 NBA 全球战略进行海外营销。并且，体育产业门类不断增多，从棒球单一联盟发展到四大职业联盟，美国体育产业在四大职业联盟的带动下实现全面发展，职业体育、体育竞赛表演业推动了休闲、医疗、建筑、娱乐业等迅速发展，促使美国体育产业不断成长。

---

[1] 陈甬军. 中国城市化道路新论 [M]. 北京：商务印书馆，2009：51.
[2] 王治君. 美国体育产业结构研究 [D]. 武汉：华中师范大学，2014：14.

表 5-3 1860—1960 年美国城市产业结构

时间/年	城市化程度/%	产业结构			就业结构		
		工业/%	农业/%	服务业/%	工业/%	农业/%	服务业/%
1860	19.8	16.2	40.8	43.0	18.0	57.0	25.0
1920	51.2	32.0	21.0	47.0	31.7	30.6	37.7
1960	69.9	38.0	4.0	58.0	34.0	7.0	59.0

资料来源：陈甬军. 中国城市化道路新论 [M]. 北京：商务印书馆，2009：49.

五、市场需求和人民生活观念的改变催发了体育产业的内生动力

进入 20 世纪后，体育产业已经成为美国社会的重要部分，并与城市化、工业化、交通的进步和通信技术的发展密切关联。一方面，表现为市场需求环境的改变。随着 20 世纪初美国城市化进程的加速，人们的物质和文化生活水平不断提高，人们对闲暇活动、健身运动和大众化体育的需求日益高涨，这种市场需求的拉动刺激了用于提供体育的物质产品、劳务产品、信息产品及其他相关产品的整个体育产业的发展。另一方面，个人投资自身的健身活动或职业运动的观念深入人心，人们自愿从事闲暇体育活动，以强调消费和物质地位象征的城市地区，体育产业得以迅速发展。此外，社会一些工作人群如体育记者、推销员、商会会员、新闻广播人员等开始出现，人们掏钱去观看体育运动的兴趣受到强调个人成功的文化、可广泛接触的青年体育项目、媒体关于体育的广泛报道的激发。同时，由于受到寻求全球市场的体育组织和以体育为工具实现全球扩展的跨国公司的推动，体育产业开始全球扩张。此外，到 20 世纪 20 年代晚期，体育已成为美国后工业社会流行文化的一部分，职业体育竞赛成为美国社会的商业元素。再者，政府通过税收优惠政策和产业制度引导等方式支持体育的商业化发展，通过对各类体育协会、公司、个人企业等提供税收优惠，为体育产业提供间接的财政支持，为体育的商业化发展提供了良好的社会环境。这一时期，美国体育产业实现了快速发展，在体育产业领域涌现了众多典型事件（表 5-4）。

表 5-4　20 世纪初至 20 世纪 50 年代末美国体育产业成长中的重要事件

时间/年	标志事件	意义
1920	"红袜"职业棒球队员第一次向球队老板要求涨薪	球员经纪雏形开始出现
1923	高尔夫选手 Gene Sarazen 与 Wilson 体育用品公司签下史上最长的终生合同	美国体育商业历史上第一个获得体育产品赞助的运动员
1923	美国第一个现代化的棒球场洋基体育馆落成	为职业棒球赛事建成了现代化场地
1925	橡胶公司与固特异轮胎在比赛中首次实现了对产品和品牌进行营销	开创了美国体育赛事赞助的先河
1925	克里斯和皮雷开启了体育经纪人的历史	成为美国体育产业中的体育经纪人发展的起点
1926	可口可乐公司成为奥运会的营销合作伙伴	这种合作关系延续至今
1931	杰基·米歇尔成为第一个通过合同进行职业化发展的女性棒球手	为女性参与美国职业体育开了先河
1933	波士顿勇士队通过电视广播转播权合同获取俱乐部收益	为美国职业体育的电视转播开了先河
1934	全美职业棒球大联盟与福特汽车公司签署赞助合同	球迷可以从广播中收听所有职业棒球比赛
1939	美国全国广播公司（NBC）向全美直播了第一场职业棒球比赛	开创了电视媒体主宰体育产业传播的新纪元
1946	NBC 向全美直播了第一场重量级拳王争霸赛	开启了拳击运动与美国人们的"蜜月期"
1946	美国篮球协会演变为国家篮球协会（NBA）	由波士顿、芝加哥、纽约、华盛顿等 11 支球队组成的协会，扩大了 NBA 职业联赛
1949	Wilson 体育用品公司签署了全美第一个女子高尔夫赞助合同	为体育用品的商业性赞助做好了铺垫
1951	NBC 第一次向全美直播了高校橄榄球比赛	业余体育（NCAA）的代言人走上了商业运作的轨道
1954	全美第一份精品体育杂志《体育画报》在美国上市	价格仅为 25 美分的体育杂志推动了体育赛事宣传

第三节　美国的体育产业强国强盛期（20 世纪 60 年代至今）

作为美国最具有活力的产业之一，早在 19 世纪 50 年代体育产业领域就已出现商业性体育赛事，到20世纪60年代后得到快速成长①。从19世纪初商业性体育赛事的出现，到20世纪60年代，美国体育产业经历了100多年的持续成长。在这一个多世纪的成长道路上，体育产业逐步分化为休闲体育产业、健身产业、职业体育产业、体育用品制造产业、体育经纪人（公司）与赛事经营推广公司和特许纪念品销售产业等多个品类，涉及棒球、橄榄球、篮球、高尔夫、冰球等18个职业体育项目，成立了美国职业橄榄球联盟（NFL）、美国职业足球大联盟（MLS）、女子职业篮球联盟（QNBA）、女子足球大联盟（WUSA）、职业高尔夫协会（PGA）、美国汽车比赛协会（NASCAR）等大大小小的职业联盟792个，居球之最②。此外，美国体育产业还创造了以职业体育联盟为中心的管理体制和运作机制，职业体育联盟管理先进、规则完善、经济实力强大，推动了美国体育产业强国的持续繁荣。20世纪80年代，美国体育产业总值为600多亿美元，到了20世纪末达到了2000多亿美元。20世纪80年代，美国与体育相关产业的产值超过GDP的1%，在全国各大行业中居22位；到20世纪90年代中期，体育总产值占到GDP的2%，成为美国第11大产业；1999年，体育产值达到2125.3亿美元，占到GDP的2.4%，成为美国第6大支柱产业，并超过农业、公共事业和汽车等行业；2002年，体育总产值达2130亿美元，是汽车制造业收入的两倍，成为美国经济的龙头产业。这一时期，美国体育产业强国成长的基础和特征主要体现在七个方面。

一、城市化进程的完成为体育产业成长提供了社会环境

1950后，美国城市化水平由1860年的20%增长到了64.15%，用了100年左右的时间完成了城市化进程③。体育产业在新型城市中得以发展，城市化水平的提升为现代体育产业的发展提供了最根本的经济动力。到20世纪70年代后，美国城市进入了"郊区化大都市"（Suburbanized Metropolis）阶段。为吸引对郊区城市的投资，各个城市把体育作为城市营销的重要方式，城市不断建立起大型体育场馆来吸引职业赛事的开展，一些知名的产业型体育城市相继出现，如芝加哥、底特律、克利夫兰、匹兹堡等。这些城市注重通过打造高级别的职业赛事促

---

① 王治君. 美国体育产业结构研究 [D]. 武汉：华中师范大学，2014：1-2.
② 钟秉枢. 职业体育——理论与实践 [M]. 北京：北京体育大学出版社，2006：69-71.
③ 范登伟. 世界城市化的出现与发展 [J]. 改革与开放，2014（21）：35-38，40.

进体育消费；通过建立自己的球队，开展橄榄球、棒球、冰球等俱乐部城市间联赛，实现城市与体育品牌联姻；通过体育用品产业发展城市经济和提高商业资本（图5-2），体育用品和赛事产品成为美国最重要的出口商品之一。城市与体育的商业性结合紧密，加快了体育产业发展和体育职业化、赛事本土化进程，促进了商业体育的市场化运作和城市观赏娱乐业的发展，推动了美国体育产业的城市化成长。

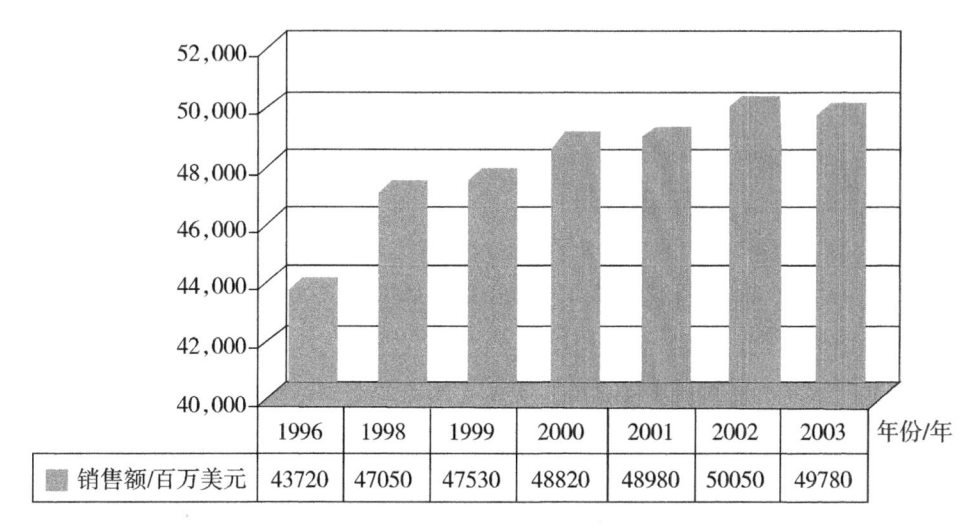

年份/年	1996	1998	1999	2000	2001	2002	2003
销售额/百万美元	43720	47050	47530	48820	48980	50050	49780

图 5-2　SGMA 统计的美国体育用品销售情况

（资料来源：鲍明晓. 国外体育产业形成与发展 [J]. 体育科研, 2005 (5): 1-9.）

二、消费型社会的到来引发了人们生活方式的改变

"二战"后是美国走向世界的时代，经历战后的繁荣后，一个新的社会诞生："人们开始把更多的消费投入电影、度假、休闲旅游、观赏赛事等活动，可口可乐和肯德基成为美式生活方式的一种象征，体育成为标准的美国生活及消费的核心内容之一"[1]。20 世纪 60 年代，随着社会的发展，美国开始进入消费型社会，产品制造及零售生产都发生了史无前例的巨大变革。随着社会化、生活方式及人口结构的改变，人们的消费形态发生了变化，体育消费骤增。这一时期体育产业成长的重要特征在于职业体育和观赏性体育赛事产业的高度发展，表现在：

---

[1] 国家体育总局政策法规司. 国家体育总局体育哲学社会科学研究成果汇编 [M]. 北京：人民体育出版社，2011：71.

一是城市体育产业形成了以职业俱乐部、体育用品制造和体育观赏为主的链式产业结构；二是在社会的商业化进程推动下，体育融入了服务业和观赏娱乐业，成为人们生活中的一部分，人们投入健身的体育消费呈现多元化；三是季节性、周期性的职业赛事与观赏性体育产业并行不悖，使城市一度成为狂欢中心。在社会变革的推动下，随着体育的现代化和职业化发展，美国体育产业得以快速发展，户外休闲运动产业大量兴起，带动了体育产业链发展。2006—2014年，平均每年都有近50%的美国人参与户外运动，从2012年开始超过1.4亿的美国人把户外休闲视为日常生活中的重要部分，2014年约1.41亿人参与户外运动。美国《2017版体育参与报告》显示，有42%的6岁以上美国人每周至少参与一次高强度体育运动，户外运动人口增加，促进了健身俱乐部、体育旅游、冬季项目和户外运动等相关产业发展，助推了大产业格局的形成。体育产业各类业态的产值持续增加。体育产业总产值从2000年的2135亿美元升至2010年的4140亿美元，平均年增长率达9.4%，2010年体育产业总产值占GDP的3%，位列美国10大支柱产业第6位；2011年美国体育产业总产值为4220亿美元；2012年美国体育产业增加值达到4350亿美元，占GDP的2.7%；2015年美国体育产业总产值为4984亿美元，占GDP的3.3%。美国体育产业获得了世界霸主地位，在全球形成巨大的影响力。

三、产业结构变革为体育产业强国的成长提供了新机遇

进入21世纪后，美国围绕国家经济社会发展的各个领域进行了改革，调整产业结构，通过大力发展第三产业为各类产业发展提供新动力。体育作为美国民众生活的重要组成部分，通过体育产业刺激消费，拉动相关产业发展成为新时期美国体育事业的重要发展战略。美国的第一产业主要是农业；第二产业为产品生产产业；第三产业为服务生产产业，包括公共设施、零售业、批发业、服务业以及金融保险业等。体育产业很大一部分属于以服务业为核心的第三产业，需要大量的服务性产业支撑。从图5-3中可知，1820年，美国的产业结构以第一产业和第二产业为主，包括农业、矿业、建筑业、制造业等；到20世纪中期后，则以服务性的第三产业为主，服务生产产业的就业人口占74%，商品生产产业的就业人口占23%，而农林渔业就业人数仅为3%[①]。美国成功地完成了产业结构的

---

① 石小玉. 美国经济实力分析[M]. 北京：北京民族出版社，1999：25.

变革，将农业的劳动力转移到了服务型的第三产业，为体育产业强国的成长提供了充足的人力资源和社会氛围。从2007—2014年8年间的美国体育健身产业产值的变化来看，健身装备类与体育服饰类产业产值呈现出最高销售金额增长态势，分别增长了21.5%与21.1%（表5-5）。在国家经济社会改革的背景下，美国体育产业依托健康产业、户外运动、休闲产业、体育赛事、体育用品制造等实现了全面发展，并展现出强劲的生命力和辐射力，体育产业与其他产业不断融合，体育衍生产业与国家多个产业门类共同发展，形成了覆盖全社会的大产业格局，体育产业实现了整体结构升级，使美国在世界体育产业中处于领先地位。

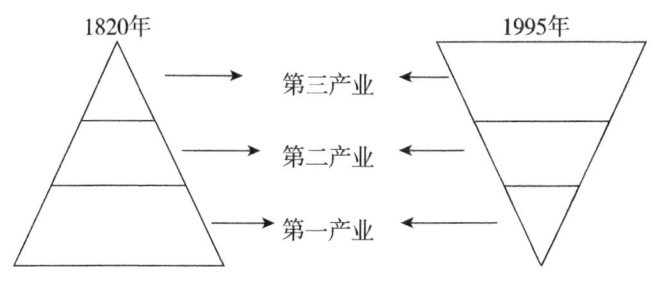

图5-3 美国产业就业结构的演进

（资料来源：石小玉. 美国经济实力分析 [M]. 北京：北京民族出版社，1999：26.）

表5-5 2007—2014年美国体育健身产业产值增长趋势

单位：百万美元

类别	2007年	2008年	2009年	2010年	2011年	2012年	2013年	2014年
体育装备	21267	20667	20098	20370	20894	21478	22231	22826
健身装备	4699	4224	4164	4344	4490	4700	4839	5059
体育服饰	29502	29643	28168	29581	31379	31848	32779	34102
运动鞋	12952	12370	12267	12608	13180	13630	13882	14485
正版许可商品	8877	8034	6925	7292	7385	7533	7665	7810
装备、服饰与鞋类	77296	74937	71622	74195	77328	79189	81395	84282

资料来源：2015年美国健身产业现状报告 [R]. 洛杉矶：2015美国体育和健身产业协会报告，2015.

四、体育产品制造业和零售商并购增强了产业核心竞争力

随着体育产业的发展，其中的体育用品业逐渐分化为运动服装、运动器材、运动鞋等多个品类。体育用品制造商协会（SGMA）公布了美国体育用品制造业的销售情况，可以看出，2009年后美国的体育用品制造业销售额基本呈稳步增长趋势。现代高科技的进步使体育产品制造和零售业获得了飞快发展，扩大了产业市场，增强了产品竞争力，各类体育用品制造企业和零售商企业间的并购增多。1998年，美国Sun Bean公司以21亿美元并购Coleman公司，从而增强了产品的竞争力[①]。健身器材行业多进行较小规模的并购，一些大型体育产业公司掀起一股上市风潮，如高尔夫球业的Gary Player Golf和Adams Golf等。零售商也开始合并，店面重组和新店数目不断增多，体育全球化进程推进小型零售商合并成为大型运动用品店，如Nike公司开设了95个店面，强力地介入了零售业。从健身器械销售量来看，近年来家用类增长了4.7%，商用类增长了4.0%，总销售量增长了4.5%。总体来看，家用与商用两大类销售额在2009—2014年均保持不断增长的趋势（表5-6、表5-7）。Galyan's Trading公司建立了全美最大的运动用品店，不断开发体育产品的性能，通过建立高尔夫、棒球、射箭、赛马等多个产品免费练习区，以及儿童游乐园、饮食街等来吸引顾客。此外，还有职业联赛的推广，如NBA在全球实行赛事的营销战略，不断把赛事产品输送到中国、日本、澳大利亚等国家，从而获取巨大利润。近年来，美国体育用品业产值整体呈上升趋势，与GDP的增速趋势大致协同，体育产品制造业和零售商的并购增强了产业竞争力，推动了美国体育产业强国的全球化进程。

表5-6 2009—2014年美国健身器材销售额趋势

单位：百万美元

类别	2009年	2010年	2011年	2012年	2013年	2014年
家用类	3194	3321	3440	3560	3582	3751
商用类	970	1023	1050	1139	1257	1308

资料来源：2015年美国健身运动跟踪报告[R].2015美国体育和健身产业协会报告，2017.

---

①高和.美国体育产业进入整合期[N].国际商报，2005-11-09（6）.

表 5-7 2009—2014 年美国家用健身器材销售额趋势

单位：百万美元

类别	2009 年	2010 年	2011 年	2012 年	2013 年	2014 年
腹部训练机	195	195	198	208	210	212
滑步机	22	23	23	23	23	23
椭圆机	721	786	842	884	904	925
健身椅	119	119	116	122	122	123
健身脚踏车	344	358	377	368	369	394
自由重量训练	162	162	161	172	175	184
家用健身器械	199	199	194	190	178	215
划船机	56	56	57	57	62	74
滑雪机	34	34	34	35	34	34
爬楼梯机	20	21	21	22	23	24
跑步机	827	889	921	924	943	1006
其他	495	479	496	556	538	538

资料来源：2015 年美国健身运动跟踪报告 [R].2015 美国体育和健身产业协会报告，2017.

五、产业政策的不断完善保障了体育产业迅速成长

美国体育产业之所以能够进入强盛期，与健全的法律制度、完善的职业体育条例、活跃的体育竞赛市场和不断颁发的政策法规密切相关。20 世纪 60 年代后，随着职业体育的发展，一些职业俱乐部对赛事产品的电视转播进行了垄断，赛事营销行为违反了反托拉斯法。1961 年，美国专门出台了《体育转播法》，支持篮球、棒球、橄榄球、高尔夫等项目发展，尤其支持四大职业联盟，给予反托拉斯法下的相关特殊待遇。1972 年，美国国会颁布的第 11 条教育修正法案，涉及人权基本法、平等报酬法（工资平等法）、劳动关系法、反垄断法、残疾人保护法、贸易法、商标法和许可证法等多个领域。其中，税法、版权法和劳工法等都从不同层面对体育产业发展进行了调控。税法方面，通过取消购买职业运动队股份的税务优惠，州政府和地方机构鼓励私人资金投入公共场馆建设；博彩法方

面，1988年颁布第一个联邦法案（《印第安人博彩管理法》），成为体育博彩业不断拓展的催化剂，各州花费大量经费做广告以推广体育彩票，但不允许在大学和职业体育中赌博，规范了竞赛表演业的发展。体育经纪人相关法规方面，20世纪60年代体育经纪的迅猛发展，美国劳工法的完善和职业体育项目的"反垄断豁免"推动了体育经纪业迅速发展，20世纪70年代，四大职业体育联盟开始开放运动员的自由转会制度，2007—2014年美国健身俱乐部会员呈现出不断增长的趋势（图5-4）。在《美国统一运动员经纪人法》（NAAA）、《联邦体育经纪人责任与信托法》（SPARTA）等法律的规范下，体育经纪产业成为最发达的体育中介产业。此外，一系列体育政策出台间接刺激了体育消费。例如，2000年发布《健康公民2010：健康促进目标》，2001年出台《大众体育活动计划》，2005年发布《美国户外休闲政策法案》，2008年出台《美国人体育活动指南》，2010年颁布《健康公民2020》，2011年通过了《滑雪场娱乐法案》，2015年发布《美国户外法案》。一系列政策提升了民众的体育参与性，扩大了体育消费领域，奠定了体育产业成长的社会基础，从而保障了美国体育产业强国的迅速成长。

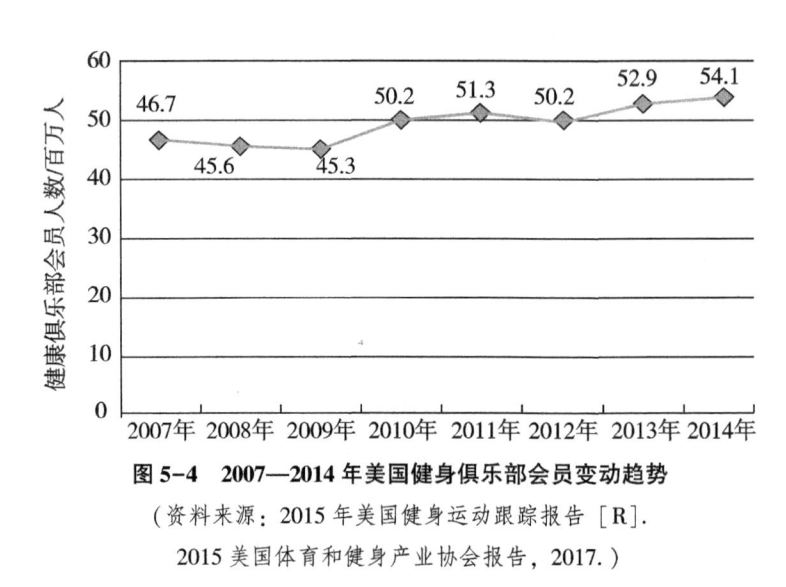

图5-4 2007—2014年美国健身俱乐部会员变动趋势

（资料来源：2015年美国健身运动跟踪报告[R].
2015美国体育和健身产业协会报告，2017.）

六、产业集群促进了体育产业的国际化进程

美国体育产业是在社会经济发展方面最抗干扰的娱乐产业，2001年"9·11"恐怖事件与2008年金融危机虽然对美国经济造成沉重的打击，但是并未给体育产

业的发展带来硬伤，美国体育产业对社会环境具有天然的抗体。进入21世纪，尽管美国经济一直处于低迷期，但是火爆的体育竞赛市场和体育产业市场并未遭受多大影响，观众对体育产业的需求仍然旺盛。美国体育赛事产业社会分工不断细化，建立了更为完善的青少年训练营，"超级碗"等大型职业联赛的商业价值被不断挖掘。面对经济的不断消退，美国体育产业并未享受前期积累下来的优势而坐吃山空，而是积极出台了一系列防御措施，如推出吸引球迷的促销方案，保证了稳定的群众基础和球迷市场。其中，最为显著的成就是体育产业集群的形成，产业集群主要以体育场馆赛事为中心，形成具有一定系统和规模的消费带（Destination Location）[①]，体育产业实力不断提升。例如，2000年，美国电子艺术公司（EA）成为全世界最大的电子竞技游戏供应商；2006年，网络搜索引擎公司（Google）与NBA签署协议，推动了美国职业篮球赛事产业发展（表5-8）。此外，美国以满足体育产品或服务需求的体育消费为龙头，不断拉动其他相关娱乐产业如影视、旅游、商城、娱乐及其他第三产业的经济比重增长。同时通过吸引社会投资、融资和相关商业行为如赞助、冠名、营销等，刺激区域经济增长和扩大社会就业，并拓展政府的税收渠道。一些美国体育联赛和职业俱乐部已超出了原始的属性范畴，把体育比赛、体育服务等产品上升为具有市场号召力的体育品牌，从而不受国界的影响而不断推广，促进了产品的国际化进程。

表5-8 1960年后美国体育产业成长中的重要事件

时间/年	标志事件	意义
1960	国际管理集团（IMG）成立	发展成为世界上最大的体育娱乐产业的营销经纪公司
1960	计算机巨头IBM第一次将计算机技术应用到奥运会比赛转播	提高了奥运比赛转播技术，推动了体育赛事转播业的发展
1962	马文·米勒成立了第一个职业棒球运动员工会	通过罢工，大幅度提高了球员工资
1964	哥伦比亚广播公司（CBS）成为第一家买断职业棒球队纽约洋基的独家电视转播权的企业	改变了体育赛事电视转播业的发展模式
1968	NBC第一次在职业比赛转播期间插入广告	增加了体育赛事产业的经济效益

[①] http://www.Patriot-place.com/.

续表

时间/年	标志事件	意义
1979	芝加哥白袜队首次举办了"迪斯科"职业棒球比赛促销活动	促销活动开始在体育比赛中出现
1984	在第十八届超级碗赛事,苹果公司投入150万美元插播60秒的广告	对体育赛事期间的电视广告产生了革命性的影响
1984	皮特·尤伯罗斯打造了首届高度商业化运作的奥运会①	最早将民间资本注入奥运会,为奥运会的商业化道路奠定了基础
1984	大卫·斯特恩对NBA赛事进行改革	促使NBA成为一个商业化和娱乐产业化的国际品牌
1995	百事可乐公司成为独家赛事饮料供应商	拓宽了体育赛事产业的合作领域
2000	美国艺电公司(EA)成为全世界最大的电子竞技游戏供应商	为电子竞技产业的发展提供了保障
2006	网络搜索引擎公司(Google)与NBA签署视频下载协议	成为网络媒体进入体育产业的首秀
2009	新洋基体育场馆和牛仔体育馆向公众开放	开启了一个豪华型、环保型、互动型场馆的新纪元
2010	体育产业产值达到4410亿美元,占到国内产值的3.0%	进一步确立了体育产业在美国产业中的支柱地位

七、职业体育成为推动体育产业成长的中坚力量

职业体育是美国体育产业中最具商业活力的领域。美国政府通过给予职业体育"反垄断豁免"保护职业体育的整体经济利益,给予职业体育版权保护政策和经济资助政策,利用税收鼓励建设体育场馆,鼓励开发体育无形资产,鼓励市民参与和观看职业体育。据统计,美国民众中有27.9%是橄榄球(NFL)球迷,有12.9%是职业棒球(MLB)球迷,有9.6%是篮球(NBA)球迷,美国职业体育领域蕴含着广阔的产业市场②。随着竞技体育的发展,到21世纪美国已经拥有棒球、篮球、网球、高尔夫、橄榄球、田径、拳击等18个职业运动项目,其中最具代表性的四大职业联盟成为体育产业发展的主力军。职业体育联盟实行统筹管理、利润共享,通过门票收入、广告媒体收入、电视转播权销售收入及其他相

---

① 杜文捷. 当代美国体育产业现状与发展趋势研究 [D]. 武汉:华中师范大学,2009:13.
② 鲍明晓. 体育产业——新的经济增长点 [M]. 北京:人民体育出版社,2000:16.

关赛事产品销售收入推动了体育产业的成长。如表5-9所示，1986年，美国体育产业总产值为472亿美元，占国内生产总值的1.0%，国内产业排名第25位；到1995年，体育产业总产值达到了1520亿美元，国内产业排名上升到了第11位；到2010年，体育产业总产值达到了4410亿美元，占到国内生产总值的3.0%。2011年，美国民众在各类体育赛季中创纪录地消费了320亿美元，年度广告创收278亿美元[1]。在职业联盟中，NHL为30亿美元，NBA为41亿美元，MLB为72亿美元，NFL达90亿美元，建设俱乐部收入达203亿美元。体育产业的发展带动了国民经济的发展，解决了社会就业，据2010年美国劳动力数据统计，职业运动员有12660人，裁判员15250人，教练员及工作人员184280人，340500人在各类体育俱乐部工作，超过150万人从事体育及娱乐行业[2]。职业体育经济收入迅速增长，20世纪80年代初期，职业体育产业的总收入约在30亿美元；20世纪90年代中期，已突破70亿美元[3]。职业体育联盟维持了职业体育俱乐部整体均衡发展，为美国体育产业发展提供了一大批国内市场，不断完善的职业体育制度和体育竞赛市场推进了体育产业强国的持续成长。

表5-9 美国体育产业实力的发展趋势

时间/年	体育产业总产值/亿美元	体育产业总产值占GDP百分比/%	国内产业排名
1986	472	1.0	25
1988	631	1.3	22
1995	1520	2.0	11
1999	2125	2.4	6
2005	1893	1.52	—
2010	4410	3.0	—
2012	4350	2.7	—

数据来源：①吴超林，杨晓生. 体育产业经济学[M]. 北京：高等教育出版社，2004：18. ②MICHAEL, PACKIANATHAN. Gross domestic sport product: The size of the sport industry in the United States [J]. Journal of Sport Management, 2001: 12-19.

---

[1]王治君. 美国体育产业结构研究[D]. 武汉：华中师范大学，2014：16-17.
[2]Sports recreation leisure market research. Sports Industry Market Research [EB/OL]. (2008-05-16) [2020-11-12]. http://www.Plunkett research.com/sports-recreation-leisure-market-research/.
[3]石磊. 美国政府的职业体育政策[J]. 国外体育动态，1998, 28 (6): 44-45.

第四节　美国的体育产业强国成长特征

一、美国的体育产业强国成长要素特征

(一) 社会化基础上的有限政府规制是体育产业成长的体制动力

美国体育产业的成长离不开国家经济社会的支持，离不开社会化管理体制基础上的有限政府规制。第一，社会化管理体制为体育产业成长提供了环境基础。在社会化管理体制下，政府对体育产业各类市场主体实行放任政策，依托社会市场主体实现具体管理，联盟俱乐部、消费者、各类媒体和各类社会组织等都是体育产业治理的直接参与者，政府不直接干预体育产业的发展，体育产业借助宽松的社会市场环境实现全面发展，使得体育联盟、体育传媒、体育营销及体育用品公司不断涌现。另外，美国社会在长期发展过程中积淀的经济基础为体育产业持续成长提供了后盾。第二，政府的有限规制为体育产业成长提供了机制保障。政府通过出台系列政策法规为体育产业成长护航，如美国政府于1935年颁布《社会保障法》，将体育作为美国人享受健康的基本权利加以保障；1961年出台《体育转播法》，支持橄榄球、棒球、篮球等项目发展；1972年颁布《教育法修正案》，关注女性的体育权利保障，1978年国会通过《业余体育法》，并于1998年将该法案修订为《奥林匹克与业余体育法》，阐明政府不介入体育的直接管理，充分发挥市场机制的灵活性，从而使体育产业成长嫁接于宽泛的社会机制之上。第三，健全的制度治理体系为体育产业成长提供了政策支持。美国政府发挥引导、监督作用，通过立法、司法、执法对体育相关产业发展间接治理，实施分权、分级规制，形成了完善的制度治理体系（图5-5）。并且，体育产业相关政策的内容翔实具体且不失灵活、变通，能够行之有效地落实，有效规范了体育产业的行业行为。例如，通过《谢尔曼法》《克莱顿法》《联邦贸易委员会法》等共同构建的政策体系，间接规范了体育产业成长；运用税法对体育产业进行宏观调控，明确保护体育赛事的转播权益，保护观众欣赏比赛的权利；运用多种募集资金政策保障体育场馆建设，为体育产业的成长提供了广阔空间。

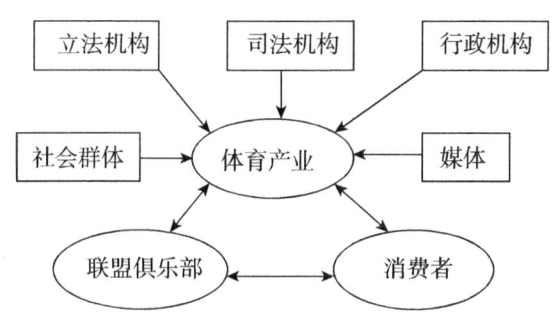

图 5-5　政府规制和市场衔接的多元治理主体

（二）多元化、生活化的体育发展定位是体育产业成长的社会动力

大众体育是体育产业成长的社会根基，离开了大众体育的庞大体育人口，体育产业将会成为无源之水、无本之木。美国体育产业具有良好的大众体育基础，其根源在于国家层面对体育发展的多元定位，将体育作为民众的生活方式，在体育与社会紧密融合的背景下，美国体育消费呈现出普遍化、生活化、多元化的特点，稳定的体育人口和体育消费需求是推动美国体育产业持续成长的根本原因。

第一，体育在健康、休闲、娱乐、经济、生活等领域的多元定位，推动了体育的产业化发展。美国对体育的健康促进价值和休闲娱乐价值的定位促使民众广泛投入体育消费，把体育作为一种与生活密切关联的方式。20世纪70年代以来，在艾森豪威尔总统、肯尼迪总统等领导人的推动下，美国政府从国家层面制定了"健康公民"系列政策，包括《健康公民1990》（1980）、《健康公民2000》（1990）、《健康公民2010》（2000）、《健康公民2020》（2010）等，致力于全民运动开展与国民健康促进，大力提升全民健身的质量，体育成为科学健康生活方式的重要部分，从而保障了体育消费的人口基数，奠定了良好的体育产业发展根基。第二，以生活化为中心的场地设施布局，间接推动了体育产业发展。美国注重体育设施的便民化和生活化，在城市与社区都建有体育中心，众多的健身场馆、开放的学校体育设施、现代化的专业体育场馆为公众所用，其中一部分场馆免费，但大量场馆设施根据不同层次人群的需要而收费，从而促使民众通过消费参与锻炼，促进体育消费，为体育产业成长提供了广泛的社会基础。第三，多功能体育俱乐部和自发性大众体育组织为体育产业发展奠定了基础。美国体育人口数保持在70%以上，据统计，近20年来有2000万～2200万坚持不懈的参加者，每周有70%的美国成年人从事各种形式的体育锻炼，2010年29890个健康俱乐部年收入达203亿元，2010—2015年有71.7%以上的人口参加中低强度及以上的体育活动，参与型、休闲类体育消费持续上涨，与健身休闲相关的体育产业发展迅猛，可以说，普遍化、生活化、多元化的群众基数为体育产业的成长奠定了基础。

(三) 体育项目的职业化发展是带动体育产业成长的直接动力

美国体育产业的成长离不开职业体育的支持，政府通过大力推动运动项目的职业化发展，将体育与市场化、产业化、社会化融为一体，以职业体育联盟和俱乐部为载体，形成了一套系统的职业体育产业链，保证了体育产业的成长活力。第一，职业体育打造的多元品牌赛事产生了巨大的经济效益。职业体育作为美国体育产业的重要组成部分，通过职业体育赛事带动了体育装备、体育中介、体育传媒、体育博彩等行业快速发展。美国体育产业链的形成深受实用主义价值观影响，以崇尚冒险和个人奋斗为取向、以市场为主导的精神价值，催生了大量的运动项目赛事品牌，创造了良好的经济效益与社会效益。第二，运动项目的职业化运作间接促进了体育产业链发展。职业体育带动了相关产业的快速发展，如电视转播、赞助、广告、门票等产生了巨大的商业收入，根据美国研究机构（PRE）的调查结果，2013—2014赛季，美国四大联盟带来了260亿美元的收入，同时为酷爱体育比赛的人们增添了乐趣。此外，学校竞技体育开拓了体育竞赛市场，丰富了体育产业的发展方式。竞技体育是美国大学文化的重要组成部分，通过开发各级各类的大学体育竞赛市场，在培养竞技体育人才的同时为社会创造经济效益，特别是NCAA赛事的运作，成为美国业余竞技体育赛事的成功典范，间接促进了体育产业成长。第三，职业体育赛事的全球化推广，实现了竞技成绩与经济利益双丰收。美国成熟的竞赛表演业吸引了世界上最优秀的运动员，如NBA通过体育产品设计开发与价值表现进行全球推广，将单纯的篮球比赛开发成为集比赛欣赏、娱乐表演、球星互动及节日庆典等于一体的综合赛事产品，成为体育产业持续成长的重要推动力。

(四) 持续创新的商业化模式是推动体育产业成长的机制动力

美国体育产业是市场经济发展的产物，成功的商业化运作环境是体育产业成长的基础，也是体育产业始终保持活力的根源。美国体育产业经过多年发展，形成了以健身休闲业为根基，以体育竞赛业为主导，以体育用品制造业为基础的业态结构，国家自下而上、创新性的商业化运作模式是不同产业门类发展的机制动力。第一，利益相关者多元协同参与的商业化运作模式，提高了体育产业的体制活力。政府作为体育产业公共利益的捍卫者，追求利益最大化是政府主导体育产业运行的根本宗旨。美国政府、职业体育联盟、俱乐部利益关系如图5-6所示，在政府宏观引导下，通过市场机制协调俱乐部间的利益竞争，促使各职业联盟在维护各俱乐部个体利益的基础上，实现政府、职业体育联盟和俱乐部的经济利益共赢目标。第二，不断创新的商业化运行机制增加了体育产业成长动力。美国体育产业嫁接于具有极高自主权的职业联盟之上，通过不断制定、修改、完善、创新职业体育发展的各项管理制度与操作细则，保证体育赛事活力，以四大联盟赛事引领各项比赛开展，通过完善的俱乐部体制和职业联盟体制协调利益相关者关系，保障体育产业持续健康成长，如NBA推出的选秀、转会、限薪、奢侈税等一系列创新制度，激发了赛事活力，为赛事发展提供了源源不断的内生动力。第三，有浓厚商业性质的产业链促使体育产业联动成长。体育产业在商业化进程中不断提升社会消费文化品质，以体育竞赛表演业为龙头培育良好的体育市场，以体育消费为需求导向，以体育制造业为基础，通过引导社会体育消费调动市场活力，形成了完整的体育产业链，促使体育产业在市场化运作中实现最大利益均分，实现不同产业门类的共同成长。第四，商业化运作促使体育产业内部形成了一套制度体系，如商标法、许可证法、合同法、版权法、电视转播法、公共管理法等，相关制度的共同作用提高了体育产业内部的运行效率，保障了体育产业的健康成长。

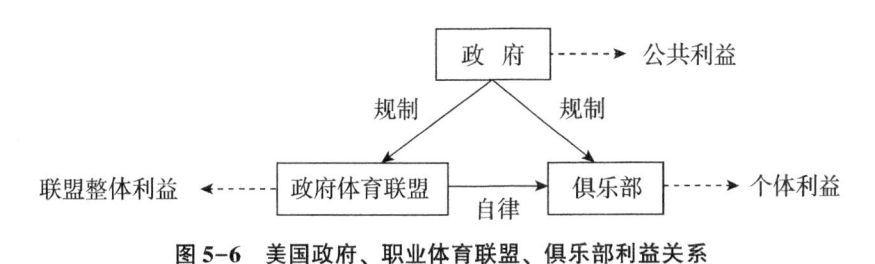

图5-6 美国政府、职业体育联盟、俱乐部利益关系

二、美国的体育产业强国成长历程与国家生命周期的关系

如图5-7所示，美国的体育产业强国成长历程跨越了三个阶段，经历了准备成长期、快速成长期后，目前正处于强盛期。根据美国国家生命周期和体育产业

强国成长历程，得出美国的体育产业强国的成长具有以下五个显著特征。

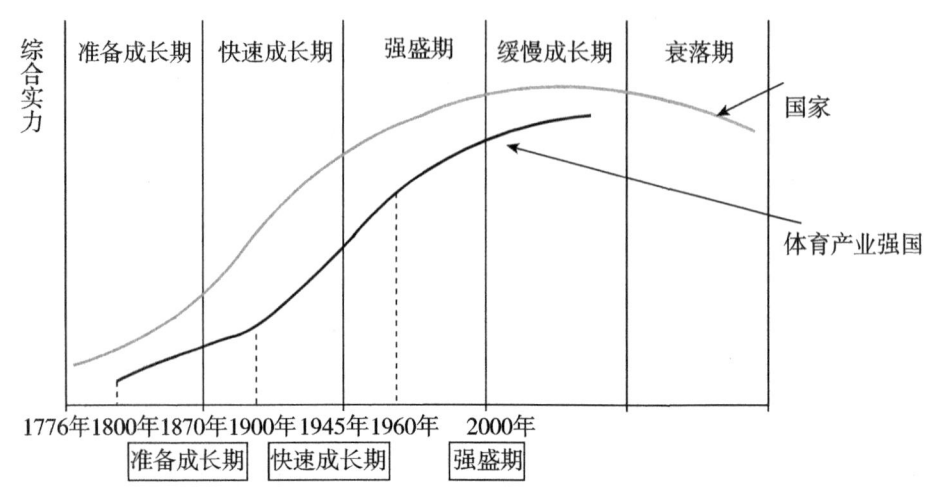

图 5-7　美国体育产业强国成长历程与国家生命周期的关系

第一，与国家成长相比，美国体育产业强国的成长具有滞后性。体育产业强国的准备成长期始于国家的准备成长期，快速成长期始于国家的快速成长期，强盛期始于国家的强盛期，每个阶段的成长起点都晚于国家的成长。其中，从准备成长期到进入快速成长期跨越了 100 年，从快速成长期步入强盛期跨越了 60 年左右，可以看出，美国体育产业从萌芽到准备成长，再到快速成长，经历了漫长的过程。这说明体育产业强国的成长建立在国家成长的基础上，随着国家政治、经济、城市、文化等综合实力的提升而不断成长。国家综合国力的提升带动了体育产业强国的成长，或者说国家综合国力的提升促进了国家体育产业实力的增强。因此，体育产业的发展不能脱离国家的护持，美国体育产业强国的成长与国家的成长密切相关。

第二，体育产业强国的成长历程与国家生命周期具有一定的协同性。从体育产业强国成长的三个阶段可以看出，美国体育产业强国成长的每个阶段都与国家成长的相应阶段对应，其成长趋势与国家的成长趋势总体呈现出一致性。体育产业强国的成长嫁接在国家成长之上，国家的成长带动了体育产业强国的成长。体育产业强国的快速成长期出现在国家的快速成长期，体育产业强国在国家进入强盛期后二三十年进入了强盛期。说明体育产业的快速发展一般要出现在国家综合国力发展最快的时候，国家综合国力上升最快的时期也是体育产业实力提升最快的时候。因此，我们可以把体育产业的发展程度作为检验美国国家生命力的敏感指标之一，体育产业的发展态势可以作为体现美国经济发展趋势的重要信号。

第三，美国体育产业强国可能在2020—2030年进入缓慢成长期，美国体育产业与国家成长之间存在一种"滞后性"关系。从体育产业强国的准备成长期、快速成长期及强盛期与国家成长的阶段特征来看，体育产业强国每个阶段的成长起点都晚于国家成长二三十年。美国的体育产业在国家成长后的20～30年开始准备成长，在国家进入快速成长期和强盛期后的20～30年开始快速成长，这说明美国的体育产业一般要在国家成长后的20～30年才会进入下一个成长周期。依据这一规律可以推断，随着美国2001年后进入缓慢成长期，其体育产业可能在2020—2030年进入下一个成长期，也就是说美国体育产业可能在2020—2030年随着国家成长的衰落而进入缓慢发展期。美国体育产业强国从1960年步入强盛期，到进入缓慢成长期可能保持60～70年的产业实力。

第四，美国体育产业强国在国家的快速成长期和强盛期内完成了快速成长。其背后的原因可能是多重的，但肯定的一点是国家在快速成长期和强盛期内最具有发展活力，这个时期是国家的政治、经济、科技、文化、社会、教育等全面发展的时期，国家综合实力不断上升，为体育产业的发展提供了各种保障。并且，在国家的快速成长期和强盛期，随着生产力的提高、社会化进程的加速、产业制度的不断完善，人们的生活方式、消费意识的变化和余暇时间的增多等多重因素都直接促进了体育产业强国的快速成长。

第五，体育产业强国没有随着国家成长的缓慢而进入缓慢发展期，说明美国体育产业具有一定的自我调控能力。2001年"9·11"事件与2008年金融危机给美国经济以沉重的打击，美国进入缓慢成长期，国家综合实力下降，但是其体育产业的发展却依然处于强盛期，体育产业仍然保持着强大的实力。这说明美国的体育产业对社会大环境具有天然的"抗体"，或者说美国体育产业强国的成长具有一定的持续性或者"惯性"，从而进一步印证了美国体育产业在社会经济发展领域是最抗干扰的娱乐产业。其背后的原因可能为美国在体育产业领域不断实施的制度治理和有针对性的战略选择调控。

第六章
美国的体育教育强国成长历程及特征

美国体育的本质是教育,学校体育是美国体育强盛的根基。20世纪开始,体育被定位于通过身体活动进行的教育,进而成为学校教育的重要部分[1]。美国体育的一大特点是将体育与教育结合,通过合理的体育教育,培养青少年良好的体育参与意识,为美国竞技体育、体育产业、大众体育等领域培养后备人才。美国的体育教育对世界体育教育的发展作出了重要贡献。例如,20世纪初,美国推行"进步教育",提出"新体育"学说,带来了体育教育理论与实践的一场革命,推动了世界体育教育的发展,使美国成长为具有重要影响力的体育教育强国。

如图6-1、表6-1所示,美国体育教育强国的成长并非一帆风顺,经历了19世纪60年代至"一战"结束的准备成长期,"一战"后至20世纪50年代初的快速成长期,20世纪50年代中期至20世纪90年代初的强盛期,20世纪90年代后的缓慢成长期。19世纪60年代以前,欧洲移民把先进的教育思想传入美国,随之而来的是德国体操和瑞典体操。1860年,波士顿创办了最早的体育师范学校,公共体育教育开始进入美国学校[2]。南北战争后,以体操为主要项目的体育运动被确立为许多学校的体育课程内容,体育在学校课程中的地位逐步确立,为美国体育教育强国的成长做好了准备。1891年,全国教育协会(NEA)正式确认把体育(Physical Education)纳入学校教育课程[3]。1904年,美国修订体育法,要求所有学校一律设置体育课。从"一战"后的1920年开始,美国体育发展进入了

---

[1] RONALD B. Woods. Social Issues in Sport [M]. Tampa:University of South Florida Press,2001:108.
[2] ARI ZYSKIND. The Politics of Physical Education Reform [D]. Claremont:Claremont McKenna College,2012:26.
[3] 龚正伟,肖焕禹,盖洋. 美国体育政策的演进 [J]. 上海体育学院学报,2014(1):18-24.

稳定期，绝大多数的地区已经承认体育是正规科目①。在"新体育"（New Physical Education）思潮的影响下，体育成为教育的重要方式，美国体育教育强国建设得以快速推进。20世纪50年代中期，以社会化教育为核心的"新体育"理念被强调体质健康的思想取代，美国学校体育教育走向了教育质量全面提升的阶段。20世纪90年代后，现代生活方式的变化与交互式虚拟体育游戏的出现，影响了学生体育活动的参与。并且，以基础课程为中心的"优异教育"改革把体育教育视作无价值的课程，忽视了体育教育在学校教育中的地位。再加上学校体育教育自身问题重重，最终使美国体育教育强国迈入了缓慢成长期。

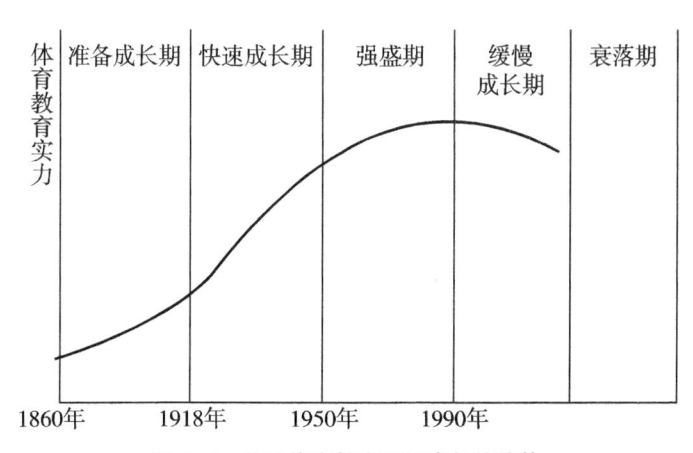

图6-1 美国体育教育强国成长的趋势

表6-1 美国的体育教育强国成长历程

阶段	时间
准备成长期	19世纪60年代至"一战"结束
快速成长期	"一战"后至20世纪50年代初
强盛期	20世纪50年代中期至90年代初
缓慢成长期	20世纪90年代至今
衰落期	—

①马良.美国近代体育发展研究［J］.体育文化导刊，2010（5）：157-159.

第一节　美国的体育教育强国准备成长期
（19世纪60年代至"一战"结束）

美国学校体育教育始于19世纪60年代，从最初的欧洲模式发展为适合本土特征的美国模式，从最初的单调、盲目和零散状态成长为具有政策制度保障的学校体育教育体系。"一战"前，美国对体育的价值认知主要集中于体育在教育中的地位和作用。当时尽管也重视大众体育和竞技体育水平的提高，但美国主要把培养体育参与意识、提高竞技能力水平作为学校的任务实施。

美国南北战争以前，学校里很少有体育。当时的学校体育深受欧洲体育教育模式的影响，较为先进的欧洲体育教育思想随着大量移民的涌入而被带到美国。1825年，德国体操开始传入美国。1827年，朗德·希尔学校（Round Hill School）的教师查理·贝克采取德国的体操教学模式，把学生分成班级，每班一周3次室外体育课，成为美国引入德国体育教育模式的开端[1]。随后，瑞典体操也开始被引入美国学校，德国、瑞典体操成为当时学校体育的两大主导模式。德国体育以韵律活动为主，以器械练习为辅，顾及个人兴趣，强调身体整体发展。瑞典体操强调身心的发展规律，对活动开展要求严格。由于课程内容重心不同，对两种课程模式争论不断。1825—1830年，有些学校提供场地或空间放置体操器械，负责锻炼的教师都是利用自己的业余时间去管理，学生也是自愿参加。一些留学人士把德国的杨氏体操原封不动地搬到美国课堂，之后德国体操迅速在中小学体育教学中出现，但直到19世纪40年代，学校体育教育中都很少有新内容。一些学校把农业和体力劳动同智力教育结合起来，并在1829年创办了体力劳动学校。1831年左右，教育制度中的劳动训练发展到了最高峰，并替代了早期流行的体操操练，但由于劳动训练课侵占了学生专门学习的时间，1835年体力劳动运动课也走向了衰退。随着19世纪50年代美国竞技体育和大众体育的不断发展，一些中小学开始对体育产生兴趣，一些新的体育内容逐渐被引入学校体育教育，1848年特纳体操（Turner）创立，受到人们的推崇，中小学相继开设体操课[2]。在体育被正式纳入课程体系前，受欧洲教育思想影响，各类学校就开始引导学生进行锻炼。1851年，明尼苏达州规定，各类学校必须保证1英亩土地作

---

[1]龚正伟，肖焕禹，盖洋．美国体育政策的演进［J］．上海体育学院学报，2014（1）：18-24.
[2]LEE MABEL．A History of Physical Education and Sport in the USA［M］．New York：John Wiley&Sons，1983：9.

第六章 美国的体育教育强国成长历程及特征

为操场，这是最早有关学校锻炼场所的记录。1853年，波士顿成为美国规定全市儿童做体操的城市，规定公立学校每天的学校课程中都包含一定时间的体操活动[1]。1859年，美国正式采用"体育教育"（Physical Education）的专业术语；同年，马萨诸塞州的朗德·希尔学校（Round Hill School）成为将体育纳入学校课程体系的第一所学校。1860年，公共体育教育开始进入美国学校；同年，美国第一个体育师范学院成立。1861年，一些大学开始创建体育系，最早的大学体育课程在艾姆赫斯特大学创立[2]。

南北战争期间，体育课堂直截了当地被军事训练代替，美国政府主张对学校儿童实行军事训练，认为军事训练可以培养敏捷和准确的习惯，教人服从指挥，发展直立的姿势、整洁的仪表和高尚的行为。科学化的运动在学校体育方面的影响日益增进，如人体测量、运动成绩测验、医疗性体操和教育性体操的出现，以及较全面的培养体育教师与体育促进学会的建立等，发育主义教育运动复兴并延续下去。南北战争后，以体操为主要项目的各种身体锻炼形式在校园快速发展。体育训练被确立为许多学校的体育课程组成部分，体育在学校课程中的地位逐步提高。1866年，美国体操联盟师范学校成立；第二年，美国148个体操协会的成员人数达到10200人。1889年专门成立的陆军莫里斯霍曼斯波士顿体操师范学校和波士顿体操师范学校，为体操项目的社会普及起到了推动作用。美国体育以体操为身体锻炼手段，主要在于增强体力和促进健康，体育活动逐渐成为学校教育的手段之一。1880年，德国体操联盟在全国会议上通过决议，促进了各地公立学校强制实行体育课[3]。从1880年开始，出现了学校体育活动逐渐向社会扩展的趋势。1885年，体育被纳入国民教育体系，从此开启了规范化发展。

1891年，美国全国教育协会（NEA）正式确认把体育（Physical Education）纳入学校教育课程。1889年，体育训练大会（Conference on Physical Training）召开，体育教育的专业化发展开始被商讨并受到重视。1892年，美国开始反思体育教育模式，体育教育促进协会（American Association for the Advancement of Physical Education）提出，要停止使用国外的体育教育模式。1893年，芝加哥召开了国际教育会议，确立了教育而不是医学为体育的母学科[4]。美国政府不断反

---
[1] 范达冷 D B，本奈特 B L. 美国的体育 [M]. 张泳，译. 北京：人民体育出版社，1991：18.
[2] 龚正伟，肖焕禹，盖洋. 美国体育政策的演进 [J]. 上海体育学院学报，2014（1）：18-24.
[3] 范达冷 D B，本奈特 B L. 美国的体育 [M]. 张泳，译. 北京：人民体育出版社，1991：45.
[4] 龚正伟，肖焕禹，盖洋. 美国体育政策的演进 [J]. 上海体育学院学报，2014（1）：18-24.

思欧洲主导的体育教育模式,并创立了具有本土特色的"萨金特模式"(Sargent System),该模式主要根据个体力量发展的差异制定运动负荷,并为此开发了相应器材。1898年,31个州都把体育列为必修科目。到1910年,体育已稳固确立了正规科目的地位。到1920年之前,美国绝大多数的地区已经承认体育是正规科目[1]。从此,美国体育教育探索适合美国教育现状的教学模式,走上了专业化成长道路。美国体育教育强国的不断成长与以下因素有关。

一、基督教青年会发挥了重要作用

宗教在美国体育教育的产生和发展过程中发挥了重要作用。早期美国本土并没有学校体育教育,对欧洲体育教育的引进与本土改造成为美国体育教育成长的重要方式。19世纪60年代以前,美国学校里很少有体育,随后受欧洲体育教育模式的影响,美国学校开始出现了体操项目,从最初的欧洲模式发展为适合本土特征的美国模式。1885年,基督教青年会(YMCA)成立了基督教勤劳者学校,提出"将身体性娱乐引入基督教青年会"的宗旨,开始开展体育教育,并把其影响扩散到其他校园乃至整个社会。1870年,基督教青年会创新了体育教育内容,引入保龄球、赛艇、游泳、棒球等项目作为学校教育的内容。在基督教青年会的推动下,1887年,垒球在芝加哥被发明;1896年,摩根发明了排球;1891年,奈史密斯发明了篮球,并在社会群众中传授健美操;1882年,采取在邻近的体育公园开展大众体育大会等组织方式。1890年,基督教妇女节制会专门设置了一个体育部,要求各州立法规定所有学校增设体育课,并促成了全国教育学会(NEA)[2]的建立。1905年,基督教青年会国际培训学校开始授予教育学士学位,成为美国第一所授予学位的私立师范学院[3]。基督教青年会对美国校园体育和学校体育教育的发展产生了重要影响。

二、专门培养体育师资的师范教育出现

由于体育进入学校课程体系对师资有了特殊需求,专门培养体育师资的师范教育出现,美国体育职业教育也开始兴起。1827年,哈佛大学的福伦(Follen)

---

[1] 马良.美国近代体育发展研究[J].体育文化导刊,2010(5):157-159.
[2] 范达冷 D B,本奈特 B L.美国的体育[M].张泳,译.北京:人民体育出版社,1991:49.
[3] 燕凌,李京诚,韩桂凤.19世纪以来美国中小学体育发展历程及其启示[J].体育学刊,2015(5):87-91.

指导学生教授体育，成为美国最早的体育师资培训。1837年，美国密歇根州首次提出体育教师要具备基本的健康知识。1860年，波士顿创办了最早的体育师范学校，成为推行体育师资培训的真正动力。但师范学校多属于私立性质，培训多与医学联系，多数体育教育人员都是医生，没有教育学学位。1885年以前，美国学校体育（Physical Education）发展很不成熟，当时也没有正式职业化的体育教师[1]。1885年11月，阿德斐学院体育指导员安德森创立了美国体育促进会（AAPE），开启了体育教练员、体育教师培训的大门[2]。体育促进协会对美国体育教育的发展起到了重要作用，该协会的成立标志着美国体育职业进入了规模化生产。1885年，体育教师戴尔芬·汉纳（Delphine Hanna）设计了美国第一个体育教育计划，并在俄亥俄州奥柏林学院实施，成为美国高等体育职业教育的起点。很多大学在19世纪末开始进行体育教师培训，戴尔芬·汉纳在1903年被任命为美国史上首位女性体育教授。1901年，美国第一个体育硕士学位在师范学院创立并实施，1908年，密苏里大学成立了四年制的体育教育学院，代表着美国体育专业高水平专业人才培育标准得到不断提升。

三、学校体育教育立法不断颁布

作为一个新兴的移民国家，美国1789年的联邦宪法没有对教育做任何规定，直到1885年，随着体育被逐步纳入国民教育体系，美国体育开始了自发自由的发展，美国体育以教育的名义迈开了现代化、标准化的步伐。20世纪20年代末，伴随美国资本主义市场全面发育成熟，一个别样的世界体育强国开始成长。这一时期，由于对公立学校体育的关心，不断出现鼓吹规定公立学校设置体育必修课的立法。1866年，美国加利福尼亚州通过立法的形式把体育纳入学校教育，体育教育开始进入有组织的发展阶段[3]。1892年，俄亥俄州的体育法规定，全州各个较大的学校都要设置体育课；1904年体育法修订，要求所有学校一律设置体育课。1897年，威斯康星州（Wisconsin）通过一项有伸缩性的体育法案，要求普通学校教授体育，通过系统的身体操练锻炼身体，促进健康。这一时期还出现

---

[1] LEE MABEL. A History of Physical Education and Sports in the USA [M]. New York John Wiley & Sons, 1983: 111.
[2] LEE MABEL. A History of Physical Education and Sports in the USA [M]. New York John Wiley & Sons, 1983: 112.
[3] 龚正伟，肖焕禹，盖洋. 美国体育政策的演进[J]. 上海体育学院学报，2014（1）：18-24.

了专门管理学校体育教育的领导，但多数由以德国为主的欧洲移民担任。宾夕法尼亚州（Pennsylvania）在 19 世纪 90 年代为体育立法做了很多努力，在 1901 年也成功制定了体育法。到 1914 年，美国通过体育立法的州达到 8 个，但立法内容主要限于学校体育[①]。学校相关体育政策制度的建立为体育教育强国的成长提供了制度基础。

四、"新体育"对学校体育课程和教学改革产生深刻影响

"新体育"运动发端于 1893 年芝加哥国际教育会议，此次会议是欧洲和美国体育学者的首次聚会，标志着体育成为学校体育课程的正式法定学科。体育开始把教育而不是医学视为母学科，结束了体操在体育课程中的统治地位，标志着现代化体育时期的开端。"新体育"运动推动了美国体育教育的发展，教学目标上，伍德认为体育要拥有广泛的目标，为学生全面发展作贡献的观念成为 20 世纪体育的主导思想；理论指导上，"新体育"运动受到现代心理学和教育学的极大影响，在心理学中，霍尔和桑代克在儿童、青少年的学习领域掀起了一场思想革命，把体育用于教育目的；教学形式上，进步主义教育家杜威和克伯屈等进一步发展了新思想观念，摒弃了其中教条化的公式，在教育中引入了自然游戏和自我表达活动，同时，"儿童与青少年是人生独特发展阶段"的观念被广为接受。此外，"新体育"加深了对体育概念的理解，新体育课程的理念为通过身体的教育，强调体育教学目标的多层次化。1910 年，赫塞林顿制定了体育的 4 个核心目标：机体教育、心智技能教育、品格教育和智力教育，认为体育课程中学生所获得的发展是多方面的，远远超出了身体发展的目标。

第二节 美国的体育教育强国快速成长期
（"一战"后至 20 世纪 50 年代初）

进入 20 世纪，体育课已成为美国大部分学校，尤其是大学的必修课。1910 年前后，美国校园体育获得正式的认可。"一战"后，学校体育课程中取消了军事训练，竞赛运动盛行起来，校园体育得到渐进性拓展，美国体育发展进入了稳定期。美国多数地区都承认体育是正规科目，几乎所有的学校都将体育列入正式课

[①]王其慧，李宁. 中外体育史 [M]. 武汉：湖北人民出版社，1988：334.

第六章　美国的体育教育强国成长历程及特征

程，同时采取了增加学时、增多教学内容、增设场地设施等措施，促进了体育教育的快速发展。从1920年开始，美国的体育教育体系开始稳定扎根，在美国公立教育体系中，体育被确立为正规科目地位，形成了完整的体系和形态[1]。1920年后，各种游戏在学校体育发展过程中得到关注，在"新体育"思潮的影响下，体育成为教育的重要方式，体育的概念从身体的教育转为通过身体进行教育。多数学校都以游戏、舞蹈、体操、玩乐等形式接受体育教育内容，体育教育的目标扩展为"身体协调发展"。此外，这一时期，学校体育，尤其是大学业余体育迅速发展，各类学校发展的校园与校际体育开创了无数个美国体育运动第1，如1905年美国大学生体育协会（NCAA）成立。1924年，纽约大学教育学院推出了美国第1个体育学博士培育方案，美国高水平体育教育人才培养迈入了一个新的高度。到1925年，体育已经是学校教育的重要组成部分，逐渐形成了"新体育时代"的基础[2]。

20世纪30年代之前，美国体育教育主要受社会化教育运动和发育主义教育运动的影响，把健康作为活动的附属产品而不是主要目的[3]。到1930年，新的教育理念充分认识到现代流行运动、游戏和竞赛的价值，把游戏、手球、高尔夫球、羽毛球等运动列入了学校体育课程，体育在教育领域内取得了牢固的地位[4]。即使在1933年经济危机的困境中，美国退伍军人协会都通过协议把学校的卫生、体育和娱乐课程保留了下来。

"二战"期间，体育教育的内容经过修改，主要服务于体格健全这一基本目标。体育的目的主要是健全体格，强调体力、耐力、协调的发展，以及兵役和战时所要求的体力技能，提倡所有学生都能参加学校体育课程及体格检查和卫生管理。尽管体育教育肩负了特殊任务和要求，但并没有在学校中以军事训练代替体育，大、中学校的体育竞赛和体育教育都被保留了下来。战争年代，体育教育的目的依然是增进身体素质而不是服务于军事，在学校体育场上，足球、棒球和触式橄榄球等一些需要奔跑的运动盛行，校际体育运动联合会要求所有会员学校每周至少开设3小时体育课，体育在普通教育中的地位始终没被动摇。

---

[1] MABEL LEE. A History of Physical Education and port in the USA [M]. New York：John Wiley&Sons，1983.
[2] AILEENE S. LOCKHART. History of Sport and Physical Education in the United States [M]. Wm. C. Brown Company Publishers，1988.
[3] 范达冷 D B，本奈特 B L. 美国的体育 [M]. 张泳，译. 北京：人民体育出版社，1991：135.
[4] 范达冷 D B，本奈特 B L. 美国的体育 [M]. 张泳，译. 北京：人民体育出版社，1991：134.

"二战"后，随着社会经济文化的不断进步，美国体育分化为众多的独立领域，安全教育、健康教育、休闲（包括公园活动）和舞蹈等协会组织迅速兴起，对体育教育的发展产生了重要影响。此外，随着美国大众体育和竞技体育的繁荣，各类体育协会、体育场地设施和体育竞赛大力扩张，学校体育深受影响，体育教育者根据学生的兴趣成立了一些新的体育协会组织，如健康活动社团、学生男子体育社团、学生女子体育社团、露营与休闲协会等。资本主义市场逐渐发育成熟，体育教育的对外推广对社会体育活动的开展发挥了重要作用。这一时期美国体育教育强国的快速成长体现在以下五个方面。

一、竞技内容进入学校体育教育课程

19世纪末至20世纪初的20年，竞技运动、侧重发展体操的资产阶级民主运动、有组织实施的学校体育教学等开始在全美范围内不断开展[1]。受杜威实用主义教育思想的影响，学校教育中的体操体系受到了改造，注重竞技和游戏的"新体育"教学模式产生，学校体育中开始出现与竞技运动相结合的内容，主要体现在体育课程中竞技内容和游戏的增加，以及教育内容中竞技运动项目的增多。在学校体育活动开展中，十分注重把田径、球类作为主要的竞技运动项目，并且，广泛而又频繁地开展校际体育比赛，校园内的对抗性竞技活动得到迅速发展。"二战"后，随着"新体育"的盛行，学生对竞技运动的热情骤增，学校中参与竞技运动的学生不断增加，学生的运动技能水平得以提高，为美国职业体育和高水平竞技体育培养了大量人才，学校体育逐步演化为美国竞技体育人才的摇篮。

二、以体育课程和教师教育为基础的标准体系出现

20世纪20年代，美国一些州开始制定课程标准，对体育教育课程进行标准化建设，通过专门立法来引导体育与健康进入学校。首先，从20世纪30年代开始，学生健康技能测评与体适能测试成为体育职业标准的基本内容。在"体质健康"战略驱动下，美国先后有10多位总统通过筹建组织机构、设立专门奖励、举行学术会议、宣传健身活动等方式来推动青少年体质健康发展。其次，1935年，美国教育协会（NEA）主导了体育教师教育标准的制定，为后续职前体育教

---

[1] 钟秉枢. 职业体育——理论与实践 [M]. 北京：北京体育大学出版社，2006：55.

师的培训与教育奠定了基础。再次，1937 年，美国教育协会将国家健康与体育联盟（AAHPE）并入，对学校体育教育专业发展进行了指导[①]。最后，1938 年，美国最早的体育课程著作《体育课程指南》出版，采用"单元教学"的模式把体育课程内容分为 3~6 周教授，并很快成为学校体育教学计划的标准模式。各州在课程方案的指导下，针对自己的具体情况进行体育课程安排，选择合适的教学内容，不断推出了逐渐完整的体育教育课程方案，对学生要学习的课程结构、体育能力与技巧等做了具体的说明，从而丰富了美国体育教育的内容体系。

三、学校体育政策法规日臻完善

"一战"后，为使学校体育获得稳步发展，美国政府十分重视体育立法工作。各州制定体育教育相关法令的年份如表 6-2 所示，1914 年以前，通过体育教育相关立法的州只有 3 个，并且内容方面主要限于学校体育活动。而 1917—1919 年，美国有超过 50%的州制定了有关体育的法令条文，内容涉及体育教育、运动竞赛、娱乐、健康等多个领域。1919 年，美国国会为推进各地体育顺利开展，提出了"体育法案"，这是美国历史上第一个全国性的体育立法。此外，威尔逊总统成立了专门的学校体育推进委员会（Committee for the Promotion of Physical Education in the Public Schools），推动各州的体育教育立法工作。到 1930 年，全国有 39 个州颁布了体育教育法，多数州都设立了实施体育教育法规的专门机构，其中，22 个州有负责体育教育法规开展的专门职位。相关学校体育立法详细，包括体育课程内容、时间、场地、学分要求等。到 1949 年，有 41 个州制定了体育法，多数州都设置了体育督学或体育主任，从而保障了美国学校体育教育开展的规范化。

表 6-2 各州制定体育教育相关法令的年份

时间/年	州名	时间/年	州名
1866	加利福尼亚	1919	犹他
1892	俄亥俄	1919	华盛顿
1899	北达科他	1919	印第安纳

[①] MECHIKOFF R A, ESTES S G. A History and Philosophy of Sport and Physical Education：From Ancient Civilizations to the Modern World [M]. New York：McGowan-Hill, 2006：12.

续表

时间/年	州名	时间/年	州名
1913	爱达荷	1919	俄勒冈
1915	伊利诺伊	1920	佐治亚
1917	罗德岛	1920	密西西比
1917	新泽西	1920	肯塔基
1917	内华达	1920	弗吉尼亚
1918	马里兰	1921	康涅狄格
1918	特拉华	1921	马萨诸塞
1919	亚拉巴马	1921	西弗吉尼亚
1919	密歇根	1921	北卡罗来纳
1919	宾夕法尼亚	1921	密苏里

资料来源：马良.美国近代体育发展研究［J］.体育文化导刊，2010（5）：157-159.

四、学校休闲娱乐活动的教育价值得到认可

随着大量城市公园的建立，现代休闲教育逐渐出现。1911—1913年，美国部分学校开设了游戏、室外运动等相关课程。1918年，休闲教育被美国联邦教育局列为高中教育的必修课程。随着美国经济社会的快速发展，人们的生活方式不断发生改变，体育休闲活动、健身、健美及娱乐性的体育运动开始在学校中出现。1926年，国家娱乐协会（NRA）建立起一所国家娱乐学院，为毕业生提供休闲教育服务和项目培训，以满足日益增长的公共娱乐机构对休闲人才的需求；1956年，宾夕法尼亚大学开始开设娱乐相关课程；1932年，伊利诺伊大学开始了娱乐活动课程（Recreational Activities）；1937年，美国第一次全国性的高等休闲课程教学研讨会（First National Curriculum Conference）召开；1940年，伊利诺伊大学设立了第一个休闲专业的学士学位[1]。美国大学休闲教育迅速扩展，一些正式的休闲专业、系科如雨后春笋般不断涌现。学校休闲教育的引进，拓展了传统的体育教育内容，丰富了体育教育的内涵，拓宽了美国体育教育的覆盖领域。

---

[1] RICHARD KRAUS. Leisure in a Changing America: Trends and issues for the 21st Century [M]. Boston: Allyn&Bacon, 2000: 57.

五、体育师范教育蓬勃发展

美国体育教育专业始于19世纪60年代,其产生的动因或培养目标即培养体育师资。随着19世纪后期学校体育的发展,社会对体育师资的需求增加,体育教育专业迅速发展,1900年已有15个教育机构提供体育师范教育计划。20世纪初,在新体育运动的影响下,美国学校教育开始强调健康、娱乐、运动、舞蹈和身体练习,一些大学开始设置4年制的体育学士课程,学校逐步开始设有体育专业。随着学校体育教育的发展,体育师资需求逐渐增加,许多大学创办了体育系科。1918年,体育师资培训机构只有20所,到1946年上升到了361所,到1950年超过了400所,并出现了专门提供体育教育专业培训课程的公立师范学院。"二战"后,由于对青少年健康的重视及学校体育立法的增多,学校体育受到重视,体育师资的需求增加,满足社会对体育师资的需求成为体育教育专业发展的社会动力。同时,高等教育大众化程度的提高也给体育教育专业的发展提供了契机,体育院系的数量由此得以增加。1949年,有体育专业的学校已达400多所,1955年上升到532所。学校对教师的学历要求也不断提高,1930—1950年,学校体育专业得到迅速发展,70多所大学设立了体育硕士学位,将近20所院校开设了博士学位[1]。1948年,全美卫生、体育与娱乐活动专业系科会议召开,提出培养"卫生、体育、娱乐活动"三种专业师资的课程规划,推动了体育师资的培养。1950年,全美有一万余名体育教育专业毕业生,比1941年增加了600%,体育教师已经可以满足全美学校体育教育的需求[2]。

第三节　美国的体育教育强国强盛期
（20世纪50年代中期至90年代初）

从20世纪50年代中期开始,美国学校体育教育走向了教育质量全面提升的阶段[3]。受美苏冷战影响,以健全体格为中心的内容在学校体育教育中开展起来,当时社会强调体质健康的教育思想取代了以社会化教育为核心的"新体育"

---

[1] 范达冷 D B,本奈特 B L. 美国的体育[M]. 张咏,译. 北京：人民体育出版社,1991：146.
[2] 燕凌,李京诚,韩桂凤. 19世纪以来美国中小学体育发展历程及其启示[J]. 体育学刊, 2015 (5)：87-91.
[3] LEE MABEL. A History of Physical Education and Sport in the USA [M]. New York：John Wiley&Sons, 1983.

理念，美国体育教育出现以质量的全面提高为核心的成长走向。20世纪50年代后，在艾森豪威尔与肯尼迪总统的推动下，美国体育教育进入黄金发展期，首先体现在对青少年体质问题的重视。随着现代社会的发展，进入20世纪后，美国青少年儿童的健康水平不断下降，1953年，纽约大学的汉斯·克劳斯教授（Dr. Hans Kraus）在《肌肉健康与体质》（*Muscular Fitness and Health*）中指出，美国青少年存在体力劳动缺乏的问题[1]。1954年，库劳斯·威伯（Kraus-Weber）体质测试表明，美国青少年的健康水平低于欧洲。在这种背景下，20世纪50年代，青少年体质健康问题受到了美国政府的重点关注[2]。首先，总统支持。1958年，政府颁布《国防教育法案》，增加教育经费投入，掀起了学校教育课程改革运动，推动了学校体育的发展，为青少年体质健康的提升带来了新的契机[3]。艾森豪威尔专门成立了总统青少年体质委员会（The President's Conference on the Fitness of American Youth）。1961年，肯尼迪总统提出"促进人们参加体育活动并提高他们的体质水平，永远是美国的基本政策"[4]。此后，先后有10余位总统通过各类方式推动青少年体质健康发展。其次，社会组织协助。在政府的支持下，美国各个州都设立了体质健康机构，终身体育基金会（Lifetime Sports Foundation）、体育、健康、娱乐与舞蹈联盟（AAH-PERD）、以及业余体联（AALL）、运动医学学会、全国大学体育协会、基督教青年会（YMCA）等社会团体为青少年体质健康发展作出了重要贡献。最后，相关教育计划的配套。20世纪60—70年代，学校把体质测试分为两个部分，一是与运动相关的体质测试（Sport-Related Physical Fitness）；二是与健康相关的体质测试（Health-Related Physical Fitness），并确立了明确的测试项目和评价标准（表6-3）。20世纪80年代以来，伴随"优秀教育"的改革，《学校体育国家标准》出台，美国政府颁布了一系列以体育教育为轴心的学生体质健康教育计划，如与健康概念相关的"Fitness for Life"学习计划，与体育课程教学及体育教育相关的"CATCH"与"SPARK"

---

[1] JAMES RIORDAN, ARND KRUGER. The International Politics of Sport in the Twentieth Century [M]. NY: Routledge, 1999: 166.
[2] JAMES R. MORROW JR, WEIMO ZHU, et al. 1954-2004: 50 years of youth fitness tests in the untied stated [J]. Research Quarterly for Exercise and Sport, 2005, 80: 1-11.
[3] 王静. 美国德克萨斯州儿童青少年肌肉体质健康状况及影响因素研究 [D]. 上海：华东师范大学, 2011.
[4] JAMES RIORDAN, ARND KRUGER. The International Politics of Sport in the Twentieth Century [M]. New York: Routledge, 1999: 166.

计等①。1985年，体育、健康、娱乐与舞蹈联盟修订了"最佳身体测验标准"（Physical Best），完成了从"运动指数"到"健康指数"的过渡，促进了学校体育重心由"学生体力教育"向"学生健身教育"的转变。这一阶段，美国体育教育强国的快速成长主要体现在以下六个方面。

表6-3　1958—1985年美国青少年健康测试指标变化

1958年测试项目/评价因素	1985年测试项目/评价因素
50码（1码约0.91米）跑——速度 600码跑——耐力	1或1.5英里（1英里约1.61千米）跑徒——心血管耐力/心血管健康
悬垂——肩臂力量 仰卧起坐——腹肌力量	引体向上或屈臂悬垂——肌肉力量/耐力
往返跑——灵敏、速度 立定跳远——爆发力	身体组成成分——肥胖、高血压、冠心病等
投实心球——手臂力量	仰卧起坐——肌肉力量/耐力 坐位体前屈——身体柔韧性

资料来源：傅纪良《〈学生体质健康标准〉指标体系的实验研究》。

一、青少年体质健康测试效果显著

在总统体质委员会的推动下，美国学校青少年的体质健康测试取得了良好的效果。政府颁布了一系列以体育教育为轴心的学生体质健康教育计划，学校分别为学生开展与运动相关的体质测试和与健康相关的体质测试。据统计，1959—1960年，有2000多万学生通过《学生体育及格测验标准》。仅1963年，在美国公立学校4～12年级的2600万名学生中，有2000万名儿童实行了经常的体质健康计划，比前1年增加了210万人，有30个州设置了体质委员会。同年，美国的108000所公立学校中有56%的学校开设了体育课，并运用了身体发展能力测试，带领学生在体育课上进行更为激烈的身体活动，使青少年的体质得到了较好的改善。在1964—1965年的学生身体素质标准测验中，11000名男女儿童，除1个项目外，各年龄级别项目的平均测验成绩都比1957—1958年的学生成绩高，尤其是1966年后，约翰逊总统设置了体质总统奖章，授予体质测试成绩达到一

---

①罗平，张剑. 美国青少年健康体适能教育计划开发概况[J]. 上海体育学院学报，2009（1）：86-90.

定级别的前15%或更多的学生,仅前4年中就有30万名青少年获得了总统体质奖章[1],促进了学校体育教育重心由"学生体力"向"学生健康"的转变。

二、体育教育的目标发生转变

20世纪50年代,体育教育受到"生活调整运动"的影响,提出体育教育的目的是培养健康的青年,使他们的生活民主化[2]。体育教育的目标是注重塑造青少年的健康生活方式。1956年,美国卫生、体育与娱乐学会召开体格健全会议,提出健全是一个人能活动的程度,包括机体、智力、情感、社会及精神等多个层面,其中体育的智力目标尤其受到关注。1957年,苏联人造卫星成功发射,引起了政府对教育的担忧,并提供了改进美国学校教育目标的动力。1958年《国防教育法案》颁布,整个国家掀起了健全体格的运动,成为美国教育史上第一次在没有战争刺激的情况下使体育内容突出体格健全的计划,并且没有减退,一直持续到整个20世纪60年代。在健全体格教育目标的引导下,学校体育课内容相应增多。动作教育强调个人解决问题的技巧,并且鼓励青少年依靠自己的能力适应身体和情感的潜力,以便掌握既定的教育目标。学校教育在社会发展中的地位日益凸显,尤其是基础教育成为这一时期教育改革的核心领域,在基础教育改革浪潮中,体育教育没有受到应有的重视,学校体育教育迷失了方向,进入了成长危机期。随着肥胖病在美国的蔓延,青少年体质水平普遍下降,联邦政府颁布了旨在提高青少年健康水平的"国家学校体育标准"和"体育教育计划",确立了以"健康促进"为中心的战略导向,推进了美国体育教育强国规范化成长。

三、学校体育课程方案得到进一步完善

这一时期,美国政府推出了完整的体育教育课程方案,对学生要学习的课程内容、体育能力与技巧等做了具体的说明,并且不断延展方案层次,具有显著的本土化特征。体育教育方案标准内容主要包括有规律地参与体育活动;能够运用适当的运动规则、运动策略和运动概念;在体育活动中能够具备采用合适的活动

---

[1]范达冷 D B,本奈特 B L. 美国的体育 [M]. 张泳,译. 北京:人民体育出版社,1991:187-220.
[2]ZYSKIND, ARI. The Politics of Physical Education Reform [D]. Claremont: Claremont McKenna College, 2012: 9-10.

方式和活动技巧的能力；能够做到在活动中尊重他人、尊重自己；学会维持健康水平最佳状态的方式等。在总体课程目标上把"接受了体育教育的人"替换为"具有身体素养的人"；在课程理念上凸显个性，强化主导；加强了对"与健康相关知识和技能的关注"；推出了多种标准的配套读物，对学生学习效果和教师指导进行评价与帮助；细化了各年级体育学习内容及安排顺序。各州在课程方案的指导下，针对自己的具体情况进行了体育课程安排，选择了合适的教学内容，满足了不同阶段学生的体育需求，有助于运动能力的提高。20世纪80年代以来，《学校体育国家标准》出台，美国政府颁布了一系列以体育教育为轴心的学生体质健康教育计划，如与健康相关的"Fitness for Life"学习计划，与体育教育相关的"CATCH"与"SPARK"计划等。1985年，AAH-PERD修订了"最佳身体测验标准"（Physical Best），完成了从"运动指数"到"健康指数"的过渡，促进了学校体育教育重心由"学生体力"向"学生健康"转变，推动了体育教育质量的全面提升。

四、休闲主题教育进入体育课程

随着美国现代休闲型社会的不断发展，以旅游、娱乐、健康、休闲为主旨的体育课程逐步进入学校体育。1955年实行户外教育规划，1965年成立"终身运动基金会"。到1980年，出现了学校为学生提供多种运动方向、学生进行体育课程选修的状况。1983年，美国总统健康与体育委员会建立分支机构——全国健身基金会，在政府的大力推进下，学校体育活动中强调休闲的趋势出现，并一直持续到20世纪90年代[1]。学生不再以传统的健身或竞技性体育活动为主，而选修了如背包旅游、壁球、有氧舞蹈等休闲类课程。到20世纪80年代，"新游戏"课程出现，这种课程把娱乐元素纳入其中，强调体育中的合作而不是竞争，培养了青少年良好的大众体育参与意识。大众体育在关注青少年健康的同时，也不断扩大范围，并逐步渗透到社会群体。大众体育从校内扩散到校外，逐步实现了从"以学生健康为中心"到"培养身心健康的完整人"的转变。

此外，户外教育成为体育教育的新内容。20世纪30—40年代，户外教育就与学校野营配合，以丰富学校体育课程。1950年后，肯尼迪总统对保护自然的

---

[1] ZYSKIND, ARI. The Politics of Physical Education Reform [D]. Claremont: Claremont McKenna College, 2012: 12.

关心使户外教育树立了新的目标,户外教育运动得到新的发展。1955 年,美国卫生、体育与娱乐学会借助各运动器材公司的经济支援,推行户外教育规划,主要利用户外的自然环境,使学生在参与运动的同时,通过生物之间相互依赖关系的培养尊重人生的态度。1962 年,内政部增设了户外娱乐管理局,根据中小学教育法案,户外教育有资格接受联邦政府的资助,许多公立学校建立了实验地址,每日为青少年提供户外活动的教学经验。

五、体育教育公平和教育标准得到保障

20 世纪 50 年代后,随着美国民权运动、女权运动的开展,推动教育公平、保障青少年的平等教育权利受到政府的关注。这一时期在学校体育教育方面产生重要影响的立法主要有两个:一是 1972 年美国《教育法修正案》第九条,保障了青少年女性享有平等接受教育的权利,女性参与体育的人口数量不断提升(表6-4);二是 1975 年通过的《残疾儿童教育法》(Education of all Handicapped Children Act),保障了残障学生接受体育教育的权利。两个法案的颁布为美国学校所有儿童接受平等的体育教育提供了保障。

表 6-4　《教育法修正案》第九条颁布前后高中女子体育参与变化

时间/年	女生参与体育人口/人	男生参与体育人口/人
1971—1972	294015	3666917
1973—1974	1300169	4070125
1975—1976	1645039	4109021
1977—1978	2083040	4367442
1979—1980	1750264	3517829
2011—2012	3207533	4484987

数据来源:NFHS 官方统计报告。

此外,体育师范教育更加强调标准化与专业化。师范教育是培养体育教育师资的摇篮,从 1948 年开始,美国的全国健康教育与休闲职业大会提出了通识教育,并制定了体育师资培训标准[①]。到 20 世纪 60 年代,重点主要是培训能从事多个运动项目的"多面手"。20 世纪 50 年代后,私立体育师范培训学校已经消

---

①燕凌,李京诚,韩桂凤.19 世纪以来美国中小学体育发展历程及其启示 [J].体育学刊,2015(5):87-91.

失。1969年，全国大约有650所培养体育师资的高等院校，其中有200所具有硕士授予权，有50所大学可以授予博士学位。到20世纪70年代，体育职前培训开始涉足非体育领域。1950—1970年，提高师资水平的努力取得了进展。到20世纪80年代，通识教育课程被强调专业化的课程替代，体育师范教育的标准提升。到20世纪90年代，体育教师师资教育课程更加趋向专业化。

六、《学校体育国家标准》下的健康教育不断实施

20世纪80年代后，为了实现"优秀教育"的目标，美国开始掀起追求标准化与统一化的教育改革。1992年，全美运动与体育协会（NASPE）在"优秀体育教育计划"的成果中对"接受体育教育的人"做了特殊界定。受此影响，20世纪初，美国健康、体育、娱乐与舞蹈联合会推出了《学校体育国家标准》，各州也相继推出了自己的课程标准[1]。《学校体育国家标准》主要包括重视健康体能的教育，开发"体适能"教育计划，如SPARK课程、"总统挑战"生活体适能、"最适体适能"等；强调体育的学科性，以"优秀学科"为目的的体育教育被认为是能够给予学生发展的课程；强调发展运动课程和具有终身体育价值的运动教学，舞蹈、韵律体操、娱乐活动等受到重视；注重大单元教学和项目的技战术讲解，突出教学内容的多元化；重视发挥教学评价的作用，形成系统的评价体系。20世纪80年代，一些被认为具有终身教育价值的课程，如游泳、跑步等占到体育课程内容的47.6%[2]，为学生学校健康教育的持续开展奠定了基础。

第四节 美国的体育教育强国缓慢成长期（20世纪90年代至今）

20世纪90年代后，美国教育面临的社会环境发生了深刻变化。"冷战"结束使美国成为世界上唯一的超级大国，从此美国极力维护其在世界舞台上的主导地位，教育被视为维护与延续其领导地位的工具。随着知识经济的崛起，学校教育在社会发展中的地位日益凸显，尤其是基础教育成为这一时期教育改革的核心

---

[1] TAYLOR JL, CHIOGIO JIEN. Implications of educational reform on high school pe programs [J]. J Phy Edu Rec Dance, 1987, 58 (2): 22-23.
[2] 张建华, 高嵘, 毛振明. 当代美国体育课程改革及对我国的启示 [J]. 体育科学, 2004 (24): 50-55.

领域。在如火如荼的基础教育改革浪潮中，体育教育作为学校教育的重要组成部分不但没有受到应有的重视，反而被认为是"无价值的课程"，再加上体育教育自身存在的问题重重，导致了美国学校体育教育的衰退。学生体育课的日常参与在1991—1995年从42%下降到25%，学生肥胖问题严重，学校体育几乎被医学界把持。20世纪90年代后，随着数学、科学等基础科目在基础教育改革的大潮中备受重视，体育教育存在的意义令人质疑。这一时期美国体育教育缓慢成长的根源体现在四个方面。

一、基础教育改革的影响

这一时期，全国性教育改革运动最直接的原因在于学校教育质量的下降，出现了"教育赤字"。20世纪80年代后，美国学校学生入学成绩普遍较低，学生在基础教育中要求的算、读、写等能力欠缺，引起了政府的高度重视。在教育改革中，联邦政府对国民必须接受的基本教育内容重新做了设定，大幅删减过于迎合学生兴趣的无价值课程①。在基础教育改革中，体育被认为是迎合学生兴趣的"无价值"课程，各级政府把体育列为删减的对象。以基础课程为中心的教育改革，忽视了体育教育在学校教育中的地位，使体育教育在学校教育中的地位下降②。20世纪80年代，里根和布什两位总统都认为，美国教育领域最重要的措施是推行"优异教育"运动。1983年，国家优异教育委员会提交了《国家处于危机之中》的调查报告。该报告中指出，美国青少年的基础教育出现严重问题，将美国教育放在世界新经济的竞争之中，美国对手不再是冷战时期的苏联，而是美国的政治盟友日本、韩国和德国，认为这些国家的经济正在赶超美国，之所以这些国家能够在经济方面实现赶超，关键在于它们在教育上实现了赶超。根据国家标准，这些国家的学生在阅读、数学和科学等课程中的分数都更高，尤其是电脑知识，正是创造科技成果最重要的科目。此外，《国家处于危机之中》还提到，学习成绩下降，学生学术知识不足，学校教育处于危险境地，引起了教育界的广泛关注，从而拉开了美国"优异教育"改革的序幕。1990年后，教育改革

---

① 韦恩·厄本，杰宁斯·瓦格纳. 美国教育：一部历史档案 [M]. 周晟，谢爱磊，译. 北京：中国人民大学出版社, 2009：487-488.

② WAYNE J. URBAN, JENNINGS L. WAGONER, JR. American Education: A History [M]. New York: The McGowan-Hill Companies, Inc, 2004：493-496.

第六章　美国的体育教育强国成长历程及特征

得到了深入的推进，改革措施主要包括：①以优异教育为口号，以提高学习能力为主要目标，增加更多的文化科目考试，回归基础课程、传统教学方法和加强学生纪律培养；②追求教育内容的标准化、基础化、统一化和评价标准的设定；③放宽对以学校和学区为主体的教育改革机构的规定，加强基础教学技术改革；④推进基础教育变革的法律框架，追究学校和学区对教育成果的责任[1]。

1993年，克林顿就任美国总统，成立了国家教育标准与改进委员会（NESIC），启动了新的教育法案。1994年3月，《2000年目标：美国教育法》经克林顿签署实施，成为政府基础教育改革的蓝图。该法案把制定全国性中小学课程标准作为一项主要任务，规定学校必须成为学习的场所，让学生在学校做好"终身学习"的准备。此外，还制定了《美国2000年的教育战略》，该项教育战略以基础教育为中心，如规定"每个成年的美国人都能读书识字，英语、数学、自然科学、历史和地理等科目必须合格，学生在自然科学和数学方面的成绩居世界首位，把中学毕业率至少提高90%等"[2]，但整个教育战略没有涉及体育教育的相关内容。

可以说，1990年后，美国"优异教育"改革动向把美国的教育危机完全归结于"基础教育"，其呼吁的基础教育改革没有涉及学校体育，忽视了学校体育教育对学生身心培养的重要性，促使中小学体育课数量减少，导致美国学校体育明显衰退[3]。1991年，美国著名的体育教育学家Rink提出，美国的基础教育严重地重智轻体，体育在教育改革运动中被忽视，体育教育的必修单位在日益减少[4]。1992年，教育学者西登拓扑指出，"在运动、健康、体能价值日渐高涨的时代，学校教育中缺少对体育价值认可的信赖性，由此而成为校外嘲笑的对象，民族日渐成为'趋于灭绝的种类'"[5]。1992年，教育家Vicker提出，马里兰州中学体育课的必修单位减少了一半，这种现象并非个例，而是在美国各个州都在发生。1993年的《美国2000年的教育战略》则进一步忽视了体育在学校教育中的地位，加重了学校体育教育的危机。

---

[1] WAYNE J. URBAN, JENNINGS L. WAGONER, JR. American Education：A History [M]. New York：The McGowan-Hill Companies, Inc, 2004：494.
[2] 韦恩·厄本,杰宁斯·瓦格纳. 美国教育：一部历史档案 [M]. 周晟, 谢爱磊, 译. 北京：中国人民大学出版社, 2009：497.
[3] S IEDEN TO P D. Thinking differently about secondary physical education [J]. J Physical Education Rec Dance, 1992, 63 (7)：69-72.
[4] 杨清琼. 美国中小学体育教育研究 [D]. 北京：北京体育大学, 2010：32.
[5] 张建华, 高嵘, 毛振明. 当代美国体育课程改革及对我国的启示 [J]. 体育科学, 2004 (24)：50-55.

二、学校体育教育自身问题导致社会问责

社会各界的教育问责,使学校体育处于低落的境况。由于美国社会提倡民主,注重言论自由,所以美国各类学校有对纳税人说明取得相应成果的责任。随着日常生活中国民知识能力的下降,传统的美国学校体育课程被认为过度迎合学生的兴趣,忽视学生的基础知识,不能为社会提供有价值的教育,美国学校各年级要求有体育课的情况整体呈下降趋势(图6-2)。因此,学校体育课程经常受到来自社会各界的批评,家长不愿意为孩子参与学校体育运动支付高金额费用,大多数家长支付的金额少于150美元(图6-3)。当然,体育课程受到社会问责并非毫无根据,这一时期体育之所以在学校教育方面产生危机,自身有着重要原因。主要体现在:①只注重简单的体育活动教学,对国民健康体能及青少年运动不足等问题没有作什么贡献;②体育课程的教学设计简单、平庸,没有得到较高的社会信任;③在学校体育教学中缺乏对教学计划、教师、学生的效果评价,合格体育师资力量较少,教师研修机会缺乏,教学场地设施不足;④学校体育班级人数多,上课时间短,教学效果差,学校体育课的参与率低;⑤学校管理层和体育教师为了提高学校声誉,多是重视运动队训练,不重视体育教学[①]。

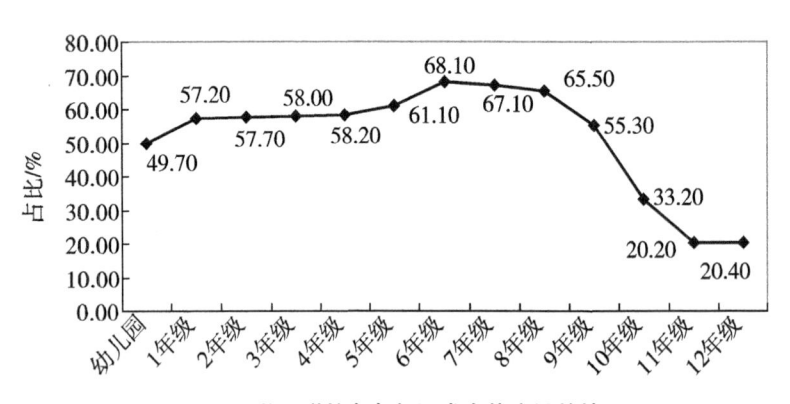

图6-2 美国学校各年级要求有体育课的情况

(资料来源:SARAH M. LEE, PH. D, CHARLENE R ETC. Physical education and physical activity: results from the school health policies and programs study 2006 [J]. Journal of School Health, 2007, 77 (8): 12-18.)

[①]岸本睦久. 90年代美国教育改革动向 [J]. 教育信息, 1998, 481: 34-39.

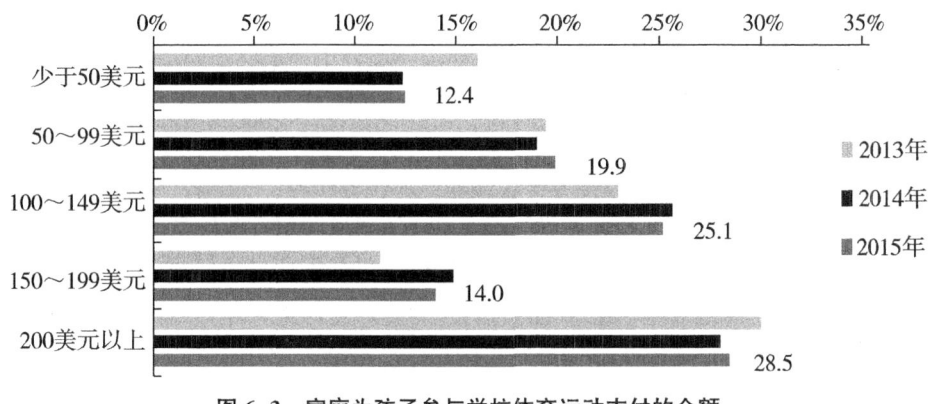

图 6-3　家庭为孩子参与学校体育运动支付的金额

（资料来源：陈琳. 美国学校体育面临的危机 [J]. 体育科研，2005（6）：85.）

三、应试教育改革的矛盾激化

21 世纪后，美国学校体育的发展依然存在被轻视的现象，尤其是应试教育改革，把学校教育重心集中于学生学业成绩的提高，加重了中小学体育教育重心的偏离，忽视了学校体育教育的发展。美联邦政府自 2001 年开始实施一项名为"NO Child Left Behind Act"（不让一个孩子掉队）的政策，主要内容是要通过全国统一考试排定名次的方法，确定政府向学校分配补贴金的比率，提高中小学的教学质量。该法案在学科规定内容方面删掉了体育教育内容，引导各个学校削减体育课时数，增加文化课时数，校外文化课辅导班日益盛行。各州学校纷纷响应，把工作重心放在学校教育中学生学习成绩的提升上，忽视了学校体育教育的发展，导致美国中小学体育教育逐渐偏离了重心。例如，加利福尼亚超过 48% 的小学和 23.5% 的中学都没有达到规定的运动要求[1]。并且，地方教育监管措施不完善，各州中小学都采用学生的学业成绩弥补体育活动参与的时间，从而巧妙地规避检查。学校体育教育的后果日益影响了青少年体质发育，学生在学校体育锻炼不足的缺陷逐渐显现出来，如肥胖儿的增加，心脏病和糖尿病患病儿的增加等。到 2006 年，只有 36% 的州和 75.8% 的地区对体育教学做了时间上的规定，只有 78.3% 的学校要求学生上体育课，不到一半的幼儿园要求有体育课，小学一至九年级要求有体育课的比率起伏不大，但从十年级开始要求有体育课的学校显

---

[1]张曙光. 美国发布体育参与报告（2016 年版）[J]. 国（境）外大众体育信息，2017（3）.

著下降。2012年,美国医药协会(AMA)的调查报告中指出,美国仅有50%的中小学生能得到足够的锻炼。学生在校期间,仅有2%的高中、4%的小学和8%的初中能每天为学生提供体育活动时间,而这一数据与2006年的2.1%、3.8%、7.9%几乎持平,说明2006—2012年美国学校体育教育没有任何改善[①]。按照美国疾病控制中心的报告,每天中学体育课的参加者已急剧地下降——从1991年的42%下降到1997年的27%。近年来,美国6～12岁和13～17岁年龄段的青少年缺乏运动率持续上升,在美国青少年中,每5人中至少有1人的体重是超重的;有14%可定为肥胖。两项测量结果中学生体质的下降程度已明显高于疾病控制中心1980年的报告结果[②]。这说明,20世纪90年代后的美国体育教育发展缓慢,甚至出现了历史性的倒退。

四、现代不良生活方式影响了学生体育活动参与

20世纪90年代后,一些运动项目和健身项目的青少年参与人数都在下降。关于青少年体育活动减少的解释有很多,如学校体育课的减少,学校和当地娱乐部门减少了体育教育和体育活动的预算等。

首先,随着美国社会文化和经济的变化,现代不良生活方式影响了学生的学校体育活动参与。缺乏体育锻炼、久坐不动的娱乐方式、快餐文化、多媒体的进步等都导致了青少年肥胖症的增多。美国体育数据公司于2001年1月提供的数据显示,18～34岁经常参与体育活动的人数占20%;12～17岁孩子的这一数据仅为18%,而他们在20世纪80年代还经常参加健身活动[③]。美国体育数据公司(ASD)总裁哈维·劳尔认为,这是一个危险的下降趋势,在1987年测量时,美国12～17岁的孩子中全年至少参加100次健身的只占31%,7～17岁年龄段体育活动参加者数量不断下降(图6-4),这一事实不仅意味着对体育用品行业的重大冲击,也是对未来美国公众健康的寒冷预兆。

其次,20世纪90年代后交互式虚拟体育游戏的兴起让青少年脱离了学校和课余体育活动。电子竞技游戏如"跳跳革命"(Dance Dance Revolution,DDR)、

[①] 陈琳. 美国学校体育面临的危机 [J]. 体育科研, 2005 (6): 85.
[②] 陈琳. 美国学校体育面临的危机 [J]. 体育科研, 2005 (6): 85.
[③] 周刚, 郑斌. 爷爷比孙子更健康?——美国青少年与老年人体育活动参与调查 [J]. 国外体育动态, 2002 (3).

任天堂游戏机（Wii）等不断涌现，这些游戏设计的初衷是将游戏和体育锻炼结合，让青少年以娱乐的心态投入健身运动，却事与愿违。体育商业研究网（SBRnet）《2014年体育迷市场调查》显示，美国13～17岁青少年参与交互式虚拟体育游戏的人数显著增长①。通常还有电脑游戏、聊天室、上网、钢琴课、电子信箱、MTV、学术智能测验训练、CD、女童子军活动和其他令人发狂但需久坐的娱乐，它充溢于世纪更替时期孩子的生活中。年轻人的虚拟娱乐场所从室外转移到室内，这可能已是一个地震式的转变，但有些事却从未改变。按照凯瑟基金会1999年的调查，吞食青少年时间的罪魁祸首还是电视。2～18岁的美国孩子每天平均花费2小时46分钟看电视，还花费21分钟在计算机上，目的仅仅是"玩"②，电玩游戏剥夺了儿童从事其他体育活动的时间和机会。

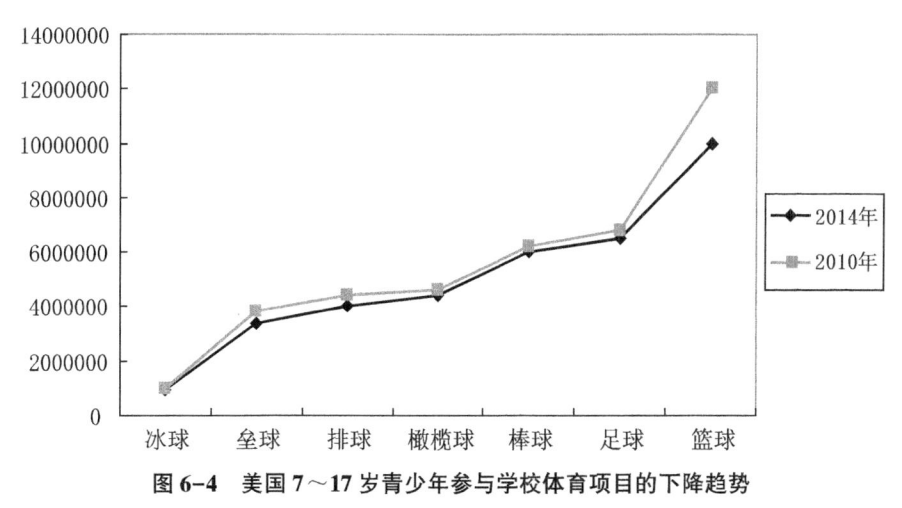

图6-4 美国7～17岁青少年参与学校体育项目的下降趋势

（资料来源：2015年美国集体运动项目趋势报告 [N].
华盛顿：2015美国体育和健身产业协会报告，2017.）

总之，20世纪90年代后，美国体育教育缓慢发展的根源在于一系列基础教育改革运动的普遍开展。虽然这一时期大众对健康运动生活方式的情绪高涨，但是对体育课的支持却在减弱，中小学体育课的地位受到挑战。并且，推出了以基础课程为中心的"优异教育"改革和"不让一个孩子掉队"等教育改革，体育

---

①杨清琼. 美国中小学体育教育研究 [D]. 北京：北京体育大学，2010：17.
②周刚，郑斌. 爷爷比孙子更健康？——美国青少年与老年人体育活动参与调查 [J]. 国外体育动态，2002（3）.

课在学校教育中并未受到足够的重视,把体育教育作为"无价值的课程",忽视了学校体育教育的发展,导致了中小学体育教育重心的偏离。当学校的预算不足时,体育教育往往是首先被考虑从学校中删减的课程,即使是一些州规定必须要拿到体育课程学分才能毕业,也因学区体育课人数过多、资金有限等而使体育教育的质量大打折扣,再加上现代不良生活方式及交互式虚拟游戏的兴起等,极大地影响了学生体育活动的参与。同时,体育教育自身也存在诸多问题,导致了学校体育教育的明显衰退,进而使美国体育教育强国进入了缓慢成长期。

第五节 美国的体育教育强国成长特征

一、美国的体育教育强国成长要素特征

(一) 联邦政府和地方分权的多元教育体制是体育教育成长的重要基础

美国的教育行政体制属地方分权制,在联邦、州、学区三个层次上,政府主要通过国会下设的教育部门执行,负责制定全局政要方针,如国家体育教育标准、学校体育教育计划及一定时期的教育发展战略等;州负责制定具体的教育规章、政策,主要通过州教育委员会和地方督学行使具体的治理权限;"地方学区则根据本地区的实际情况,在联邦教育部和州教育委员会的间接监督下,依靠当地社会条件,灵活地经营和管理区内各类学校的教育实施"[1]。美国教育主要由政府提供,由三级政府:联邦政府、州政府和地方政府(学区)控制和资助。联邦司法系统对教育实施间接监控,主要通过对教育事务的研究和咨询,监督各级教育行政的具体运行状况,与教育的立法及司法机构,共同促进美国教育行政的法制化和民主化。在美国小学和中学,各个体育教育的课程、资金、教学和其他政策都由当地选举产生的学区委员会决定,学区通常根据官员和预算与其他地方事务分开,体育教育标准和标准测验通常由州政府制定。州担任管理学校体育教育的主体,地方学区承担具体责任,联邦政府则起到宏观调控的作用,强调所有教学主体的共同参与。

美国体育教育的发展建立在灵活的教育行政体制之上,这种体制不仅对不同

---

[1] 陈丰伟. 放弃·选择·自主办学——美国基础教育管理体制改革分析 [D]. 上海:华东师范大学,2004:6-9.

主体的治理权限进行了清晰的划分,而且通过权力的下放,实现联邦、州和地方横向互动的治理举措,能够充分发挥不同主体的作用,为体育教育的发展提供了制度基础。作为联邦制国家,州在国家权力结构中是重要一级。依据联邦宪法的规定,美国体育教育的管辖权在州,州有权制定教育法规,规定自己的教育目标与策略。州通过教育委员会、州教育委员、州教育局和中间学区行使教育职能,如指导或认可学区的建立、改变学区委员会结构、建立公立中小学校历及教学课程、规定学校的修业年限与入学标准、决定学校收支的来源与使用等。由于特殊的政治经济制度,美国学校体育在国家层面无统一的硬性规定。现有的国家体育健康标准仅作为各个州实施体育教育的参考,各个州关于学校体育的政策则有所不同。在美国,教育服务的计划与实施掌握在各个州的手中,而不是受联邦政府控制,虽然几乎所有的州都有关于各个阶段体育教育的相关法律,但大部分立法并不具有强制性。近年来,美国联邦政府对学校体育教育提出了新的要求,并制定了一系列制度法规:第一,开展《综合性学校健康计划》,把学校体育教育纳入综合性学校健康计划之中,目的是培养健康全面发展的人才;第二,制定《学校体育教育的指导方针》,以体育课程教学、课外体育活动、健康教育课程、家庭参与、健康服务为内容,通过制定促进开展富有乐趣的终身体育运动的政策,把制定的体育运动和健康教育标准纳入教育制度,定期审核有关制度实施的程度,必要时对体育教育计划做适当修改和完善。

(二) 以体质健康和体育素养为轴心的内容体系是体育教育成长的基本导向

美国体育教育成长过程中,始终围绕促进学生体质健康这一主题,体质健康既是美国体育教育战略演进的轴心,也是美国学校体育的根本目标。美国体育素养计划的目标则是让所有美国青少年儿童在中学时期就具备体育素养,从而养成积极健康的生活方式。20世纪初,美国掀起了一场新体育运动,主张体育教育应以培养健全的人格和强健的体魄为目的,培养全面发展的健康人才。体育教育要重视学生练习体育运动的过程,注重其在练习过程中的体会和经验,而非一味地追求学生运动的结果。另外,体育教育内容的确定要结合青少年身体发育的实际情况,切不可冒进,损害青少年的身体健康,应制订科学合理的运动计划。作为教育必不可少的重要环节,体育教育也应以人为本,尊重学生的兴趣发展,使教学与适当的娱乐放松有益结合,引导学生积极参与。20世纪50年代后,青少年体质健康水平不断下降,青少年体质问题备受国家重视,强调体质健康的教育思想取代了以社会化教育为核心的"新体育"战略思想,从此,"体质健康"被作为一种教育战略实施。艾森豪威尔总统专门成立了"总统青少年体质健康委员会",肯尼迪总统发布《学校青年身体健康总统咨文》,卡特总统则提出了旨在提高儿童青少年体力的四项目标。随着美国进步教育改革的盛行,"新体育"战略思想把身体健康的内涵扩大,强调体育教育的目标不仅在于个体的健康,更在于通过体育教育实现人的社会价值,确立了以"健康促进"为中心的发展战略,从而把青少年体质健康推到了一个新的高度,也加速了美国体育教育强国的成长。

美国学校体育素养的实施是一项多方联动的系统工程,涉及体育课程理念、课程目标、课程内容、课程结构、学业质量及评价方式的革新。体育素养不仅可以发展学生的基本运动技能,对其心态也会产生重要影响,而且对学生积极健康生活方式的养成也具有促进作用。为丰富学校体育教育的内容,美国将体育素养和学生体育学习的内容结合,并制定学校体育锻炼标准,帮助学生提高力量、耐力、柔韧等素质的预期水平。此外,联邦政府还为体育素养进入学校教育提供了政策支持、教育培训管理、资金保障、信息宣传服务、基础活动建设、舆论引导、健康服务及大数据资源系统建设等保障。同时,对学校体育教育提出了新的要求,并制定了一系列制度法规,如开展《综合性学校健康计划》,把学校体育教育纳入综合性学校健康计划,目的是培养健康全面发展的人才;制定《学校体育教育的指导方针》,以体育课程教学、课外体育活动、健康教育课程、家庭参与、健康服务为内容,通过制定促进开展富有乐趣的终身体育运动的政策,把制定的体育运动和健康教育标准纳入教育制度,注重家庭、学校、社区一体化模型的战略实施,定期审核有关学校体育素养实施的程度,必要时对体育教育计划做适当修改和完善,推动了学校体育教育质量的全面提高。

(三) 地方组织、社区、学校等多主体治理体系是体育教育成长的有力支撑

美国作为地方分权制国家,坚持"小政府,大服务"的原则,联邦政府无权干涉各州的教育制度,这就决定了美国教育的地方分权制。美国的教育体制分为三级模式,分别由联邦、州和地方共同治理,但办教育的真正权利属于各州,各州都设有专门的教育委员会,具体实施的教育计划由教育委员会制订。在这种管理体制下,美国体育教育成长的实施主体始终贯彻一种"自治"模式,包括各州政府、地方学校、社会体育组织等。各州教育管理部门下设的学区教育委员

会负责地方学校治理。学区教育委员会下设专门的体育协调员和教育学监,具体对各个学校的体育教学、体育活动开展等进行监督与指导(图6-5)。各州根据自己的实际情况制订教育计划,地区学校没有统一的体育教学大纲,从而造成了美国各个学校体育教育模式的多样性。在各个地方政府中,美国的体育教育由学校和相关协会负责管理,州和州体育协会协管,全国性的体育活动由中学体育联合会或大学生体育协会管理。各地区学校没有统一的体育教学大纲,不同地区根据自己的条件制订适合地方需求的教学方案,在中小学体育竞赛训练体制、课余训练的激励机制、课余训练与文化学习的均衡性等方面有不同的政策,保障了美国中小学体育教育内容体系的多元化。

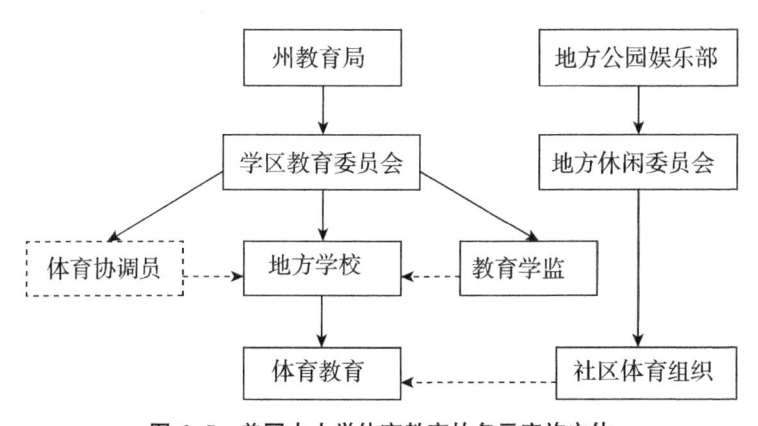

图6-5 美国中小学体育教育的多元实施主体

美国的学校教育都是由各州自己负责治理的,在联邦的50个州中,各州根据地方特点制定了适合自己的治理方式,进而使不同地区的学校体育课程差别较大。美国的教育一般包括学校教育、社区教育、家庭教育等多种形式,每种教育模式中都有体育的身影,除了学校和家庭外,社区对青少年学生体育教育的作用功不可没。美国体育教育的最大特点在于拥有地方学校和社区体育组织构成的两大治理主体,由于美国没有专门的体育管理机构,所以各州常下设负责体育活动的专门组织,一般由公园娱乐部负责大众体育工作。公园娱乐部下设地方休闲委员会,负责管理社区体育活动。社区体育通过各类体育兴趣协会、体育比赛、体育运动队等组织实施对体育教育的间接干预,可以给予学生在学校教育中学不到的运动知识。社区在学生体育教育过程中发挥了巨大作用,社区体育组织大多是非营利性质的,教师多由学生家长组成,有些组织也雇佣教练。社会体育组织可以说是美国学校体育教育的补充,是发展学生体育的强大力量。社区组织的体育活动多样,项目设置灵活,融合了竞技、休闲和教育的要素,并能赋予学生自主选择的空间,成为学生课余体育教育的"第二课堂"。灵活多样的地方教育制度为体育教育的成长提供了土壤,在社区体育组织的协同支持下,保障了美国体育教育的持续成长。此外,美国体育教育这种地方"自治"模式虽然有利于多样性体育教育的开展,但由于各地产生的管理体制样式众多,在全局上缺乏有效统一与协调,在自我调节中可能会产生一定的盲目性,容易造成政府难以在整体上有效实施对体育教育的调控、督导和协调等规范化管理,导致国家教育行政能力的发挥具有一定的局限性。

(四) 健全的教育制度、计划、方案、标准等是体育教育成长的直接动力

美国体育教育的成长经历了一个漫长的过程,联邦政府充分运用制度手段体育教育治理行动,通过政策、法规的不断完善,对体育教育进行有效调控。此外,不断颁布并实施的教育制度、计划、方案、标准等保障了体育教育的健康发展,促成了美国成长为体育教育强国。首先,学校教育制度改革推进了体育教育的全面成长。1904年,《美国体育法》修订,要求所有学校一律设置体育课。1935年,《美国体育教师标准》开始由全美教育协会(NEA)主持制定。到1938年,NEA出版了最早的体育课程著作《体育课程指南》。20世纪50年代中期,《国防教育法案》掀起了学校教育课程改革运动,推动了学校体育的发展。1972年的《教育法修正案》第9条与1975年的《残疾儿童教育法》保障了学生的体育教育公平。20世纪80年代以来,伴随美国"优秀教育"改革及《学校体育国家标准》的出台,学校体育课程方案得到了进一步完善与实施。1987年,美国国会通过了《体育教育决议》即第97号决议案,通过立法的途径为中小学体育教育的开展提供了制度支持,鼓励州和地方机构开设学校体育教育。20世纪90年代后,国家重视国民健康的提高,发布了《健康公民2000》《身体活动与健康》和《疾病预防中心(CDC)对于学校和社区活动项目指导意见》等法规,呼吁加强学校体育工作,注重青少年的体育教育效果。1991年,联邦政府又签发了《美国2000年教育战略》,提出了雄心勃勃的体育课程改革目标。1993年,克林顿宣布了题为《2000年目标:美国教育法》的全国性教育改革计划,把制定国家教育标准写入联邦法律。1995年,美国颁布了第一个(K-12)学校体育国家标准《运动走向未来:国家体育锻炼标准(1995)》,体育教育开始进

入标准化改革。1996年,美国卫生署推出《身体活动和健康报告》,该文件主要针对现代生活方式下青少年的肥胖现象,强调抵御肥胖病,促进青少年儿童的身体活动和健康生活方式。2011年,国会发起了《健康青少年户外法案》,帮助美国青少年通过户外运动的方式建立起主动从事户外活动的习惯,旨在督促各州政府让年轻人走进自然以改善健康。近年来,联邦政府对学校体育教育提出了新的要求,并制定了一系列制度法规:第一,开展《综合性学校健康计划》,把学校体育教育纳入综合性学校健康计划,目的是培养健康全面发展的人才;第二,制定《学校体育教育的指导方针》,以体育课程教学、课外体育活动、健康教育课程、家庭参与、健康服务为内容,通过制定促进开展富有乐趣的终身体育运动的政策,把制定的体育运动和健康教育标准纳入教育制度,定期审核有关制度实施的程度,必要时对体育教育计划做适当修改和完善。

二、美国的体育教育强国成长历程与国家生命周期的关系

如图6-6所示,美国体育教育强国跨越了四个成长阶段,经历了准备成长期、快速成长期、强盛期后,目前正处于缓慢成长期。以国家生命周期理论为视角,剖析美国国家成长与体育教育强国成长的关系,得出美国的体育教育强国的成长具有以下六大特征。

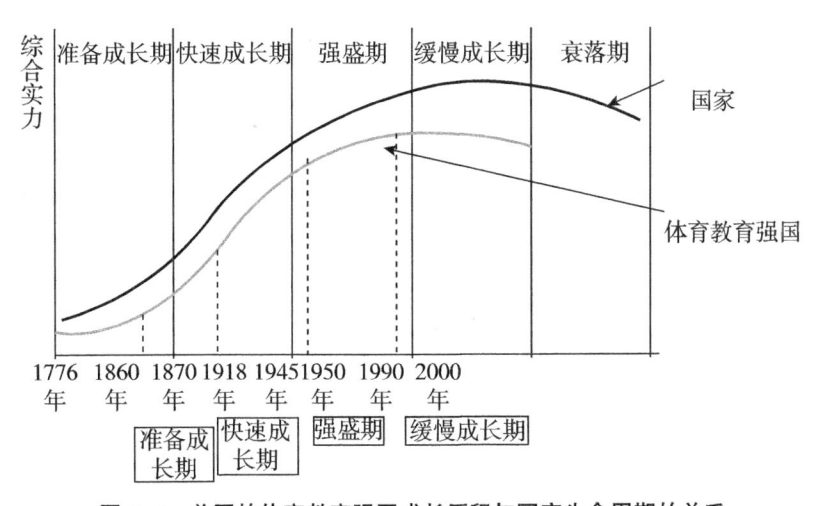

图6-6 美国的体育教育强国成长历程与国家生命周期的关系

第一,美国体育教育强国的成长趋势与国家的成长趋势总体上具有一致性。

美国的成长经历了准备成长期、快速成长期、强盛期后,进入缓慢成长期,体育教育强国经历了同样的成长轨迹。体育教育强国成长的每个阶段都基本与国家成长的相应阶段对应,国家的成长伴随体育教育强国的成长,或者说国家的成长带动了体育教育强国的成长。

第二,美国体育教育强国的成长历程与国家成长的生命周期具有一定的协同性。体育教育强国在国家的准备成长期内做好了成长的准备,体育教育强国的快速成长期出现在国家的快速成长期,体育教育强国随着国家进入强盛期后紧接着进入了强盛期。美国体育教育的快速发展一般出现在国家综合国力发展最快的时候,国家综合国力上升最快的时期也是体育教育实力提升最快的时候。因此,在一定程度上,可以把体育教育的发展程度作为体现美国综合国力发展状况的重要特征。

第三,美国体育教育强国的成长嫁接在国家成长之上。与国家成长的周期相比,美国体育教育强国的成长具有滞后性。体育教育强国的准备成长期、快速成长期和强盛期都起晚于国家成长的相应阶段,其中,准备成长期的起点晚于国家成长近一个世纪,快速成长期和强盛期的起点晚于国家成长的时间逐渐减少,说明美国体育教育的成长必须首先要具备充足的国家发展基础,其间伴随国家政治、经济、城市、文化、教育、制度等综合实力的逐渐提升,要经历一个漫长的过程,也就是说美国体育教育的发展是建立在国家发展之上的,国家综合国力的提升催生了体育教育实力的增长。体育教育作为学校教育的重要组成部分,是社会文明的标志,体育教育自身存在一定的滞后性,要在国家社会政治、经济、文化等发展到一定程度才会出现,说明体育教育的发展不能脱离国家,体育教育强国的成长与国家的成长密切相关。

第四,美国体育教育强国在国家的快速成长期和强盛期内完成了快速成长。其原因可能是多重的,但肯定的一点是国家在快速成长期和强盛期内最具有发展活力,这个时期是国家的政治、经济、科技、文化等全面发展的时期,国家综合实力不断上升,为体育教育的发展提供了各种保障。并且,在国家的快速成长期和强盛期,生产力的提高、社会化进程的加速、教育制度的完善,以及人们体育活动参与的意识增强等多重因素促进了美国体育教育强国的快速成长。

第五,美国体育教育的发展程度是检验国家生命力的敏感指标。美国体育教育在国家的快速成长期内得以快速成长,1945年美国进入强盛期,体育教育强国也随着国家成长的加速进入了强盛期,并一直持续到1990年。2000年后,美国进入缓慢发展期,体育教育实力也随着国家的衰退而下降,这说明在一定范围内,体育教育强国会因国家成长的加速而快速成长,会因国家成长的缓慢而放慢步伐,因此体育教育的发展程度是体现国家生命力的敏感指标之一。

第六,国家的强盛与美国体育教育的发展不成正比,体育教育的衰退是美国进入缓慢成长的重要信号。美国体育教育在国家的强盛期内提前进入缓慢成长期,这说明美国体育教育的发展并非只受国家综合国力的影响,国家的强盛并不一定能带来体育教育的持续发展,国家的强盛与体育教育的发展不成正比。其原因可能在于,1990年后,随着美苏冷战的结束,美国成为世界唯一的超级大国,综合国力得到了进一步提升,然而在教育制度和战略选择上却忽视了体育教育的发展,使体育教育强国提前进入了缓慢成长期。这说明美国体育教育强国的成长不仅受到国家政治、经济、文化、综合国力等方面的影响,还受到国家在教育层面上的制度治理与战略选择的控制。在体育教育强国进入缓慢成长期后的10年,美国伴随体育教育的衰退,于2001年进入了缓慢成长期,因此可以说学校体育教育的衰退是美国即将步入缓慢成长的重要信号。另外,美国学校体育衰退的一个重要信号就是部分州的学校体育课的课时减少,甚至有的高校直接被取消体育课。尽管原因是多种多样的,如对体育课价值的认识、体育课功能的弱化,以及与校外体育的发展有关等,但是不能掩盖美国体育教育成长缓慢的事实。

第七章
CHAPTER 07
美国体育的成长特征及启示

美国体育在成长过程中呈现出重要规律,美国体育的成长历程与国家生命周期存在较高的协同性,不同时期体育的成长节奏与国家的成长趋势具有一致性。美国体育在成长过程中很好地实现了与国家发展的共生互动效应,在竞技体育、大众体育、体育产业、体育教育等领域展现出不同特征。党的二十大报告中提出:"促进群众体育和竞技体育全面发展,加快建设体育强国",对科学处理群众体育与竞技体育的关系,协同建设中国式现代化体育强国提出了新的要求。当前,在大力推进中国式现代化和加快建设体育强国的进程中,针对我国体育强国成长速度与国家成长不协调问题,要立足我国国情和体育发展实际,协调好体育强国整体成长历程与国家生命周期的关系,运用新发展理念、可持续发展理念、均衡发展理念等,不断推动体育强国与社会主义现代化强国的协同性成长。

第一节 美国体育的成长特征

作为一个年轻的移民国家,从 1776 年建国开始,在短短的 200 余年的时间内,美国走过了从准备成长、快速成长、强盛到缓慢成长的生命周期,经历了世界上一些国家几千年走过的成长历程,并成为当今世界强国。美国的成长模式无疑是成功的,在不断成长的道路上,美国体育作为国家成长的重要元素,顺应着国家的经济和社会发展而不断成长,只用了 100 年左右的时间就在体育的多个领域备受瞩目。如图 7-1 所示,美国体育的成长与国家的成长有着密切的关系,在不同时期,美国的竞技体育、大众体育、体育产业、体育教育体现出不同的成长特征,形成了重要规律。

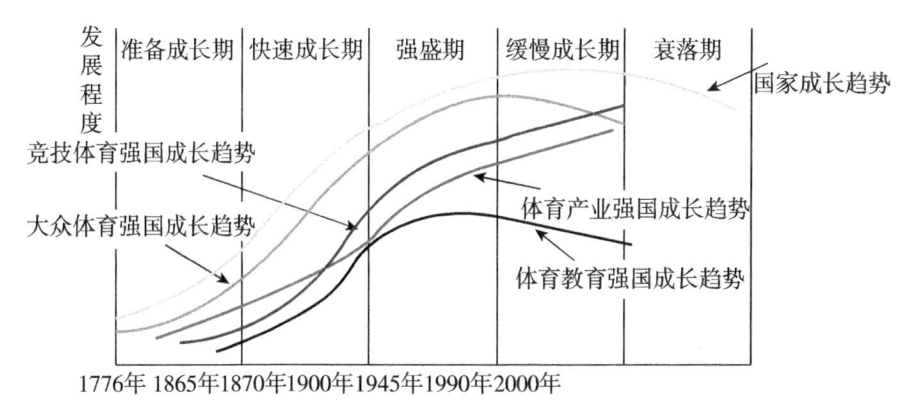

图 7-1 美国体育的成长历程与国家生命周期的关系

一、美国体育处于从强盛期到缓慢成长期的过渡时期

自美国建国以来，美国体育随着国家的成长经历了一个漫长的成长过程，其中，美国的竞技体育、职业体育、学校体育、大众体育、体育产业、体育法、休闲体育等经历了不同的成长过程，整体上度过了一个从孕育到成长的阶段，最终走向成熟的发展道路。然而，美国不同形式的体育成长周期不一致，通过分析美国的经济社会发展状况和相关史料，得知美国于2001年"9·11"事件后进入了缓慢成长期，大众体育作为美国社会的明显指标，也在21世纪后随着国家的衰退进入了缓慢成长期；体育教育早在20世纪90年代就先于国家进入了缓慢成长期；美国的竞技体育和体育产业却依然处于强盛期，因此，我们可以说在总体上美国体育并未随着综合国力的减弱而衰退。美国体育整体上仍然保持着强大的实力，目前正处于从强盛期到缓慢成长期的过渡时期。这说明与国家成长相比，美国体育强国的成长体现出一定的滞后性，侧面反映出美国的体育具有很强的自我调控能力或者强大的生命力，其成长状况并非单纯受综合国力的影响，国家综合实力的衰退并不一定导致体育实力的降低，国家的成长与体育强国的成长不成正比。美国体育成长的背后可能还会受一些隐性因素的影响，这种隐性因素很可能是国家在体育领域不断实施的制度治理与战略选择等。

二、美国体育的成长脉络和周期跨度具有不平衡性

美国的竞技体育、大众体育、体育产业和体育教育在成长起点、成长脉络和

周期跨度等方面具有不平衡性，主要体现在四个方面。首先，美国体育强国成长的起点不平衡。大众体育强国的成长起始于南北战争以前，也就是说在美国还未建国前就存在大众体育形式；竞技体育强国和体育产业强国都起始于19世纪初，也就是美国刚建国后的一段时间；体育教育强国成长的起点最晚，起始于19世纪60年代。其次，美国体育强国的成长跨度不平衡。竞技体育强国、大众体育强国、体育产业强国和体育教育强国在每个成长阶段的时间跨度都不一致。再次，美国体育强国成长的时期不平衡。其中，竞技体育强国和体育产业强国目前正处于强盛期，而大众体育强国和体育教育强国目前正处于缓慢成长期。最后，美国体育强国的成长与国家成长的关系不平衡。1945—2000年国家进入强盛期，而竞技体育强国却在1991年冷战后进入强盛期，体育产业强国在20世纪60年代进入强盛期，体育教育强国则在20世纪50年代进入强盛期。导致美国体育强国成长不平衡的原因可能与美国不同形式体育强国成长的国家社会基础（政治、经济、文化和社会发展程度）有关，美国大众体育起源最早，甚至在国家还处于动荡时期就有各种社会民间体育形式，虽然大众体育对国家社会基础要求较低，但毕竟国家社会基础是影响其成长的主要因素。近年来，随着美国经济社会的发展变缓，大众体育强国优先步入了缓慢成长期。而美国竞技体育强国和体育产业强国的成长要具备一定的国家体育基础（大众体育社会普及性、职业体育的社会化程度等）和国家社会基础（国家社会政治、经济发展程度及国民消费意识等），即使国家社会基础有所衰退，但只要国家体育基础依然强盛，体育产业和竞技体育发展则会依然保持强盛的势头。

三、美国体育在国家快速成长期和强盛期实现稳步成长

体育作为国家事业的重要组成部分，是一个国家经济社会发展程度和文明先进性的重要指标，体育事业的发展水平能够侧面反映一个国家的文明程度，能够体现一个国家的政治、经济、文化和社会的发展水平。作为世界强国，美国的大国成长方式独特，只用了100年左右的时间就在世界各个领域备受瞩目，在政治、经济、科技、教育、文化等多个领域取得了重大成绩。美国大国成长的生命周期特殊，其快速成长期和强盛期的时间跨度大，经历了1870—2000年近一个半世纪，在这个过程中，美国的竞技体育、大众体育、体育产业和体育教育完成了快速成长。这说明美国体育的成长与国家的成长密切相关，只有国家具备一定

的综合实力，才能为体育强国的成长提供基础。原因可能在于，国家在快速成长期和强盛期内最具有生命活力，这个时期是美国的政治、经济、科技、文化、教育等领域发展的黄金时期，国家综合实力不断提升为体育强国的成长提供了各种社会基础。并且，在国家的快速成长期和强盛期，人们的生活条件改善、余暇时间增多、消费意识增强，国民的休闲娱乐心态对参与体育、体育消费，以及通过体育在国际舞台上争金夺银的替代性满足表现出极大的热情，这些因素都间接地促进了美国体育的快速成长。

四、美国竞技体育和体育产业的成长具有自我调控能力

美国体育强国顺应国家经济社会的进步不断成长，一直到2001年后，美国开始进入缓慢成长期，体育教育强国和大众体育强国也伴随国家衰退进入缓慢成长期，但其竞技体育和体育产业依然处于强盛期，并未随着国家成长的缓慢进入缓慢发展期，保持着较好的延续性。这说明随着美国竞技体育和体育产业的不断成长，其综合实力不会轻易受到影响，两者都具有很好的自我调控能力，或者说对国家的经济社会环境具有天然的"抗体"。在这种"调控力"的推动下，其体育实力能够保持一定的时期，不会因为国家成长的缓慢而放慢步伐。首先，美国竞技体育和体育产业具有强大的内生动力和良好的协同互促能力，两者的成长具备一定的协同性（两者成长曲线的起始点基本一致，走向轨迹最为相近）。竞技体育与体育产业的关系密切，如竞技体育中的职业体育是美国体育产业的重要组成部分，职业体育的发展同时推动了体育产业的成长。同样，体育产业的发展也可以反哺竞技体育，如体育产业为竞技体育的开展提供了充足的经费支持等，可以说两者形成了协同共生的生存模式。其次，国家综合实力并非是决定美国竞技体育强国成长与体育产业强国成长的全部因素，经过多年的发展，美国竞技体育与体育产业形成了良好的自治模式，对社会因素已经形成了一定的免疫力。最后，还可能与美国社会型的体育管理体制有关，这种管理模式下催生了竞技体育与体育产业的治理制度或发展战略，从而增强了两者的自我调控能力。

五、美国体育在国家成长的不同时期具有典型特征

首先，美国从1776年建国开始进入国家的准备成长期，竞技体育强国、体育产业强国却在19世纪初开始准备成长，这说明美国竞技体育与体育产业的产

生和成长必须要具备一定的社会基础，必须要建立在国家成长的基础之上。美国的竞技体育和体育产业不仅需要一定的社会组织，而且需要国家的制度调控与引导，国家的产生为其提供了保障。此外，美国学校体育教育出现最晚，直到19世纪60年代才开始发展，反映出美国体育教育的发展具有滞后性，且需要建立在竞技体育、大众体育和体育产业的发展之上。再者，体育进入美国学校教育的时间晚，侧面说明了美国对于把体育作为教育的内容有着较高的要求。其次，美国从1870年开始进入快速成长期，但其竞技体育、体育产业、体育教育基本在20世纪初才进入快速成长期，说明20世纪初是美国成长的重要时期，是美国综合实力崛起的转折点。再次，美国于1945年"二战"结束后进入强盛期，大众体育、体育教育和体育产业也随即进入了强盛期，但其竞技体育仍然处于快速成长期，直到1991年冷战结束后才进入强盛期，这说明美国竞技体育的发展具有滞后性，原因可能是竞技体育对国家政治的敏感性较强，因为1945—1991年正好是苏美两国冷战的重要时期。冷战过程中，竞技体育被视作两国对垒的"政治工具"，背负着沉重的政治包袱，从而影响了美国竞技体育的健全发展。最后，直到1991年冷战结束，美国竞技体育才进入了强盛期。体育教育强国在20世纪50年代中期至20世纪90年代初期处于强盛期，其原因可能是苏美冷战致使两国在教育领域尤其是高素质的人才培养方面展开了对决，从而为美国体育教育的发展注入了动力。另外，我们还可以看出，大众体育与美国国家成长的轨迹最为相近，这说明大众体育受美国国家综合实力的影响最明显，或者说大众体育对美国国家的发展最为敏感。

六、美国的体育成长趋势与国家成长趋势具有一致性

大国的成长过程中伴随体育强国的成长。美国的体育强国成长嫁接在国家成长之上，成长趋势与国家的成长趋势具有一致性。美国作为世界大国，经历了大国成长的过程，体育强国同样经历了一个不断长大、长成并向成熟阶段发展的过程，体育强国的成长建立在国家成长之上。从成长周期的时间跨度看，美国体育强国成长的每个阶段都紧随国家成长的周期脉络。从美国体育强国成长周期的时间跨度可以看出，美国体育强国成长的每个阶段几乎晚于相应的国家成长阶段，如美国在1776—1870年为准备成长期，而美国竞技体育和体育产业是在19世纪初才开始准备成长的，体育教育在19世纪60年代才开始成长，美国体育强国的

快速成长期和强盛期的起点都晚于相应的国家快速成长期和强盛期。这进一步说明美国体育强国成长嫁接在国家成长之上，国家的成长带动了体育强国的成长，国家综合实力的提升伴随体育强国实力的不断提升，或者说国家综合实力的提升催生了美国体育实力的不断提升。

国家的成长是一个不断打破旧周期、创造新周期的过程。美国在200多年的时间里经历了国家的准备成长期、快速成长期、强盛期及缓慢成长期后，会最终进入衰落期，美国国家成长背后的逻辑在于其生命周期性。体育作为美国国家成长中的一个重要元素，在国家成长的背景下不断成长，同样经历了准备成长期、快速成长期、强盛期及缓慢成长期。美国的国家成长具有生命周期性，那么体育强国的成长与美国的国家成长一样，也具有生命周期性，美国体育强国成长背后的逻辑也在于其生命周期性。从美国体育强国成长周期的时间跨度可以看出，竞技体育、大众体育、体育产业和体育教育强国的成长起点和跨度周期不同，成长路径也不一样，并且受国家发展的政治、经济、文化环境等因素的影响程度不一样，因而不同形式的体育强国的成长轨迹不一致。但是，从体育强国的总体成长规律而言，能够体现出美国体育强国的成长具有生命周期性的特征。

七、体育发展程度是检验美国国家生命力的敏感指标

体育是一个国家政治、经济、文化、社会发展水平的重要体现，体育事业的发展程度通常预示着国家的综合实力，能够检验国家的生命力。美国体育成长与国家成长总体上具有一定的协同性，表现在体育在国家的快速成长期内得以快速成长，美国进入强盛期，体育也随即进入了强盛期，说明美国体育在国家生命力最旺盛的时候得以快速成长。国家综合实力提升最快的时期也是美国体育实力提升最快的时期，因此，我们可以把美国的体育强国成长程度作为美国大国崛起的重要信号。同样，大众体育和体育教育的衰退是美国进入缓慢成长期的重要信号。2000年后，美国进入缓慢成长期，体育教育和大众体育也随之进入缓慢成长期，这说明美国大众体育和体育教育的发展程度是检验国家生命力的敏感指标。总体而言，在一定范围内，美国体育会因国家成长的加速而快速成长，也会因国家成长的缓慢而放慢成长的步伐，因此，我们可以把体育发展程度作为美国国家崛起或衰退的重要信号。

八、美国体育可能会伴随国家成长衰弱而进入衰退期

事物的发展是有规律的,美国作为世界强国经历了国家的成长历程,经历了从"孕育—成长—强盛—衰落"的生命周期。体育作为国家的组成部分之一,它的发展必然遵循国家发展的普遍规律。在国家社会、政治、经济、文化等综合因素的影响下,美国的体育成长过程中既有高峰期,也有低谷期;既有上升期,也有下降期;既有加速期,也有缓慢期。同时,体育所具备的特殊性又使它具有相对独立的成长特征(成长轨迹与国家成长轨迹不一致)。美国体育的强盛与国家的发展息息相关,百余年间,美国体育伴随国家成长走过了一个从无序到有序的发展历程,度过了从孕育到成长的历史阶段。保罗·肯尼迪预言:"没有永远的霸权国家。大国的兴衰交替,是不可避免的历史法则。"[1] 这一预言同样适用于美国体育成长,随着国家成长的衰弱,美国体育强国最终也难逃衰落的命运。从体育强国崛起到持续强大,最后转入衰退,是亘古不变的历史规律。

此外,美国不同形式的体育进入缓慢成长期的时间不一致。美国的体育产业可能在2020—2030年进入缓慢成长期,竞技体育可能在2090年左右进入缓慢发展期。原因在于,美国竞技体育的准备成长期从19世纪初至19世纪末,跨越了近一个世纪;快速成长期从20世纪初至1991年冷战结束,也跨越了近一个世纪。我们推断,美国竞技体育一般要经历近100年的时间才能跨越一个成长周期。因此,美国竞技体育的强盛期也有可能保持一个世纪,即可能保持到2090年左右。随着美国2001年后进入缓慢成长期,美国竞技体育可能在2090年左右随着国家成长的衰退而进入缓慢发展期。从体育产业的准备成长期、快速成长期、强盛期与国家成长的时段特征来看,体育产业每个成长阶段的起点都晚于国家成长的20~30年,表现在美国的体育产业在国家成长后的20~30年才出现并开始准备成长,在国家进入快速成长期后的20~30年才开始快速成长。依据这一规律,我们推断随着美国2001年后国家进入缓慢成长期,其体育产业可能也会维持20~30年后进入下一个生命周期,也就是说,美国体育产业可能在2020—2030年随着国家成长的衰退而进入缓慢发展期。

---

[1] 保罗·肯尼迪. 大国的兴衰:1500—2000年的经济变迁与军事冲突 [M]. 陈景彪,王保存,王章辉,等译. 北京:国际文化出版社,2006:2-4.

第二节 美国体育对我国的启示

随着国家的快速崛起，我国正处于从体育大国不断向体育强国迈进的重要阶段，我国体育事业的发展面临重大的历史机遇，同时，与建设世界体育强国的要求相比，我国体育事业的成长速度与国家的成长不协调，体育发展与经济社会发展和人的全面发展矛盾突出，体育事业内部也存在发展不平衡、不充分的突出问题，大众体育、体育产业和学校体育的成长速度滞后于国家成长的速度，与我国的世界大国地位不匹配。实施体育强国战略的基本立足点在于解决体育发展中不平衡、不充分的实际问题，促进体育事业的全面均衡发展，这就要求我们要协调好国家生命周期、经济社会发展与体育事业整体发展水平的关系，科学规划我国体育强国的成长周期，借鉴美国体育的成长经验。美国体育在成长中积累了重要经验，形成了一些具有普适性的重要规律。当前，体育全球化的进程要求世界各国之间加深交流互鉴，世界各国成为相互关联的命运共同体，如果美国体育的成长模式是成功的，这不但是美国自己的经验，还应该被看作人类共同的经验和成果，值得世界各国去借鉴。自中华人民共和国成立以来，体育事业随着国家经济社会发展和社会主义现代化建设的历史进程，走过了一段从小到大、从无到有、从弱到强的成长历程，开辟了一条中国特色发展之路，取得了举世瞩目的伟大成就，为国家体育事业作出了重要贡献。进入新时代以来，以习近平同志为核心的党中央全面推进群众体育、竞技体育、体育产业、体育文化等各方面全面发展，深入实施全民健身国家战略，提升体育公共服务水平，大力发展冰雪运动，体育事业取得长足发展，在提高人民身体素质和健康水平，丰富人民精神文化生活，激励人民弘扬追求卓越、超越自我的精神等方面，都发挥了重要作用。

一、对我国体育强国成长的启示

我国从建设体育大国迈向体育强国经历了一个漫长的过程，体育事业在国家崛起的大潮中搏击奋进、砥砺前行，伴随国家发展走过了一段从小到大、从弱到强的成长历程，开辟了一条中国特色的现代化体育发展道路。当前，我国正处于生命周期中的快速成长期，但是，我国体育成长速度不平衡，受中华人民共和国成立以来特殊国情的影响，竞技体育优先快速成长而提前步入强盛期，在引领国家崛起和经济社会进步进程中发挥了重要作用。但是，我国大众体育、体育产业、学校体育成长相对缓慢，我国体育事业整体与国家成长不存在一致性和协同性。为更好地推动体育强国建设，我们要做好体育事业发展的顶层设计，协调好我国体育强国的成长与国家生命周期的关系，区别对待竞技体育、大众体育、体育产业和学校体育的成长。一方面，在当前我国体育事业的发展转型时期，切莫因转移体育战略的重心而放松竞技体育的发展，不能过于重视全民健身和体育产业发展而忽视竞技体育，竞技体育在建设社会主义现代化强国的过程中依然具有重要的战略价值，竞技体育对国家崛起的引领作用要持续发挥。另一方面，要区别对待大众体育、体育产业和学校体育。在体育大国向体育强国迈进的进程中，我们首先要协调好我国体育事业的均衡性成长，大力扶持大众体育、体育产业和体育教育强国的建设，发挥国家成长和竞技体育的带动和引领作用，实现体育发展战略与国家发展战略协同发展，促进体育与经济社会协调发展，推动我国体育强国的协同性成长。

（一）统筹体育强国成长周期与国家生命周期关系，推动体育强国的协同性成长

美国体育强国的成长历程与国家生命周期存在较好的协同性，不同时期体育强国的成长趋势与国家的成长趋势具有一致性，发挥了国家成长与体育成长的共生互促效应。针对我国体育强国成长速度与国家成长速度不协调的问题，要协调好体育事业整体成长历程与国家生命周期的关系，实现体育与国家的协同性成长。一是统筹协调体育强国的阶段性成长与连续性成长。结合我国体育发展实际，细化分解体育强国的成长周期和阶段任务，把体育强国成长的长期目标与国家成长的阶段目标相结合，将各阶段的具体成长计划精细化。建议围绕《体育强国建设纲要》制定多阶段、多周期成长规划，如分为2020—2035年体育强国成长规划、2035—2050年体育强国成长规划，更加突出不同阶段体育与国家各项事业指标的融合性和协同性，搭建专门政策激活体育与经济社会深度关联的活力，强化体育的"外溢性"成长。并且，各阶段的竞技体育、群众体育、体育产业和学校体育要分别结合实际制定多阶段、多层次、多地域的成长规划，做到分阶段、有步骤、精细化推进体育强国成长。二是推动体育强国与国家各项事业的融合性成长。实现体育强国与国家协同成长的关键在于加深两者间的价值互动和利益共享，发挥国家成长对体育成长的带动作用，以及体育成长对国家成长的

第七章　美国体育的成长特征及启示

反哺效应，实现体育自身成长与体育促进成长的内在统一。建议统筹规划不同时期体育在国家成长中的责任和战略定位，在各类政策制定上进一步强化体育与国家"五位一体"建设布局的关联性，将体育各要素深度融入国家教育、文化、旅游、医疗、养老、健康等各项事业发展规划，推进不同阶段的体育事业成长与同期经济社会发展和人的全面发展相协调，从而更好地释放体育助力国家经济、政治、文化、社会、生态文明建设的多元价值，实现体育自身成长与体育促进成长的内在统一。

（二）转变成长理念和优化成长方式，深入推进体育强国的社会性成长

我国体育传统的成长方式囿于国家主导，外延粗放和投入驱动是其重要特征，这种成长方式的社会适应力和融合性较差，体育强国要实现可持续成长，应从源头上转变成长理念和优化成长方式。一方面，在成长理念上统筹兼顾、全面协调，扩大体育强国成长的社会基础，注重体育成长与社会各项事业和民众生活需要的内在关联，注重体育成长与经济社会的协同互促，最大限度地调动社会和市场力量。另一方面，在成长方式上推动体育由粗放型向集约型、由外力拉动型向内生推动型、由资源依赖型向创新促进型、由要素驱动型向全效能型成长转变，全面提升体育强国成长的综合效益。结合我国国情，构筑多元参与、多方支持的体育事业成长机制，推进体育强国的社会性成长。一是依托国内社会资源成长。将体育强国的成长根基拓宽到社会本位上，广泛引入社会、市场等多方力量，深入挖掘、开发和利用各类适合体育成长的社会资源，在体育强国成长的各个结构要素上注重发挥国家主导与市场机制相结合的聚合效应，特别是强化社会和市场的供能供养效益，构建社会多主体参与的协同联动、共建共管共享的成长新机制。二是遵守国际社会秩序成长。体育强国的成长要依托良好的国际环境，拓宽成长的国际标准和国际视野，积极融入国家各项对外战略，如"推动构建人类命运共同体""共建'一带一路'"等，要遵守不同时期的主流国际规则，积极承担相应的国际责任，为国际体育发展和体育秩序的构建及时发出中国声音、贡献中国力量。尤其在体育全球治理、体育对外援助、体育项目推广、体育全球化营造等方面要作出更大贡献，争取在各类国际体育组织中获得更多的话语权和主动权，从而塑造积极健康的国际形象和威望，不断成长为具有国际影响力和文化辐射力的世界体育强国。

（三）警惕转型下竞技体育强国过早步入衰退期，实现体育强国的均衡性成长

体育强则国强，国运兴则体育兴，体育承载着国家强盛、民族振兴的梦想。建设体育强国是实现"两个一百年"奋斗目标大格局不可分割的一部分，是建设社会主义现代化强国的重要战略举措，加快推动体育大国向体育强国迈进是新发展阶段我国体育事业的重要战略任务。体育强国不只是一条成长之路，更是一条如何保持长久活力和内部平衡的生存之路，需要塑造稳定的成长环境。当前，我国正处于转变政府职能、推动经济社会改革的深化期，一系列涉及体育体制机制的改革必然会打破原有的成长环境，导致出现成长失序问题，而长期依托于国家驱动成长的竞技体育可能首先受到冲击，这就需要做好科学筹划，制定多种干预策略和调控手段，避免竞技体育过早进入衰退期。一是推动竞技体育的内涵式成长。面对新的成长环境，竞技体育要在运动项目发展和成绩获取上走内涵式路线，相关部门要在社会力量参与、项目市场开发、科技助力训练、复合型团队构建、运动员培养与保障等方面加强干预和引导，广泛依托社会市场、协会、俱乐部等多方资源，为竞技体育的成长拓展更大空间、集聚更多能量；将科技驱动作为竞技体育成长的重要动力，突出为世界范围内影响力更大的基础项目、"三大球"项目等提供新的成长空间，为弱势项目、集体项目等注入更多成长动力，实现竞技体育由数量规模型向质量效能型成长、由人力密集型向创新驱动型成长。二是遵循体育发展规律均衡性成长。一方面，对体育事业内部的结构进行细化和科学考量，进一步挖掘竞技体育、群众体育、体育产业和学校体育的内在成长规律，结合经济社会改革，细化影响各类体育事业成长的关键性指标，如对体育人口、体育产业产值、青少年体质等各项指标做进一步量化，将经济社会改革中的有利因素与各项指标紧密对接，从而带动体育强国的成长绩效。另一方面，推动体育事业各子系统内生协同和相互赋能，更好地发挥竞技体育对其他体育的引领作用，进一步挖掘竞技体育资源，将其集聚的科技成果、场馆设施、赛事体系、运动人才、精神文化等特有资源引入其他体育，将群众体育、体育产业领域的人口基础和项目产业等融入竞技体育，从而更好地利用体育自身的溢出效应，实现体育强国内部的协同成长。

第七章 美国体育的成长特征及启示

（四）创新竞技体育与群众体育协同发展理念，建设高质量引领的现代化体育强国

党的二十大报告中提出，以中国式现代化全面推进中华民族伟大复兴，把2035年建成体育强国作为基本实现社会主义现代化的战略目标。同时，党的二十大报告中还提出："中国式现代化的本质要求是：坚持中国共产党领导，坚持中国特色社会主义，实现高质量发展。"高质量发展主题将贯穿我国经济社会的各个领域，统领现代化强国建设全局。建设体育强国是一项系统工程，体现为体育构成要素和组织结构的高质、高效和可持续发展，竞技体育与群众体育作为体育强国大系统的核心部分，科学处理两者的关系、推动两者协同发展是中国式现代化体育强国建设的关键。对此，要创新发展理念，将体育事业发展深度融入中国式现代化进程，建设高质量引领的现代化体育强国。

一是推动全面高效发展。党的二十大报告中提出，要"促进群众体育和竞技体育全面发展，加快建设体育强国"。"全面"二字体现的是高质量发展，要加快解决群众体育和竞技体育发展不平衡、不充分的问题，促进体育整体均衡、协调、可持续发展，推动体育事业实现从"有没有"转向"好不好"的全领域、全过程、全方位的大发展。一方面，群众体育全面发展强调的是"高质量普及"，要将群众体育搞得更亲民、更深入、更普及，打造更高质量的体育公共服务体系，更好地发挥群众体育在厚植体育强国根基中的基础作用，为全民健康和健康中国服务。另一方面，竞技体育全面发展强调的是"高质量提高"，要将竞技体育搞得更好、更快、更高、更强，切实解决运动项目、区域布局、竞技水平不平衡问题，不断提升竞技体育的综合实力和竞争力，更好地发挥竞技体育在攀登顶峰中的重要作用，实现为国争光的目标任务。此外，竞技体育与群众体育全面发展强调的是"普及与提高相融合"，要通过体育促进"两个全面"发展，即人的全面发展和经济社会的全面发展，最终目标是建设均衡协调、效益优先、内生动力强劲的现代化体育强国。

二是遵循科学创新发展。科学化、数字化赋能是提升体育强国建设效率的重要手段，面对互联网、大数据、人工智能的快速发展，要将科技驱动融入体育强国建设的路线图和时间表，将科学化、集约化、数智化等要素贯穿体育事业的各个领域。体育相关部门要顺应国家数字化战略发展趋势，深化智慧健身、科技赋能运动训练、竞技人才大数据建设等工作，引入人工智能、大数据、生物科技、虚拟现实等尖端技术，将现代科技助力和前沿技术融入体育发展，为运动训练科

学化和竞技综合实力的提升提供新动力，推动体育事业整体发展效益和发展方式改革创新。例如，聚焦体育事业发展的重点领域和关键环节，创建体育资源大数据赋能平台，加快推动竞技体育与群众体育向数字化、网络化、智慧化转型，实现竞技体育训练的智能化和大众体育参与方式的便捷化。从促进体育自身质量变革、效率变革和动力变革上来转变发展方式，科学配置体育资源，推动体育事业从粗放式增长向集约化发展转变，从数量规模型向质量效能型转变，从要素驱动型向创新驱动型转变，加快实现体育事业高水平科技自立自强，数据赋能提升竞技体育与群众体育协同发展的内生动力，促进体育事业整体高质、高效和可持续发展。

三是实施融合联动发展。体育强国建设需要体育内部结构和外部要素跨界整合，顺应国内国际"双循环"格局，加速体育系统的要素重组，促进体育系统内部协同发展，提升体育系统外部的联动效益，搭建体育与经济社会多维度、多业态、和谐共生的体育生态大系统。对此，要引导体育事业与经济社会协同联动，促进体育与健康、养老、文化、旅游、教育、科技等行业融合，打造"体育+""大竞技""大群体"融合发展新格局。体育相关部门要更加紧密地对接新阶段国家利益和国家战略需要，引导竞技体育和群众体育融入卫生健康、养生保健、文化教育、休闲娱乐、环境康养等领域，积极与和社会密切关联的部门、协会、企业等耦合，形成"体育+旅游""体育+康养""体育+生态"等多业态生态圈，在健康中国、教育强国、乡村振兴、生态文明建设等方面发挥积极作用，助推国家经济社会转型升级。

（五）客观处理竞技体育与群众体育的基本矛盾，建设以人民为中心的体育强国

习近平总书记曾指出："要坚持人民主体地位，顺应人民群众对美好生活的向往"，满足广大人民群众的根本利益，以人民为中心是建设体育强国的根本追求。中华人民共和国成立以来，开辟了一条中国特色的体育发展道路，竞技体育与群众体育在发展过程中形成了既对立又统一的密切关系，凝练了"在普及基础上提高、在提高指导下普及"的重要经验。在体育强国建设进程中，要客观认识竞技体育与群众体育既对立又统一的发展关系，建设以人民为中心的体育强国。

第一，以人民的美好生活需求推动竞技体育和群众体育发展。体育强国建设是实现人全面发展的必然要求，党的二十大报告中多次强调深入贯彻以人民为中

心的发展思想,为体育强国建设提供了根本遵循,这就要求顺应人民群众对美好生活的需要,大力发展以人民为中心的普适性体育。其中,竞技体育要加快推动从专业体育向全民体育转变、从精英体育向全面体育转变,立足人民大众的健康生活需要,推动竞技体育优势资源转化,把竞技体育发展成效与人民的美好生活需要联系起来,打造更多适应人民需要的赛事体系和运动项目文化品牌,把人民是否满意作为竞技体育工作的评价标准;深入推动体教融合,保障运动员文化教育和专业素养全面发展,发挥竞技体育在培养青少年意志品质方面的特殊作用。群众体育要顺应人民对高品质生活期待的内在要求,打造多层次、多样化的赛事活动体系,健全全民健身"六个身边"工程,满足广大民众对体育融入美好生活的向往,真正解决全民体育健身急难愁盼的问题,通过打造丰富多样的体育项目、赛事体系和文化产品,让更多民众切切实实享受到体育发展的新成果,不断提升人民群众的幸福感和获得感。

第二,科学处理竞技体育为国争光与群众体育为民服务的关系。竞技体育为国争光能力和群众体育为民服务能力是衡量体育强国的重要标准。体育强国建设要求量与质的整体提升和均衡布局,群众体育是国民体育的基础,是体育强国建设的"塔基",决定着体育强国建设的宽度;竞技体育是国家综合实力的重要标志,是体育强国的"塔尖",其决定着体育强国的高度(图7-2),两者是互利共生、相辅相成的关系,在体育强国建设过程中不能顾此失彼。对此,要处理好竞技体育与群众体育的内在关系,促进两者协调发展和均衡提升。一方面,更加科学地提升竞技体育为国争光能力,全面提升各类竞技运动项目的国际竞争力,从运动员选材、训练、竞赛、科技、保障等多层面增强竞技体育综合实力,在实现竞技体育为国争光目标的同时,发挥其在群众体育中的带动作用,在社会营造参与体育运动的良好氛围,引领全民健身的社会普及推广。另一方面,打造面向全民的群众体育公共服务体系,开展以全民健身和全民健康为目的的群众体育,通过扩大体育人口规模、提升体育消费、丰富体育文化等,为竞技体育发展和体育强国建设筑牢更加坚实的根基。

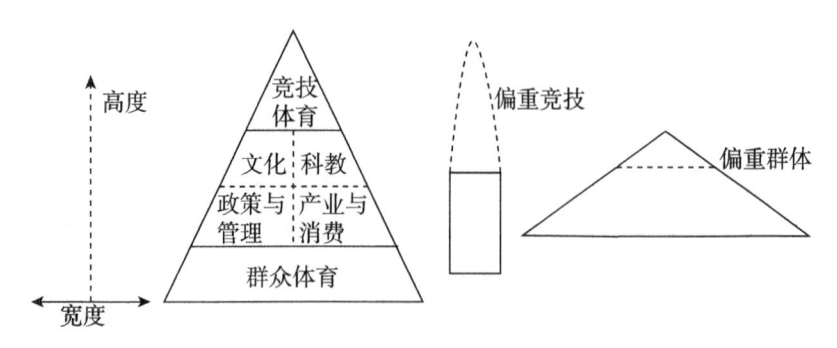

图 7-2 体育强国"金字塔"模型

第三，发挥中国特色制度优势在体育强国建设中的综合效能。坚持走中国特色社会主义体育发展道路，一方面，利用举国体制解决竞技体育和群众体育发展过程中的重大任务、重大难题，有效集中、统一国家力量突破竞技体育与群众体育融合发展的关键问题；利用举国体制集中力量办大事的独特优势，解决竞技体育为国争光和群众体育为民服务过程中的关键难题，如竞技体育奥运攻关经验向全民健身转化问题、科技助力全民健身智慧化问题、训练资源服务群众体育"六边工程"问题等。另一方面，提升竞技体育和群众体育的协同治理能力，以中国式现代化新理念整合国家、社会、市场等多方优势资源，构建竞技体育与群众体育协同联动机制，打造适应中国国情的体育现代化治理体系，激活群众体育与竞技体育融合发展的内生动力。将举国体制与市场机制优势互补的综合效能汇聚于体育强国建设中，建立体育事业共治共享运行机制，促使竞技体育与群众体育不同参与主体协同发力，从而不断提升竞技体育与群众体育融合发展的活力。

（六）推动竞技体育与群众体育优势资源共建共享，建设开放包容的体育强国

竞技运动全民参与的多元目标如图 7-3 所示。竞技体育与群众体育在发展过程中相互影响、相互补充，彼此蕴含着优势互补的要素和资源。随着体育强国战略的深入实施，要深挖竞技体育与群众体育集聚的优势资源，构建全民健身、体育强国和健康中国战略共建共享体系，促进以"奥运争光"为核心的竞技体育与以"全民健身"为主旨的群众体育优势互补，共同推动体育事业开放包容发展。发挥竞技体育对群众体育的带动作用，通过竞技体育，在全社会营造良好氛围，点燃广大人民群众投入体育运动的激情，不断满足人民美好生活需要。

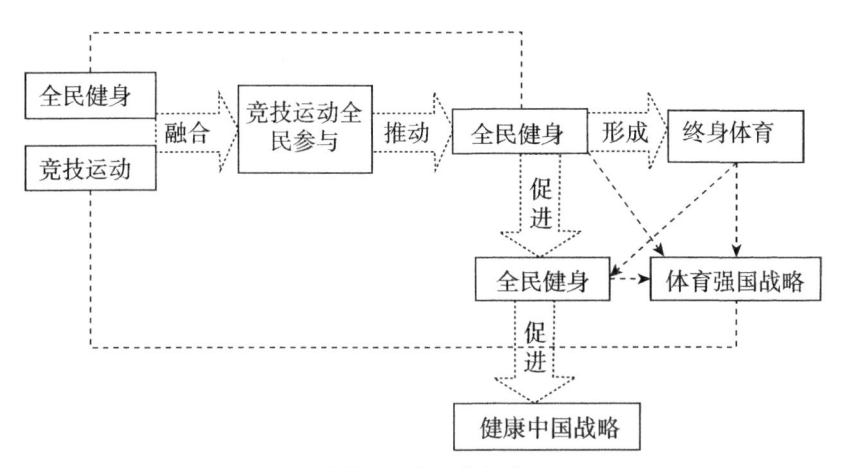

图 7-3 竞技运动全民参与的多元目标

一是引导竞技体育积淀的优势资源和先进成果向全民健身转化。聚焦全民健身"六边工程",利用竞技体育资源解决群众体育健身场地缺乏、健身方法不科学、健身指导不专业、健身文化氛围缺乏等实际问题,利用竞技体育优势资源,弥补群众体育资源不足的难题,引导竞技体育在运动训练、科技助力、营养康复、医疗保障等方面集聚的丰富资源向全民共享,将科学训练方法、康复措施、优秀精神文化、科技手段等先进成果向全民健康转化,提升全民健身的科学化、专业化和智能化水平。例如,推动优秀竞技人才为全民健身提供专业指导,支持优秀竞技人才和复合型团队下沉全民健身,鼓励体育明星以公益形式走进学校、医院、社区,将其运动技能转化为为社会服务的技能。再如,引导竞技体育先进场馆服务全民健身,探索竞赛训练场馆的分时段有偿开放办法,体育相关部门要制定专门政策,开发国家一流训练基地的健身服务功能,支持一些训练基地的场地、器材等向社会开放,为群众提供基本公益性体育服务,更好地服务全民健身。

二是打通竞技体育与群众体育运动项目水平等级标准体系。一方面,提高全民健身标准化、科学化水平,体育相关部门要联合各类运动项目协会,共同建立面向全社会、适应全民的运动项目水平等级制度,搭建不同级别的运动员业余参与标准,让不同项目的体育爱好者每年都有新的上升目标,让更多体育爱好者享受竞技运动的乐趣。建议体育、教育和协会组织合作,科学设定不同群体运动水平等级测评方式,打通业余与专业选手间的通道,让更多社会民众有动力、有兴趣参与体育活动,推动传统竞技体育真正从少数人的体育向全民体育转变。另一方面，体育相关部门要做好竞技项目"竞转民"推广工作，引导各类竞技项目逐渐下沉群众体育，为广大民众创造更多接触竞技项目的机会和条件，促进竞技运动项目的社会化、大众化、基层化转型，将竞技体育更多的优秀成果应用于全民健身公共服务体系构建中，从而打通竞技体育与群众体育的壁垒，实现体育资源和运动参与的融合共享。

三是更好发挥群众体育对竞技体育的基础支撑作用。体育强国建设需要更加科学合理地处理好竞技体育与群众体育的"互促"关系。一方面，发挥群众体育为竞技体育提供优秀后备人才"储备库"的作用。利用全民健身运动和学校体育活动在青少年学生中的影响力，推进体教融合，培养优秀竞技体育后备人才，构建以提升青少年身心综合素养为核心的体育后备人才培养体系，促使国家体育后备人才培养建立在青少年广泛参与的基础之上，从而为竞技体育发展源源不断地输送大批后备人才，筑牢竞技体育基础。另一方面，发挥群众体育赛事对竞技赛事体系的支撑作用。各类项目协会要构建适合不同人群的多层次赛事体系，打通竞技赛事与群众赛事的壁垒，鼓励竞技体育相关赛事搭建群众性比赛平台，定期开展从草根到顶层的多层次、多结构、多区域的体育赛事，把业余赛事与专业赛事联结起来，从而促使全民健身与竞技运动在赛事层面实现深度融合，为竞技体育发展营造浓厚的赛事文化氛围。

二、对我国竞技体育成长的启示

我国作为世界竞技体育强国，竞技体育在"优先发展战略"和奥运战略的推动下取得了超前发展，目前正处于生命周期历程的强盛期。竞技体育是体育事业的核心组成部分，从竞技体育与国家发展的关系来看，我国竞技体育的发展速度快于国家成长的速度，在推进体育强国建设进程中具有重要的带动和引领作用。《体育强国建设纲要》中提出，提升竞技体育综合实力、增强为国争光能力，规划了竞技体育更好、更快、更高、更强的战略目标，赋予了竞技体育新的时代使命。在建设社会主义现代化强国进程中，统筹协调竞技体育与国家经济社会发展的关系，优化竞技体育发展方式，推动竞技体育深度融入国家生命周期，更好地服务于现代化强国建设成为一项现实课题。根据美国竞技体育强国成长的周期性和规律性特征，当前要协调好中国竞技体育与国家生命周期的关系，在体育大国向体育强国迈进的过程中，我们要关注的不应再是竞技体育如何崛起的问题，而应是竞技体育崛起后如何保持持续强盛而减缓其进入衰退期的问题。因此，在我国体育事业转型的进程中，我们决不能放松竞技体育发展，要科学谋划竞技体育发展战略，充分考虑新时期我国的大国身份与竞技体育的关系、国民社会心态的变化对竞技体育的影响，以及老龄化社会对竞技体育的冲击，综合考虑社会政治、经济、文化对竞技体育的影响，从多个层面继续发挥好竞技体育助力国家强盛的战略价值。对内要优化竞技体育发展方式，调整竞技体育结构，创新竞技体育治理模式，提升竞技体育内涵式发展质量；对外要继续发挥竞技体育展现我国形象、提升我国综合实力、宣扬我国优秀体育文化的战略价值，从国内和国外两个层面协调竞技体育的成长方式，提升竞技体育综合实力，增强为国争光能力，促进竞技体育强国高质量地实现更好、更快、更高、更强的可持续成长，在推进我国由体育大国向体育强国迈进的征程中作出新的贡献。

（一）科学研判我国竞技体育强国的成长周期及成长的社会环境，引导竞技体育深度融入国家生命周期

竞技体育强国反映的是一个国家的竞技体育发展水平和在世界上所处的地位。从历届奥运会成绩看，我国竞技体育综合实力不断提升，尤其北京2008年奥运会和东京2020年奥运会，我国奥运健儿取得了优异的成绩。其中，北京奥运会获得48枚金牌，位列夏季奥运会金牌榜第一名；东京2020年奥运会取得38金、32银、18铜，金牌数追平参加境外奥运会的最佳战绩，我国已稳居世界竞技体育强国之列。依据国家生命周期理论，当前我国正处于从快速成长期向强盛期跨越的过渡时期，以及向全面建设社会主义现代化强国迈进的重要阶段。这一时期，竞技体育面临良好的环境，中华民族伟大复兴的战略全局和世界百年未有之大变局为竞技体育成长带来了新机遇，国内国际双循环新发展格局和经济社会转型下的业态融合升级为竞技体育成长提供了新环境，国家治理体系与治理能力现代化建设赋予竞技体育更强大的内生动力，新型国家治理格局将为举国体制注入新活力。此外，推动竞技体育成长的制度环境优越，中国特色社会主义制度优势显著，国家政局稳定、经济高速发展、市场空间广阔、社会和谐稳定、人民生活富裕，国家在体育强国、健康中国、教育强国、文化强国等领域掀起的经济社会改革重大活动将丰富竞技体育发展的内涵，加速激发竞技体育成长的内生动力。并且，我国经济社会发展不断深化改革，正处于转变发展方式、优化经济结构、转换增长动能的关键时期，这将为推动竞技体育的成长提供坚实保障。面对

新发展阶段经济社会赋予的新机遇、新环境，我们要处理好竞技体育成长与国家发展的关系，要在国家发展的大环境中实施竞技体育事业的顶层设计，科学引导竞技体育深度融入国家生命周期，合理利用现代化国家建设在政治、经济、文化、社会、生态等方面集聚的优势资源，助推竞技体育实现高质量成长。

(二) 以"开放共享"理念优化竞技体育成长方式，全面提升为国争光能力

成长方式是推动竞技体育从小到大、从弱到强成长的基本理念、手段、方式、形态等的集合，是激发竞技体育强国成长的内生动力源。推动竞技体育成长方式转变，不仅是竞技体育自身成长的迫切需要，也是对我国经济社会成长方式转变的积极响应。1949年以来，在举国体制的保障下，竞技体育依托"赶超型"成长模式取得了巨大成功，我国在短期内成长为世界竞技体育强国，促使竞技体育走出了中国特色成长之路，实现了勇攀高峰、为国争光的宏伟目标。这种成长模式体现在以国家投入为主体的要素驱动、以为国争光为核心目标、以国家政治需要为价值定位、以优先发展为基本原则、以集中优势资源重点突破为重要手段。在"赶超型"成长模式的引导下，我国竞技体育整体快速成长，超越了特定时期的经济社会成长水平，其成长速度快于国家成长速度，从快速成长期步入强盛期。然而，这种成长模式导致了竞技体育发展不平衡，过度依赖政府行政手段，主要依靠政府的政策和保障等要素驱动实现成长，竞技体育内部组织缺乏活性，成长的内生动力不足，表现出与经济社会发展不适应、不协调的新问题。进入新发展阶段，中华民族伟大复兴的战略全局和社会主义现代化强国建设需要竞技体育优化成长模式，加快推进健康中国、体育强国和教育强国建设将进一步优化竞技体育成长方式。《"十四五"体育发展规划》中专门提出"坚持举国体制与市场机制相结合，构建竞技体育发展新模式"，对新发展阶段我国竞技体育的成长提出了新的要求。因此，竞技体育必须创新成长模式，全面融入中华民族伟大复兴战略全局和世界百年未有之大变局，纳入国家"五位一体"总体布局和"四个全面"战略布局，对接"双循环"新发展格局；要拓宽成长视野，以更为"开放"的理念创新竞技体育成长方式，加快实现从垂直管理向扁平化治理转变、从数量规模型向质量效能型转变、从粗放式增长向集约化发展转变、从人力密集型向科技创新型转变，全面提升竞技体育的综合实力和为国争光的能力。

（三）处理好与经济社会的关系，推动竞技体育强国的均衡、协调和可持续成长

从竞技体育成长和国家成长的关系而言，中国的竞技体育在优先发展战略和奥运战略的推动下取得了超前发展。目前，我国的竞技体育强国正处于强盛期，竞技体育的成长速度快于国家成长速度。这就需要积极引导竞技体育全面融入国家经济社会建设，发挥竞技体育对国家成长的带动和引领作用。一方面，引导竞技体育优势资源向国家战略转化。竞技体育作为国家体育事业的重要组成部分，不仅在场地设施、科技资源、训练康复手段、精神文化等方面集聚了丰富资源，而且在全民健身、体育产业和学校体育等领域具有强大的带动和引领作用，要引导竞技体育融入经济社会发展，打造竞技体育与群众体育、学校体育和国家各项事业共同发展的高质量循环体系。例如，各地体育管理部门可以推动竞技体育场馆资源服务全民健身，把竞技运动员的训练方法、康复手段向群众推广，打造从业余到职业的运动员等级标准体系和业余竞赛体系，从而实现竞技体育与国家其他事业的协同成长。另一方面，全面推动竞技体育强国的可持续成长。在体育大国向体育强国迈进的过程中，我们要关注的不应再是竞技体育如何崛起的问题，而应是我国竞技体育崛起后如何保持持续强盛而减缓其进入衰退期的问题。这就要求在竞技体育发展中要充分考虑国家身份与竞技体育发展的关系、国民社会心态的变化对竞技体育的影响，以及老龄化社会对竞技体育的冲击，综合考虑社会政治、经济、文化对竞技体育的影响，优化竞技体育发展方式，调整竞技体育结构，创新竞技体育治理模式，提高竞技体育内涵式发展质量。此外，不仅要继续保持并扩大竞技体育的发展优势，还要为社会提供更多、更优质的体育公共服务产品，逐步打破行业垄断，孵化培育健康的体育社会组织，推动竞技体育实现从"奥运争光"向全面服务社会转变，促进竞技体育强国在更高水平上实现均衡、协调和可持续成长。

（四）提升治理体系与治理能力现代化水平，增强竞技体育强国的成长动力

在体育强国建设进程中，我国竞技体育要积极适应推进国家治理体系与治理能力现代化建设的新要求，把健全竞技体育治理体系作为推动国家体育治理的突破口，通过提升竞技体育治理能力，促进我国体育事业治理能力现代化。竞技体育的成长要有良好的社会治理环境，我们要完善举国体制与市场机制相结合的竞技体育成长模式，建立政府支持、协会主导、市场自主的新型竞技体育治理体

系，构建与经济社会相适应的竞技体育政府主导型治理体制。要协同社会力量，塑造开放办体育的成长大环境，厘清竞技体育行政管理部门、项目协会和社会主体的治理职责，推进政府、社会、市场、项目协会等多元主体协同治理，形成"国家办"与"社会办"相结合的竞技体育管理体制和运行机制，打造多元主体协同合作、共商共治、多种机制相互配合的竞技体育治理体系，提升竞技体育的成长活力。另外，要合理利用社会市场资源，助推竞技体育成长，创新竞技体育的社会化治理机制，全面深化"放管服"改革，以更为"开放"的观念创新竞技体育发展方式，发挥社会市场在竞技体育成长中的主体作用。要充分利用社会资源、依靠社会力量，运用制度的制定来实现对竞技体育成长的规制，对职业体育联盟、职业俱乐部、运动员等不同主体建立相应的治理制度，并注重挖掘竞技体育制度的灵活性，尤其是促进职业联盟竞争均衡的制度设计、商业化运行模式、保障机制的创新等，构建多元主体协同共治的竞技体育管理体制。此外，要运用具体制度和政策，保障竞技体育健康成长，主要包括健全优秀人才培养制度、职业体育制度、竞赛制度、运动员社会保障制度等，建立利益相关者共同参与的决策制度、监控问责制度、诚信制度、权力制衡制度、财务透明制度、绩效评估制度等，运用制度的制定来实现对竞技体育的规制，从制度层面厘清竞技体育的所有权与经营权的关系，强化竞技体育各个领域的依法治理，通过提升竞技体育法治化水平，引领我国体育事业的法治建设。

(五) 赋予为国争光、为民谋利新内涵，丰富竞技体育强国的成长目标

竞技体育要在为国争光的同时，不断向均衡、协调、可持续发展转变。通过竞技体育宣传改革开放以来社会主义现代化建设新成就，彰显经济社会发展新风貌，塑造新时代中国负责任大国新形象。一方面，竞技体育要科学统筹重大赛事的备战参赛工作，做好"两夏一冬"奥运备战的综合协调与组织保障，完成各类世界大赛的参赛任务；要实现优势项目巩固扩大，潜优势项目突破发展，一般项目水平提高，新增项目有所表现；要保持夏季奥运会和世界大赛成绩处于世界一流水平，冬季项目综合实力和国际竞争力持续提升，把竞技体育办得更好、更快、更高、更强，不断提高国际竞争力和影响力，提升为国争光的能力。另一方面，要拓宽竞技体育为国争光新内涵，使其从单向度的为国争光向全面服务社会转变，要为群众体育提供更多的体育消费产品，带动体育产业发展，促进产业结构转型升级；要从单纯追求提高运动技术水平向提升综合竞争力转变，塑造与体

育强国相适应的健康金牌观；要提升中国体育的国际地位，追求国际体育话语权、大型赛事规则制定权，增强承办国际赛事的能力、职业赛事的国际竞争力等；要更加注重运动员在赛场上展现出来的综合素质和精神风貌，深挖竞技体育背后折射出的国家形象、国家发展、民族精神和时代精神，塑造互信友好、包容共赢、和平崛起的大国新姿态，为国家建设提供强大的正能量。此外，要推进竞技体育均衡发展，竞技体育要向协调、全面发展转型，使以优势项目为中心的奥运战略布局转变，在增强优势项目核心竞争力的同时，将发展重点放在世界范围内开展更广泛、影响力更大的基础项目、集体项目上，如"三大球"、水上项目；要提高金牌背后的科技含量，推动竞技体育由数量规模型向质量效能型转变、由人力密集型向科学密集型转变；要以潜优势项目和弱势项目为突破口，拓宽项目夺金点，使争金夺牌的重点项目和重点运动员人数显著增多；要实现竞技体育项目的职业化均衡发展、区域布局协调发展。并且，竞技体育要利用自身独具的意志教育功能，让广大民众在学会运动技能的同时，体会运动中顽强拼搏的精神品质，提升民众的内在修养；要推广健康价值观，弘扬中华体育精神，提升民众为国争光的爱国主义精神、敢于争先的拼搏精神和扬我国威的民族自信，培育具有现代意识的合格公民；要践行社会服务价值，利用体育赛事搭建平台，促进不同民族的文化交流，在国家文明与社会和谐中发挥新功能。

(六) 发挥助推现代化强国建设的多元功能，拓宽竞技体育强国的成长方式

竞技体育是体育强国建设的显性指标，在体育强国建设中发挥着突出的引领作用。在实现体育强国梦的伟大征程中，竞技体育要拓宽自身的功能和价值内涵，积极服务于"五位一体"的国家战略布局，将竞技体育实现自身发展、带动人的全面发展和社会的全面进步作为新的时代内涵。竞技体育要成为打造民众健康生活方式的重要途径，成为人民健康投资和娱乐休闲的重要方式，要以提高人民健康水平、促进人的全面发展为重要方向，利用竞技体育特有的精神魅力和带动效应，引领全民健身工作深入开展，在改善青少年体质、促进青少年人格养成和社会化等方面作出新贡献。一方面，推动竞技体育从"服务国家"的单一价值向"满足社会需要"的多元价值转变，拓宽竞技体育发展的价值内涵。通过竞技体育推动新时代国家和社会建设，不断挖掘竞技体育的经济价值、文化价值和教育价值，在促进国家经济社会转型升级、服务新时代国家对外战略、推动国家文明与社会和谐等方面发挥综合效能，为竞技体育自身发展拓展更大空间、

集聚更多能量,从而更好地发挥竞技体育在建设社会主义现代化国家新征程中的重要作用。另一方面,竞技体育要引领全民健身运动的开展,推动青少年体育全面发展。竞技体育既要成为青少年社会化和素养提升的重要实践方式;又要在遏制青少年体质下降方面承担新任务,成为促进青少年人格养成和提高青少年健康水平的重要途径。竞技体育要把普及运动项目、提升运动项目参与度作为新使命,设计不同年龄青少年的运动项目标准,在普及提高运动技能的同时,广泛选拔优秀后备人才,使广大青少年群体成为竞技体育人才的"储备库"。同时,加强对基层项目协会的指导,让群众广泛参与协会,利用协会组织把群众体育带动起来。竞技体育要搭建大众赛事平台,大力推广民间体育赛事,设置专业赛事业余组,通过专业赛事把业余赛事带动起来,利用赛事引领扩大体育人口规模。竞技体育要把科学训练方法、康复手段推广到大众中去,利用运动训练中的新科技打造覆盖不同人群的健康指导方案。

(七)优化人才培养体系和科技助力体系,厚植竞技体育强国的成长基础

优秀人才是推动竞技体育高质量成长的基础,是实现体育强国的保障。当前,要优化"体教结合"的竞技体育人才培养模式,改革与完善三级训练网络,把文化教育和训练竞赛融入运动员从小学到大学的整个过程,推动竞技体育与教育体系深度融合。一方面,要完善运动员文化教育与保障体系,构建新型的运动员文化教育体系,加强运动员综合素质的培养,把培养全面发展的人才作为竞技体育的终极目标。还要创新国家队组建模式,推进跨界、跨项、跨地域多元人才选拔,实施国家队办队模式的社会化、院校化、地方化,促进体育单项协会与社会组织合作建设新型国家队,实现精英体育资源的共建共享。另外,要健全教练员培训体系,加强我国体能训练人才培养,强化体能训练和扩大康复再生人才规模,推动教练员、裁判员队伍建设走向规范化。建立国家队、省市队、地方队层次明确的人才输送和培养模式,完善项目选拔与跨界选拔相结合的选拔机制,打造不同项目联动递进的后备人才梯队。另一方面,要提升竞技体育强国成长的智能化水平,推动"科技助力"与运动训练紧密结合,完善"科技助力"竞技体育成长的体制机制,吸纳社会各方力量参与"科技助力"工作,打造高效率、多渠道、多形式的运动训练信息网络及体育科技激励保障机制。通过引进大数据和人工智能技术,加强技战术训练大数据分析,提高训练过程和状态监控的科学化、信息化水平。通过统筹国际国内体育科技资源,构建现代化多功能智能场

馆，提高训练场馆设施的科技元素，为训练竞赛提供优良的硬件保障。此外，还要打造"训练-科研-保障"复合型训练团队，在国内外遴选专业素养较高的专业人才，建立多学科和国际化的高水平团队，以体能、恢复、康复、营养、训练等具有共性的学科为主体，针对重点项目和重点运动员进行重点攻关和精准保障。并且，要做好复合型训练团队的协调工作，加大对训练基地科研、医疗、文化教育等支持力度，把若干现有基地建设成世界一流的"训、科、医、教、服"一体化训练基地，利用科学的组织管理推动训练、科技、医务、监控及组织保障等工作落到实处。

三、对我国群众体育成长的启示

从国家生命周期的成长历程而言，我国正处于国家生命周期的第二个阶段，即快速成长期。我国的群众体育事业发展缓慢，尚处于准备成长期，群众体育的成长速度落后于国家的成长速度，群众体育与国家成长的一致性和协同性不高。并且，群众体育发展滞后于竞技体育发展，群众体育与竞技体育在发展过程中存在不平衡现象。在我国全面建成小康社会的大环境下，我们应大力扶持群众体育事业的发展，协调好群众体育成长与国家成长的关系，解决群众体育发展滞后的问题，积极发挥国家成长对群众体育的引领作用，以及群众体育对国家成长的推动作用。进入快速成长期后，社会可能对健身休闲、体育旅游、竞赛表演等群众性体育活动的诉求不断增加，要积极顺应新时期国民社会心态的需求，拓宽群众体育的多元战略价值，使其更好地服务于新时期的国家发展战略，发挥竞技体育对群众体育的引领作用，从多个领域推动全民健身国家战略价值释放，助力健康中国建设，促进群众体育与国家的协同性成长。

（一）深入推进群众体育"六个身边"工程建设

群众体育的成长要依托自身的结构要素，从多个方面提升成长基础和社会活力。为此，要不断完善群众身边的健身设施，健全群众身边的健身组织，丰富群众身边的健身活动，支持群众身边的健身赛事，加强群众身边的健身指导，弘扬群众身边的健身文化。丰富城市社区"10分钟体育健身圈"服务功能，实施农民体育健身设施提档升级，推动乡镇多功能运动场和行政村体育设施建设，推进体育公园、健身步道、户外健身营地等设施的建设。普及科学健身知识和健身方法，加强群众身边的科学健身指导，因时因地因需开展全民健身活动，坚持大健康理念，从注重"治已病"向注重"治未病"转变。加强城市绿道、健身步道、自行车道、全民健身中心、体育健身公园、社区文体广场及足球、冰雪运动等场地设施建设，合理利用城市空置场所、地下空间、公园绿地、建筑屋顶、权属单位附属空间。优化全民健身组织网络，扶持发展群众身边的体育社会组织，发挥全国性体育社会组织示范作用，推进各级体育总会建设，完善覆盖城乡、规范有序、富有活力的全民健身组织网络，带动各级各类单项、行业和人群体育组织开展全民健身活动。组织社会体育指导员广泛开展全民健身指导服务，建立全民健身志愿服务长效机制。以构建"小政府、强社团、大社会"的新格局为方向，逐步推动基本公共体育服务在地区、城乡、行业和人群间的均等化。推进智慧健身路径、智慧健身步道、智慧体育公园建设，提升智慧化全民健身公共服务能力。大力开展广场舞、健身跑、健步走、骑行、登山等群众喜闻乐见的健身项目，积极培育帆船、山地户外、马术、极限运动、航空等具有消费引领特征的时尚项目，推广普及武术、太极拳、健身气功等民族民俗民间传统和乡村农味农趣运动项目。

（二）拓宽群众体育的休闲、娱乐、健康、经济及文化服务等多元战略价值

坚持以人民健康为中心的大众体育成长指导思想，完善《全民健身计划》内容，强调全民健身与娱乐休闲的联系、身体活动与健康促进的联系，以及全民健身与经济文化进步的关系。把休闲、娱乐、健康、文化等元素纳入《全民健身计划》，把体育锻炼内容扩展到以娱乐休闲方式为核心的健康促进，把全民健身上升到以提升国家健康水平为目标的健康生活方式打造，通过健身促进健康的价值引领，凸显全民健身与休闲娱乐和健康的密切联系，从而发挥促进国民认识群众体育的多元价值，最终实现群众体育战略从"全民健身"到"全民休闲娱乐"再到"全民健康"的重心对接。要把群众体育作为提升国民身心健康水平和追求高尚生活品质的途径，积极实践群众体育的休闲、娱乐、健康、经济、文化服务的战略价值。发挥群众体育为民服务的功能，通过娱乐而休闲的身体活动打造健康的生活方式，提升人们的生活质量；推进"互联网+体育""体育+旅游"，推动群众体育向网络经济扩展，大力发展休闲健身产业，引导群众健身消费；推动群众体育与医疗、卫生、健康、教育、养老等行业合作，促进"康体融合"，通过体育健身引领健康生活方式，促进国家经济社会转型升级。要将大众体育项

目产业打造成现代服务业中的支撑产业,为社会提供高规格的赛事产品,促使业余竞赛表演、体育电视转播、体育健身休闲等第三产业比重上升,助推经济社会转型升级;竞技运动项目产业要与相关产业融合,实现与其他产业在生产、技术、产品、消费等各个环节密切关联,带动相关产业不断创新和转型;打造多门类、多层次的群众赛事品牌,为经济发展"新常态"下扩大消费需求、拉动经济增长提供新动力。

(三) 打造群众体育多元主体协同治理新体系

在体育强国建设进程中,要发挥政府和社会多元主体对群众体育成长的综合效能,提升群众体育健康成长的现代化治理水平。促进群众体育治理能力现代化的最终目标是群众体育各个治理主体到位不越位、有为不乱为,最终实现调控主体主动有度、市场主体竞争有序、社会主体积极有位、个人主体参与有道的大众体育发展状态。当前,要厘清不同主体的职能边界,政府要强化引导、激励和扶持作用,职能主要体现在对群众体育的引导、政策的制定、场地设施的供给及宏观监督与指导等方面;社会主体要支持与监督政府工作,具体负责各项体育活动的运作和管理等。通过不同主体的职责划分,建立政府主导、社会协同、市场参与的群众体育促进体系。并且,要创新全民健身联动机制,强化各类群众体育组织的协作,统筹政府、社会组织、企业、市场、人民群众等多元主体在大众体育发展中的关系,由政府主导向政府、市场和社会协作相结合转变,发挥社会组织的主体作用,如各类民间体育项目协会、非营利体育组织、城乡居民体育自治组织、社会体育中介组织等,充分发挥这些组织在群众体育发展中的作用。此外,要加强群众体育的多中心治理,实施政府、体育协会组织、公民个人等组成的多元主体协同共治,最终建成政府监督、社会组织管理、市场与个人参与、体育行政及相关部门配合的群众体育社会化服务体系,通过多元主体协同合作和共商共治推动群众体育发展。此外,要健全群众体育法治体系,进一步完善《中华人民共和国体育法》《全民健身计划纲要》《国家体育锻炼标准施行办法》等群众体育相关规章和规范性文件的配套立法,加大全民健身的立法力度,加快推进群众体育工作法治化进程。利用法治对政府机构、社会组织、市场等多个主体的权责进行规范,把相关制度文本和法治理念融入大众体育治理,构筑以满足全民健身开展为导向的法治构架。

（四）构建更高水平的全民健身公共服务体系

群众体育的成长是一项系统工程，涉及不同领域、不同群体、不同地域。群众体育的均衡成长，尤其是弱势群体的体育参与情况，是体现群众体育成长效果的重要指标。当前，要保障重点人群体育活动开展，制订实施青少年、妇女、老年人、农民、职业人群、残疾人等群体的体质健康干预计划，保障弱势群体的体育权利，把体育公平作为推动健康公平的突破口，利用体育领域的公平带动医疗、卫生、环境、教育等各个健康相关领域的公平发展。要完善群众体育资源公平配置制度，如建立和完善大众体育资源公平配置的管理制度、权利保障制度、公共财政制度和行政问责制度等，专门建立针对少数民族、农村偏远地区、残疾人、老年人、青少年和儿童的体育参与促进法规，把体育公平纳入健康相关部门的制度条例，从而保障弱势群体从多个领域参与体育的合法权利。要将促进青少年提高身体素养和养成健康生活方式作为学校体育教育的重要内容，把学生体质健康水平纳入政府、教育行政部门、学校的考核体系，全面实施青少年体育活动促进计划。此外，建立弱势群体体育补偿机制，整合与平衡社会不同阶层的健康要求，在体育机会供给、体育资源配备、体育健身指导等方面重点倾向弱势群体，打造针对不同群体、不同地域、不同职业的健身方式，制订特殊人群的运动处方、健身计划和各类免费服务平台，为弱势群体提供专门的健身咨询与指导服务。要推进弱势群体参与全民健身的制度补偿性治理，专门在社区中心设置特殊健身设施，给儿童、残疾人、老年人等使用，从而更好地满足弱势群体的体育需求。根据不同地区的实际情况，要制订符合地区特点的健康计划，打造适应不同地区人群的体质监测标准，建立城乡和区域体育资源配置的制度平衡机制。要对弱势群体和地区实施政策倾斜，通过完善体育法律体系，健全体育资源区域、人群、阶层的匹配制度，改善贫困地区人群健身行动计划，尤其是加大对农村体育的政策投入，促进村落体育与城镇体育的协调发展，保障所有人群都能够享用基本公共体育服务。

（五）塑造全民参与的同质化竞技赛事和标准体系

体育赛事具有跨界联系、聚集资源、整合组织等重要功能，以赛事为载体的运动水平标准是激发群众参与体育的直接动力。以竞技运动全民参与为手段，打造适应全民参与的赛事体系，制定多元运动水平等级标准，激发群众参与运动的积极性，推动竞技运动与全民健身融合发展。

一是制定竞技体育与群众体育运动技术标准。建议体育相关部门根据我国不同运动项目的社会化、普及化情况，制定具有项目特色的运动标准，建立面向不同人群的运动水平等级制度，从而打通业余人员与专业选手间的壁垒，推动运动项目的普及。各单项协会要探索制定全民健身指导员与专业教练员互通的资格认证体系，科学设定运动水平等级测评方式，实现对不同等级标准参与人群的个性化指导。各单项协会要研究制定具有项目特征的运动水平等级测试赛，引导地方单项协会、社会体育组织、俱乐部等开展不同级别的运动水平测试，为赛事成绩优秀者发放运动水平等级证书，让运动业余爱好者每年都有新的目标。

二是构建适合不同人群的多层次赛事体系。以赛事为抓手，组织以竞赛为载体的全民体育活动，让更多民众享受竞技赛事的乐趣。一方面，做好赛事活动嫁接，一些传统优势竞技项目要搭建更为广泛的群众性比赛平台。例如，全运会、青运会和各类单项赛事进一步增加群众项目和人数，通过专业赛事把业余赛事带动起来，促使传统赛事从少数人的体育不断向全民体育转变。另一方面，体育相关部门要科学把握不同项目全民健身赛事的特征，以促进群众参与，满足不同水平、不同人群多样性的参赛需求为目标，提供更多具有竞技性与娱乐性的体育赛事，打造既符合竞技项目发展和市场化需要，又适合不同人群的多层次赛事体系。

三是推动国内重大竞赛体制机制改革。一方面，深化竞赛体制改革。推动全运会、青运会、城运会等综合性运动会改革，将竞赛规模、项目设置、竞赛编排等对接全民健身需要，搭建更多适合社会人群的"中低端赛事体系"。例如，天津、陕西两届全运会增设的群众比赛项目，以及全民参与的高水平马拉松赛事，目的就是让竞技体育更贴近百姓、回归群众。另一方面，建立群众性竞赛激励机制。以赛事为载体，加快城市体育基础设施建设，推进健身场馆、健身步道等改造，为民众提供更多内容丰富、形式多样的竞技赛事，营造崇尚运动的社会氛围，使赛事文化更贴近人们的生活，通过赛事提高人民参与体育的主动性。

四是提升赛事品牌和明星效应。建议各地结合地方经济社会发展和赛事需求，打造同质化、区域化赛事品牌，组织开展分区域、分类别、分项目的赛事活动，加大新闻、网络和媒体对区域性赛事的包装和推广，向社会宣传本土体育名人、竞赛知识、体育精神等，形成具有地方特色的赛事文化，利用特色赛事吸引群众参与运动。此外，利用体育明星引领赛事推广，挖掘和打造社会"草根"

明星，发挥优秀运动员的明星效应，组织开展体育明星进学校、进社区等公益活动，广泛向民众普及运动常识、推广运动项目。借助赛事平台宣传运动骨干、"草根"达人等代表性人物，以明星效应调动群众参与体育的热情。

四、对我国体育产业成长的启示

近年来，在国家多项体育产业政策的引导下，我国体育产业具备了较好的成长活力，但体育产业成长的大众基础和社会基础依然薄弱，体育产业的成长速度与国家的成长速度不协调，具有滞后性。目前，我国正处于国家生命周期的第二个阶段，即快速成长期，体育产业却处于初步成长期。我国体育产业的成长速度滞后于国家的成长速度，落后于同期社会发展水平。在大力发展体育产业，推动全民健身的时代背景下，要协调好国家成长与体育产业发展的关系，发挥国家成长对体育产业的带动作用，推进体育产业与国家的协同性成长，促进体育产业与竞技体育和群众体育的协同性成长，通过体育产业助力国家建设。从美国体育产业的成长经验得知，体育产业具有很强的自我调控能力和特殊的辐射效应，我们要结合我国体育产业的发展现状，挖掘体育产业成长的内在规律，在提供国家宏观政策的同时，充分激发体育产业自我发展的内生动力。体育产业要积极融入全面建设社会主义现代化国家，以及健康中国战略、体育强国战略、全民健身国家战略，优化发展方式、改善产业结构、创新产业机制，大力发展健身休闲产业、体育用品制造产业、竞赛表演业等，不断推动产业门类整合和业态重组，增强体育产业的辐射功能和溢出效益，从而更好地服务于国家发展需要。

（一）科学规划体育产业成长的顶层设计，协调体育产业与经济社会的发展关系

经济基础和制度基础是体育产业成长的重要保证条件。美国体育产业成长的经验证明，经济社会的健康发展和政府的有限干预是推进体育产业成长的基本保障，能够为体育产业提供宽松的成长环境。在新时代，经济社会的转型赋予了体育产业发展的新动力，体育产业增加值占同期国内产业总值的比重由2012年的0.60%上升至2020年的1.06%，取得了喜人的变化。但受传统体制机制的影响，我国体育产业与经济社会发展依然不协调，体育产业整体落后于经济社会发展水平，体育产业的经济贡献度较低，总规模偏小，我国与美国体育消费支出存在较大差异。我国经济社会发展进入了改革深水区和攻坚期，对于体育产业而言，这

既是挑战也是机遇。当前，我们要紧密结合我国国情，综合考虑体育产业发展的竞技体育、群众体育基础，协调体育产业成长与经济社会发展的关系，科学规划体育产业成长的顶层设计。第一，优化体育产业成长的社会环境。充分利用新时代为体育产业发展提供的新环境，做好体育产业发展的顶层设计，加快转变体育部门职能，最大限度地激发社会力量和市场主体投资体育的积极性，将体育产业的发展重心向体育消费、公共体育服务等领域引导，为体育产业发展创造更好的外部环境和条件。第二，处理好体育事业与经济社会各项事业发展的关系，形成各项事业助力体育产业发展的合力。在竞技体育领域，大力发展职业体育，打造多样性体育竞赛表演业，完善举国体制下竞技体育市场化发展方式；在群众体育领域，拓宽全民健身战略内涵，大力发展健康休闲产业，并将其融入健康中国建设，激发群众的运动热情。第三，创新体育产业发展机制，搭建助推体育产业发展的各类服务平台。以市场化为导向，引导建立各类体育资源交易平台，提高体育资源配置效率，积极打造国家体育产业示范基地、国家运动休闲小镇、运动健康城市等，引导建立各类体育产业政务平台、信息平台，并通过各类平台引导更多民间力量投资体育产业。

（二）树立以人民为中心的体育产业发展理念，打造人民满意的体育产业品牌

在新时代，人民日益增长的美好体育需要与不平衡不充分的供给的矛盾将成为体育事业成长的主要矛盾。为此，我们要树立以人民为中心的体育产业发展理念，把满足人民的需求作为推动体育产业成长的出发点和落脚点。体育产业成长要具备厚实的社会基础，以人民为中心的体育消费、体育休闲娱乐、体育竞赛表演、体育用品制造等是新时期我国体育产业要重点突破的业态。其中，体育竞赛表演业是最具影响力的产业门类。美国通过打造高品质的世界顶尖赛事品牌，为体育产业的发展增加了动力引擎，同时很好地带动了健身休闲、体育用品、体育传媒等相关产业的发展，形成了庞大的体育产业链。随着新时代我国深化行政审批改革，政府实施了取消赛事审批权等政策，体育竞赛表演业迎来了重大发展机遇，但短期内体育赛事尚未突破发展瓶颈，没有很好地发挥市场主导作用，没能体现商业性赛事的综合价值，更没能培育出强有力的赛事品牌。当前，要树立以人民为中心的发展理念，推动体育产业创新发展。第一，以人的需要为中心，打造多元化体育品牌赛事。围绕人民对体育的需要扩宽体育产业发展渠道，在资源

配置上向全民参与体育倾斜,大力发展能满足不同人群需要的赛事体系。充分利用竞技体育资源优势,引导和培育多样化体育市场,开发其商业价值和市场潜力,借鉴美国职业赛事经验,打造我国自身特色项目,如中超联赛、中华龙舟大赛、"谁是球王"等多种形式的体育赛事品牌,按照市场经营模式,培育现代体育联盟和体育俱乐部,丰富赛事品牌,逐步形成商业化运作的省、市、县各级竞赛体系,并把人民的满意度作为体育赛事发展的评判标准。第二,优化产业结构,大力推动体育产业融合发展。推进体育要素与经济社会各领域在更大范围、更深程度和更高层次上的融合创新,培育以竞赛表演为引擎的产业结构。运用政府投入和市场化多元手段,探索适应我国国情的体育产业结构模式,实现体育产业结构的优化,将体育产业与地区发展和人民的生活紧密结合,加大体育资源挖掘和产业耦合力度,推进体育产业内部的跨要素融合,积极与文化、旅游等部门合作,促进体育产业内外部相互联动,加强产业扩散效应,从供给侧需要创新体育产业营销方式,促进体育产业健康业态的形成。

(三)健全体育产业成长的制度体系,提升体育产业治理能力现代化水平

法律制度是保障体育产业健康成长的重要手段。美国通过政府的有限参与,出台了促进体育产业发展的一系列政策法规,从立法、司法、执法三大系统形成了完善的制度治理体系,通过法律手段的合理规制,推动了体育产业健康成长。在新时代,我国提出了"全面推进依法治国总目标是建设中国特色社会主义法治体系,建设社会主义法治国家"。体育产业作为一种新型的经济业态,同样离不开法治保障。然而,当前我国体育产业制度与法治建设滞后,现有的法律制度与体育产业、体育市场、体育消费相关内容不适应,与国家推进依法治国战略和发展体育产业的需求不匹配。随着体育事业管办分离改革的推进,政府职能正在转变,加快制度建设是提升体育产业治理能力的基础。第一,从制度层面做好政府和社会在体育产业治理中的分工,厘清不同参与主体的治理职责。将政府的体育资源配置、资质规范、业务培训、赛事组织等公共管理职能向市场和社会转移,推动政府从权力型政府向服务型政府转变,以体制改革推动体育产业治理体系优化。第二,贯彻依法治体,尽快出台体育产业国家标准与行业标准。完善体育产业相关法律体系,维护体育市场秩序,保障体育产业利益相关者的合法权益。此外,还要合理运用国际体育善治理念,构建围绕体育产业治理能力提升的监督、评价、反馈、改进协调机制,通过立法,为体育产业发展做好强有力的法制保

障。第三，完善体育产业发展的援助政策体系。通过财政、税收、投融资、引导资金等政策吸引资本进入体育市场，协调不同政府部门间的关系，共同推进体育产业发展。通过健全政策激励机制，从投融资、知识产权、科技、土地、税收、人才等方面研究完善体育产业具体政策，对体育产业成长形成长期的政策跟踪与绩效评估，更好地调动社会力量参与体育产业发展的积极性。

(四) 大力培育健身休闲产业市场，促进体育消费结构转型升级

体育是人民追求美好生活需要的重要元素，体育人口是体育产业发展的根基所在，体育消费市场在体育产业发展中具有支撑作用，培育健身休闲产业市场，增加体育人口数量，是解决人民日益增长的美好体育需要与不平衡不充分的发展之间的矛盾的重要抓手。美国体育产业的成长依靠良好的群众基础，体育消费呈现普遍化、生活化、多元化等特点，通过普及公平、健康、教育等体育价值观，促进了体育产业化的转型升级。随着全民健身上升为国家战略，在国家多重政策的推动下，我国体育产业迎来了新的发展机遇，同时，当前我国还存在体育参与率不高、体育消费市场活力不足等问题，体育消费规模和人口与发达国家相比有较大差距。若没有体育消费人口的支持，体育产业就像空中楼阁，难以持续健康发展。因此，需要大力培育健身休闲产业市场，促进体育消费结构转型升级。第一，完善体育健身消费政策。进一步鼓励出台群众健身消费的优惠政策，立足体育消费市场资源全要素与全民健身多元需求的关系，通过政府购买服务等多种方式，将体育消费纳入经济社会转型发展，鼓励公共体育设施免费或低收费开放，在供给端提升体育消费市场资源配置效率，从而形成合理的供需组织链，增加体育人口数量，利用政策增强体育消费黏性，丰富节假日体育赛事供给，激发群众体育消费需求。第二，加快发展健身休闲产业，促进体育消费转型升级。新时期，要拓展体育健身、体育观赛、体育培训、体育旅游等消费新空间，促进健身休闲、竞赛表演产业发展。要倡导体育对个体、社会及国家的多元价值，普及健康积极的体育价值观，通过推动业余体育赛事的举办，扩大健身休闲消费需求，丰富健身休闲产品供给，促进体育消费从传统型消费向新型消费升级，从而提高健身休闲产业在体育服务业中的比重。第三，培育健身休闲产业市场，扩大健身休闲消费需求。优化健身休闲产业结构，改善体育消费环境，加快健身休闲产业与其他产业融合发展，增加健身休闲设施用地和配套设施配建比例，激发全民的健身热情，提升大众的体育消费意识。充分利用互联网的影响力与技术优势，对

接体育竞赛表演、体育健身休闲、体育用品等产业，为体育需求者提供方便、快捷、个性化服务，建立开放、共享的互联网体育商业服务平台。

五、对我国体育教育成长的启示

当前，我国学校体育发展相对滞后，尤其是青少年体育教育的发展速度相对缓慢，与竞技体育发展不协调，不适应现代化建设的实际需要。体育教育作为我国学校教育事业的重要组成部分，发展体育教育是新时代体育强国建设的重要内容，是鼓励学生形成健康素养的应然之举，也是培养学生体育与健康学科核心素养的必然之措，更是践行"以人为本""健康第一"等理念的应有之义。体育强国在一定程度上要建立在教育强国和文化强国之上，因此，要实现学校体育的高质量、高效率、可持续发展，关键在于协调好我国体育教育发展与国家生命周期的关系，推进体育教育与国家协同性成长。另外，我们要明确学校体育作为体育事业的根基，是体育事业可持续成长的保障，同时学校体育能够提升国家的人力资本质量，而人力资本是检验国家生命力的重要指标。因此，在体育大国向体育强国迈进的过程中，我们首先要加强体育事业的根基建设，发挥国家成长对体育教育的带动作用和竞技体育对学校体育的辐射作用。坚持以学校体育为根本、以群众体育为基础、以竞技体育为促进、以促进学生全面健康成长为导向，不断优化体育教育发展方式，协调好学校体育与竞技体育、群众体育和体育产业的关系，通过实现学校体育的高质量发展，促使体育强国均衡性成长。

（一）构建多元参与的体育教育联动支持体系

学校体育的治理水平是体育教育能否健康成长的重要指标。新时代体育教育创新发展需要破除制约多部门合作的体制机制问题，重构体育与教育部门的现代化治理新机制，实现相关决策部门一体化设计，推动体育部门与教育部门形成空间上相互支持、功能上相互补充的发展格局，彻底实现体育与教育两个运行系统的深度融合。在具体实施过程中，要实现体教融合机制方面的协调，确保在跨部门合作中权责清晰，就要建立一体化的运行体制。要在大力提升国家治理能力现代化的背景下，健全学校体育组织管理机构，强化各级政府对体育教育的主导作用，切实履行在依法规范、政策引导、资金投入等方面的职责，完善政府主导、部门协同、全社会共同参与的体育教育推进机制。要凝聚多方共识，建立体育教育多元协同机制，优化配置体育教育各方资源，促进体育系统与教育系统深度融合，形成多方共建的强大合力，发挥整体优势，提升综合效益，实现体育教育的政府和社会多元主体共建共享。要大力鼓励体育社会组织参与学校体育活动，进一步畅通社会力量参与体育教育的渠道，激发各类社会主体的积极性，积极培育体育教育公共服务新型业态，丰富服务内涵，增强体育教育的成长活力。一方面，要大力培育多元化的社会主体。促进体育教育社会组织实体化运行，建立政府、企业、社会组织、公民个体等合作的载体，进一步降低学校体育的治理重心，更好地发挥社区、街道办事处或乡镇在学校体育发展中的作用，构建家庭、学校、社区共建共治学校体育的治理体系，营造良好的发展氛围，提升社会力量投入体育教育的能力和效率。另一方面，要为社会力量的投入提供制度保障。体育行政管理部门要制定政府购买服务清单、负面清单，并引入第三方评估机制，为社会力量投入体育教育提供更多新型的、高效的参与途径和方法，如减免税收、增加经费等，进一步推进政社分离、管办分离，为社会组织与市场组织参与学校体育共建共享提供更多的机会，吸引更多社会力量参与体育教育发展。

（二）创新以提升体育素养为内涵的体育教育内容体系

将提升青少年身体素养和养成健康生活方式作为学校体育教育的重要内容，把学生体质健康水平纳入政府、教育行政部门、学校的考核体系，全面实施青少年体育活动促进计划。充分宣传普及运动项目文化，培养青少年的锻炼兴趣和技能特长，学习掌握科学锻炼的基础知识、基本技能和有效方法，使参与体育活动成为广大青少年自觉的健康行为方式，形成终身体育健身的良好习惯。要充分利用各种媒介宣传先进的教育理念、人才观和健康观，积极营造以参与体育运动和拥有强健体魄为荣的个人发展理念和社会舆论氛围。要深入挖掘体育教书育人的多元价值，大力弘扬以爱国主义为核心的中华体育精神，传播奥林匹克文化，积极营造校园体育文化氛围，倡导科学健康的体育健身和生活理念，把身心健康作为青少年个人全面发展和适应社会的重要基础，大力培养青少年团结协作、积极向上、拼搏进取的精神，增强规则意识、合作精神和交往能力。还要突出不同地域、不同学校体育学科办学的差异，结合不同类型的学校特色，打造多样性体育教育专业认证方案，将职业能力培养融入体育教育专业人才培养方案和课程体系，围绕地域教育特色和学校自身优势对体育教学、训练竞赛、科研资源进行深度开发与科学引导，更加注重体育教学的职业岗位实用性和理论知识的指导性，将课程学习与社会对学生的职业岗位需求融为一体，实现课程学习与实践能力培养的深度融合。此外，体育教师是实现学校体育课程有效教学的主体，要更加重视体育教师职业素养的提升，注重发展体育教师的综合素质和敬业精神，促使其从"体育教育者"角色向文武双全、德才兼备的"高素质者"角色转变；提升体育教师基于学科核心素养的课程实施能力，促使其从单纯地传授运动知识和技能的"教书匠"向通过体育教学促进学生形成学科核心素养和全面发展的"育人者"角色转变；提升体育教师进行健康教育的教学能力，促使其从"体育教师"角色向"体育与健康教师"角色转变。

（三）深化以"体教融合"为价值取向的体育教育课程体系

2020年8月31日，国家体育总局和教育部正式联合印发了《关于深化体教融合 促进青少年健康发展的意见》，这是我国学校体育事业发展中具有里程碑意义的一件大事。深化体教融合，促进青少年健康发展，是立足新时代中国教育现代化和体育事业转型发展新需要提出的一项重大战略任务，具有强烈的时代性、现实性和针对性。其根本目的在于大力发展学校体育，推动青少年文化学习和体育锻炼协调发展，通过加强学校体育工作，完善青少年体育赛事体系，帮助学生在体育锻炼中享受乐趣、增强体质、健全人格、锤炼意志，培养德智体美劳全面发展的社会主义建设者和接班人。在新时期，学校体育教育要紧密对接健康中国、教育强国、体育强国、文化强国、人才强国等战略目标，继续深化学校体育课程改革，大力推进体育课程标准的科学化制定，根据学生的身心特点制订教学目标，创设科学、合理、实效、有趣的教学内容，开展好课外体育活动。体育教学内容设计应更加注重与学生的身心特点和生活经验相联系，更加注重打造知识与技能、过程与方法、情感态度与价值观有机结合的课程目标和课程结构，更加重视国家课程标准精神与要求的落实，更好地服务国家发展大局，更好地满足学生的美好生活需要。此外，要对接新时代"大健康"需要，打造以"体教融合"为价值取向的体育教育课程体系。体育教育的改革要立足人的整体发展，坚持以学生发展为中心，从心理、身体和人三个维度出发，充分发挥学校体育"育心、育体、育人"的作用，实现健康育人、运动育人与全面育人，更好地服务学生的全面发展，促进个人积极生活方式的形成。此外，实施以"体教融合"为价值取向的体育教育课程体系，关键要坚持"健康第一"的指导思想，推动学校体育教育始终坚持以生为本，把学生的全面发展放在首位，瞄准学生的整体发展、

第七章 美国体育的成长特征及启示

终身发展,促进学生体育学习生活化,注重对学生完全人格的教育。要推动实现体育教育的全员育人、全程育人、全方位育人,促进学生"体魄强健、心理健康、人格健全"全面发展,使学生在体育锻炼中享受乐趣、增强体质、健全人格、锤炼意志,最终实现学校体育教育的终极价值。

(四)打造多层次、多类别的学校体育竞赛体系

推动青少年竞赛体系和学校竞赛体系有机融合,构建县、市、省、国家四级竞赛体系,完善政府、协会、学校、俱乐部共建校园联赛的管理机制,畅通有天赋、有体育特长的学生进入各级专业运动队和代表队的渠道,为国家培养更多、更好的竞技体育后备人才。一是推动体育系统、教育系统、社会组织共同投入体育竞赛体系。完善学校竞赛组织结构,打造多层次的校园竞赛体系,国家、省、市、县要共同建立常态化的校园体育竞赛组织机制,发挥体育、教育和社会组织各自的优势,形成各系统协同推进的办赛新体制,逐步建成适应社会市场需求的政府引导、形式多样的竞赛组织结构,实施国家投入与市场运行相结合的分级混合赛制,打造相互衔接的县、市、省、国家四级体育竞赛体系,重点强化学生体育课堂教学、训练竞赛、组织管理、健康教育、体育教研等关键能力的培养。二是优化学校体育竞赛组织结构,以竞赛体系推动运动项目的普及。针对我国区域分布情况,开展区域学校体育竞赛活动,共同制定和完善体育系统赛事和教育系统赛事并轨后的参赛资格、成绩标准和等级认定制度,破除既往两个系统赛事的壁垒。做好赛事分类管理和配套工作,厘清不同赛事的归口管理部门,做好赛事运动等级评定工作,定期举办跨区域综合性学生运动会,丰富学生体育竞赛的组织形式,科学设计竞赛组织内容,完善竞赛管理办法,可以广泛运用挑战赛、对抗赛、大奖赛、等级赛等多种组织形式,推进全国比赛、校际比赛、校园比赛和班际比赛四级比赛相结合,以体育传统项目学校、青少年体育俱乐部、课外体育班、体校走训班等为主体,推动运动项目在学校的普及。三是推动学校竞赛、青少年竞赛、职业竞赛有机结合。完善主体多元、形式多样和灵活的赛制,调动地方与社会各方的积极性,利用不同地区的社会组织和俱乐部力量,推动大学、中学、小学和幼儿园体育发展的系统衔接工作,构建学校、社区和俱乐部体育的联动共享组织机制。拓宽学校竞赛资源来源,将学校体育竞赛与社区体育竞赛、乡镇体育竞赛、俱乐部竞赛结合起来,打造多渠道、多形式培养高水平竞技人才的新格局。

参考文献

中文著作：

[1] 郭宇立. 美国的大国成长道路：制度治理与战略选择 [M]. 北京：北京大学出版社，2011.

[2] 郭树勇. 大国成长的逻辑——西方大国崛起的国际政治社会学分析 [M]. 北京：北京大学出版社，2006.

[3] 保罗·肯尼迪. 大国的兴衰：1500—2000年的经济变迁与军事冲突 [M]. 陈景彪，王保存，王章辉，等译. 北京：国际文化出版社，2006.

[4] 范达冷 D B，本奈特 B L. 美国的体育 [M]. 张泳，译. 北京：人民体育出版社，1991.

[5] 池建. 竞技体育发展之路——走进美国 [M]. 北京：人民体育出版社，2009.

[6] 池建. 美国大学竞技体育管理 [M]. 北京：人民体育出版社，2005.

[7] 凌平. 中美高校体育管理比较研究 [M]. 杭州：浙江大学出版社，2004.

[8] 杨华. 美国大学体育联合会（NCAA）的制度演进 [M]. 北京：北京体育大学出版社，2012.

[9] 阿伦·古特曼. 从仪式到记录：现代体育的本质 [M]. 花勇民，钟小鑫，蔡芳乐，译. 北京：北京体育大学出版社，2012.

[10] 罗纳德 B. 伍兹. 体育运动中的社会学问题 [M]. 田慧，译. 北京：人民体育出版社，2011.

[11] 池建. 体育大国的崛起——新中国具有重大影响的体育大事 [M]. 北京：学习出版社，2012.

[12] 赫伯特·乔治·威尔士. 大国的崛起：从成功走向辉煌的世界强国启示录 [M]. 西安：陕西师范大学出版社，2007.

[13] 王贵水. 一本书读懂美国历史 [M]. 北京：北京工业大学出版社，2014.

[14] 贺国庆，何振海. 战后美国教育史 [M]. 上海：上海交通大学出版社，2014.

[15] 杨会军. 一口气读完美国史 [M]. 北京：中央编译出版社，2010.

[16] 张燕军，徐辉. 美国教育战略研究 [M]. 杭州：浙江教育出版社，2013.

[17] 胡鞍钢. 中国崛起之路 [M]. 北京：北京大学出版社，2007.

[18] 刘绪贻，杨生茂. 美国通史 [M]. 北京：人民出版社，2002.

[19] 伊曼纽尔·沃勒斯坦. 美国实力的衰落 [M]. 谭荣根，译. 北京：社会科学文献出版社，2007.

[20] 阎学通，孙学蜂. 中国崛起及其战略 [M]. 北京：北京大学出版社，2005.

[21] 罗伯特·阿特. 美国大战略 [M]. 郭树勇，译. 北京：北京大学出版社，2005.

[22] 王庆安. "伟大社会"改革：20世纪60年代美国社会改革及启示 [M]. 北京：新华出版社，2008.

[23] 国家体育总局. 改革开放30年的中国体育 [M]. 北京：人民体育出版社，2008.

[24] 石小玉. 美国经济实力分析 [M]. 北京：民族出版社，1999.

[25] 柯森等. 当代美国中小学课程概观 [M]. 广州：中山大学出版社，2005.

[26] 韦恩·厄本，杰宁斯·瓦格纳. 美国教育：一部历史档案 [M]. 周晟，等译. 北京：中国人民大学出版社，2009.

[27] 体育课程教材开发中心. 美国学校体育国家标准研究 [M]. 北京：人民教育出版社，2007.

[28] 郝勤. 体育史 [M]. 北京：人民体育出版社，2006.

[29] 陈蔚云，朱秦生，池建. 美国大学体育赛事赏析 [M]. 北京：人民体育出版社，2009.

中文论文：

[1] 彭国强，高庆勇，季浏. 国家生命周期视阈下美国的体育强国成长特征与启示 [J]. 体育与科学，2022，43（3）：14-23.

[2] 彭国强. 国家生命周期视角下美国竞技体育强国的成长历程、特征及启示 [J]. 体育科研，2022，43（2）：13-22.

[3] 彭国强，高庆勇，陈海鸥. 治理能力现代化视域下美国竞技体育治理体系的特征及启示 [J]. 西安体育学院学报，2022，39（3）：274-283.

[4] 彭国强，高庆勇. 美国体育教育制度的演进历程、治理特征与本土启示 [J]. 沈阳体育学院学报，2021，40（1）：31-39.

[5] 彭国强，高庆勇，季浏. 美国体育对外交往嬗变的历程、特征与启示 [J]. 成都体育学院学报，2022，48（5）：117-123.

[6] 彭国强，舒盛芳. 中国体育战略重心转移的历史回眸与未来瞻望 [J]. 武汉体育学院学报，2016，50（10）：5-12.

[7] 彭国强，舒盛芳. 美国国家健康战略的特征及其对健康中国的启示 [J]. 体育科学，2016，36（9）：10-19，27.

[8] 鲍明晓. "十三五"我国体育发展战略研究 [J]. 上海体育学院学报，2016（2）：1-6.

[9] 曹平，谭希颖，王桂红．美国休闲课程认证标准对我国休闲体育专业课程建设的启示 [J]．首都体育学院学报，2011，30（2）：113-117．

[10] 龚正伟，肖焕禹，盖洋．美国体育政策的演进 [J]．上海体育学院学报，2014，38（1）：18-24．

[11] 钟秉枢．新时代竞技体育发展与中国强 [J]．上海体育学院学报，2018，42（1）：12-19．

[12] 彭国强，杨国庆．新时代中国竞技体育结构性改革的特征、问题与路径 [J]．武汉体育学院学报，2018，52（10）：5-12．

[13] 彭国强，舒盛芳．中国体育发展走向的研究 [J]．体育学刊，2016，23（2）：12-17．

[14] 彭雪涵，代刚．文化视野中的中美竞技体育体制比较研究 [J]．北京体育大学学报，2007（4）：443-445．

[15] 曹杰，王凯珍，郑晓鸿．美国中小学体育后备人才的培养过程 [J]．首都体育学院学报，2013，25（1）：6-10．

[16] 袁鹏，李震，陈元欣．美国体育服务业主导产业研究 [J]．武汉体育学院学报，2013（7）：50-53．

[17] 许秋红．美国体育发展的特点及启示 [J]．体育与科学，2012（6）：67-72．

[18] 彭威，罗亚娟．美国体育思想的嬗变与启示 [J]．体育与科学，2015（3）：45-49．

[19] 舒盛芳．大国竞技体育崛起及其战略价值研究 [D]．上海：上海体育学院，2010：5．

[20] 舒盛芳，沈建华．大国竞技体育软实力比较 [J]．山东体育学院学报，2012，28（6）：1-6．

[21] 周爱光．"体育大国"与"体育强国"的内涵探析 [J]．体育学刊，2009（11）：1-4．

[22] 徐本力．体育强国、竞技体育强国、大众体育强国内涵的诠释与评析 [J]．天津体育学院学报，2009，24（2）：93-96．

[23] 李卫东．欧美青少年体育组织管理特征与发展趋势研究 [J]．体育文化导刊，2013（6）：19-22．

[24] 高刚，刘晓明．美国青少年体质健康测试与发展探析 [J]．沈阳体育学院学报，2015（4）：130-134．

[25] 彭国强，舒盛芳．美国体育制度治理研究热点与展望 [J]．成都体育学院学报，2018，44（1）：78-84．

[26] 彭国强，舒盛芳，经训成．回顾与思考：美国竞技体育成长因素及其特征 [J]．沈阳体育学院学报，2017，36（5）：28-36．

[27] 徐士韦，肖焕禹，谭小勇．体力活动：美国国家健康政策之要素——基于美国健康公民战略的考察 [J]．上海体育学院学报，2014（1）：25-30．

[28] 李金惠．20世纪90年代以来美国健康促进政策分析 [D]．北京：首都师范大学，2004：1-11．

参考文献

[29] 肖剑. 美国四大职业体育联盟产业特征的研究 [D]. 武汉：武汉体育学院, 2011：26.

[30] 周波. 论体育产业核心竞争力 [D]. 长沙：湖南师范大学, 2013：196.

[31] 王瑞麟. NBA联盟的利益关系及启示 [J]. 西安体育学院学报, 2011 (2)：172-177.

[32] 伊向仁. 美国教育变革运动中体育理论资源的发展 [J]. 体育学刊, 2009 (10)：47.

[33] 伊向仁, 张瑞林, 陈安, 等. 美国《国家体育标准》与中国《课标》制定、实施和评价状况的研究 [J]. 体育学刊, 2006 (6)：87-90.

[34] 张建华, 高嵘, 毛振明. 当代美国体育课程改革及对我国的启示 [J]. 体育科学, 2004 (24)：50-55.

[35] 曹烃, 李良, 刘俊洁. 中美特殊体育教育法律制度的比较 [J]. 首都体育学院学报, 2015 (4)：336-340.

[36] 岳建军. 美国《国民体力活动计划》研究及启示 [J]. 中国体育科技, 2015 (2)：126-134.

[37] 彭国强. 美国体育产业发展的社会基础、特征与启示 [J]. 体育成人教育学刊, 2018, 34 (3)：1-5, 95.

[38] 彭国强, 舒盛芳. 美国大众体育战略演进的历程、特征与启示 [J]. 中国体育科技, 2018, 54 (2)：30-39.

[39] 邹月辉. 美国德克萨斯州大学生运动员人才培养研究 [D]. 北京：北京体育大学, 2011：125.

[40] 燕凌, 李京诚, 韩桂凤. 19世纪以来美国中小学体育发展历程及其启示 [J]. 体育学刊, 2015 (5)：87-91.

[41] 高庆勇, 彭国强, 程喜杰. 美国体育产业发展经验及启示 [J]. 体育文化导刊, 2019 (9)：84-90, 109.

[42] 彭国强, 舒盛芳. 美国体育治理的思想渊源、特征与启示 [J]. 上海体育学院学报, 2019, 43 (4)：7-15, 21.

英文著作：

[1] ILLIOTT GORN, WARREN GOLDSTEIN. A Brief History of American Sports [M]. Hill and Wang: A Division of Farrar, Strauts and Giroux, 1993.

[2] TED VINCENT. The Rise and Fall of American Sport [M]. London: University of Nebraska Press, 1994.

[3] MECHIKOFF R A, ESTES S G. A History and Philosophy of Sport and Physical Education: From Ancient Civilizations to the Modern World [M]. New York: NY: McGraw-Hill, 2006.

[4] DOELL, C., FITZGERALD, G. A Brief History of Parks and Recreation in the UnitedStates [M]. Chicago, IL: The Athletic Institute, 1954.

[5] RICHARD KRAUS. Leisure in a Changing America: Trends and Issues for the 21st Century

[M]. Boston: Allyn&Bacon, 2000.

[6] MARY A HUMS. Governance and Policy in Sport Organizations [M]. New York: Holcomb Hathaway Publishers, 2013.

[7] POPE S W. The New American Sport History: Recent Approaches and Perspectives [M]. Urbana and Chicago: University of Illinois Press, 1997.

[8] MUNDY J, ODUM, L. Leisure Education——Theory and Policy [M]. New York: NY: John Wiley and Sons, 2008.

[9] ANDREW J. BACEVICH. The Limits of Power: End of American Exceptionalism [M]. New York: Henry Holt & Company, 2009.

[10] JAY J. COAKLEY. Sport in Society: Issues and Controversies [M]. New Youk: McGraw-Hill Companies, 1998.

[11] RONALD A. SMITH. Sport and Freedom: The Rise of Big-Time College [M]. Oxford: Oxford University Press, 1988.

[12] GARY CROSS. A Social History of Leisure: Since 1600 [M]. State College, Pennsylvania: Venture Publishing, 1990.

[13] GEOFFREY GODBEY. Leisure in Your Life: An Exploration [M]. Venture Publishing, Inc, 1999.

[14] WAYNE J. URBAN. WAGONER, JR. American Education: A History [M]. New York: McGraw-Hill Companies, 2004.

[15] MABEL LEE. A history of physical education and sport in the USA [M]. New York: John Wiley&Sons, 1983.

[16] GEORGEH, SAGE. Power and Ideology in American Sport: A Critical Perspective [M]. Greeley: University of Northern Colorado, 1998.

[17] MECHIKOFF R A, ESTES S G. A History and Philosophy of Sport and Physical Education: From Ancient Civilizations to the Modern World [M]. New York: NY: McGraw-Hill, 2006.

[18] JAY J. COAKLEY. Athletics in America [M]. Cambrideg: Harvard University Press, 1996.

[19] ELIAS, N., E. DUNNING. A History Overview of How Sports and Leisure are linked to the Civilizing Process in Western Societies. Quest for Excitement [M]. New York: Basil Blackwell, 1986.

英文论文：

[1] JONATHAN GRIXA, FIONA CARMICHAEL. Why do Governments Invest in Elite Sport? A Polemics [J]. International Journal of Sport Policy and Politics, 2012, 4 (1): 73-90.

[2] D'ANNA, CRISTIANA ETC. Competitive Sport and Self-concept in Adolescent [J]. Journal of Human Sport & Exercise, 2015, 10 (5): 425-429.

参考文献

[3] BARKER-RUCHTI N, BARKER D, ETC. Learning Cultures and Cultural Learning in High-performance Sport: Opportunities for Sport Pedagogues [J]. Physical Education and Sport Pedagogy, 2016, 21 (1): 1-9.

[4] DIONIG, RYLEE. Competitive Sport as Leisure in Later Life: Negotiations, Discourse and Aging [J]. Leisure Sciences, 2006 (28): 181-196.

[5] YEO I. The Changes of American Sports and the Factors Contributing to its Development [J]. Philosophy of Movement: Journal of Korean Philosophic Society for Sport and Dance, 2002, 10 (2): 297-319.

[6] RICHARD, ROLAND. Sport and Globalization: Transnational Dimensions [J]. Global Networks, 2007 (2): 106-112.

[7] Understanding and Improving Health [Z]. Washington, D.C.: US Government Printing Office, Nobermber, 2000.

[8] JAMES R, MORROW JR, WEIMO ZHU. ETAL. 1954-2004: 50 Years of Youth Fitness Tests in the Untied Stated [J]. Research Quarterly for Exercise and Sport, 2005 (80): 1-11.

[9] ECKARD, E. WOODWARD. The NCAA Cartel and Competitive Balance in College Football [J]. Review of Industrial Organization, 1998, 13 (3): 47-67.

[10] DR. ROBIN AMMON. Supplement of Two Centuries of Sports Business [J]. Sports Business Journal, 2008: 22.

[11] RICHARD GIULIANOTTI, ROBERTSON. Sport and Globalization: Transnational Dimensions [J]. Global Networks, 2007 (2): 45.

[12] STEPHEN HARDY. Sport in Urbanizing American: A Historical Review [J]. Journal of Urban History, 1997, 23 (6): 686.

[13] JAMES S. OLSON. Sports as Cultural Currency in Modern American [J]. Journal of Urban History, 1992 (1): 128.

[14] ROSS S F. Antitrust, Professional Sports, and the Public Interest [J]. Sport Iiustrated, 1996, 84 (11): 15.

[15] FLOYD JONES, DANA D. BROOKS. Examining Leisure Sport Management Programs in the United States [J]. Sport Management Review, 2008 (11): 77-91.

[16] ARI ZYSKIND. The Politics of Physical Education Reform [D]. Claremont: Claremont McKenna College, 2012: 26.

[17] GRISSOM, J. B. Physical Fitness and Academic Achievement [J]. Journal of Exercise Physiology Online, 2005, 8 (1): 11-25.

[18] DAVID BROUGHTON, JENNIFER LEE, ROSS NETHERY. The Answer: 213 Billion the Question; How Big is the U.S. Sports Industry [J]. Sports Business Journal, 1999 (12): 23-29.

[19] STEPHEN L. J. SMITH, GEOFFREY C. GODBEY. Leisure, Recreation and Tourism [J]. Annals of Tourism Research, 1991 (18): 85-100.

[20] BLSIR SN. Physical Inactivity: The Biggest Public Health Problem of the 21st Century [J]. Br J Sports Med, 2009, 43 (1): 1-2.

[21] TIMOTHY DAVIS. What is Sports Law? [J]. Marquette Sports Review, 2001 (11): 211.

[22] FORT, R. European and North American Sports Differences [J]. Scottish Journal of Political Economy, 2000 (4): 431-455.

[23] KAHN L. The Sports Business as a Labor Market Laboratory [J]. Journal of Economic Perspectives, 2000 (3): 75.

[24] RICHARD GIULIANOTTI, ROBERTSON. Sport and Globalization: Transnational Dimensions [J]. Global Networks, 2007 (2): 45.

[25] MICHAEL, PACKIANATHAN. Gross Domestic Sport Product: The Size of the Sport Industry in the United States [J]. Journal of Sport Management, 2001.

[26] NIXON, H. L. Social Network Analysis of Sport: Emphasizing Social Structure in Sport Sociology [J]. Sociology of Sport Journal, 1993 (10): 315-321.

[27] KONSTANTI. Save Amateur Sports: Protection from Liability under the Amateur Sports Act in Eleven Line [J]. Villanova Sports and Entertainment Law Journal, 2002 (8): 394.

[28] Recreation, Park & Tourism Management, Reaccredidation Review [Z]. The National Recreation and Park Association Council on Accreditation, 2006.